dtv

W0336948

dtv
portrait

Herausgegeben von Martin Sulzer-Reichel

Frank Lisson, geboren 1970 in Norddeutschland, studierte Germanistik, Geschichte und Philosophie in Würzburg und München. Zeitweilig als Journalist für Zeitungen und Fernsehen tätig, lebt er als Publizist und freier Mitarbeiter verschiedener Rundfunkanstalten in Würzburg. Veröffentlichungen zu historischen und politischen Themen.

Friedrich Nietzsche

Von Frank Lisson

Deutscher Taschenbuch Verlag

Weitere in der Reihe **dtv portrait** erschienene Titel
am Ende des Bandes

Für H. U. K.

Originalausgabe
Oktober 2004
© Deutscher Taschenbuch Verlag GmbH & Co. KG, München
www.dtv.de
Das Werk ist urheberrechtlich geschützt. Sämtliche, auch
auszugsweise Verwertungen bleiben vorbehalten.
Umschlagkonzept: Balk & Brumshagen
Umschlagfoto: © Stiftung Weimarer Klassik
Layout: nach einer Vorlage von
Agents – Producers – Editors, Overath
Satz: Fotosatz Reinhard Amann, Aichstetten
Druck und Bindung: APPL, Wemding
Gedruckt auf säurefreiem, chlorfrei gebleichtem Papier
Printed in Germany ISBN 3-423-31077-4

Inhalt

Vom kleinen Pastor (1844–1858) 7
Vom Bildungskloster (1858–1864) 21
Vom Zweifeln und Studieren (1864–1869) 33
Vom unzeitgemäßen Erzieher (1869–1875) 50
Vom Gewinnen durch Verlieren (1876–1879) 92
Vom Wanderer und seinem Schatten (1880–1883) 112
Vom Übermenschen (1883–1885) 138
Vom Umwerten aller Werte (1886–1887) 156
Vom Fall Nietzsche(s) (1888–1900) 166
Vom Wirken 177

Zeittafel 182
Bibliografie/Diskografie 185
Register 188
Bildnachweis 191

1 Friedrich Nietzsche im Alter von 20 Jahren

Vom kleinen Pastor (1844–1858)

Wie man wird, was man sein will

Am Tag, als der Junge geboren wurde, läuteten im ganzen Land die Glocken, Straßen und Gassen glänzten bunt geschmückt, und die Kinder hatten schulfrei. Es war der 15. Oktober 1844. Der Vater, Carl Ludwig Nietzsche, Dorfpfarrer in Röcken bei Leipzig, sah darin ein Zeichen. Denn der Oktober galt ihm als verheißungsvoller, glücklicher Monat: Im Oktober war er selbst geboren und getauft worden, im Oktober hatte er geheiratet. Nun dankte der fromme Mann Gott und seiner erst achtzehnjährigen Frau dafür, dass sie genau an jenem Tag ihr erstes Kind zur Welt brachte, an dem auch Seine Majestät, der preußische König Friedrich Wilhelm IV., Geburtstag feierte. Voll Ehrfurcht und mit einer gewissen Vorahnung, dass seinem Jungen ein ganz besonderer Lebensweg bevorstehe, wählte Vater Nietzsche bei der Taufe, die er eigenhändig vollzog, den Vers Lukas 1,66: »Was meinest du, will aus dem Kindlein werden? Denn die Hand des Herrn war mit ihm.«

Beide Eltern entstammten protestantischen Pfarrhäusern. Carl Ludwig Nietzsche, 1813 als letztes Kind des Superintendenten Friedrich August Ludwig Nietzsche geboren, stand unter dem Erwartungsdruck seines ambitionierten Vaters. Dieser hatte nämlich nicht nur ein höheres Kirchenamt bekleidet, sondern auch eine Reihe theologischer Abhandlungen verfaßt, die zur Stärkung des Glaubens beitragen sollten, als um 1800 Säkularisation und Rationalismus die Fundamente christlicher Ordnung zu erschüttern drohten. Darüber hinaus komponierte der Superintendent und verkehrte in höfischen Kreisen, wo er durch sein meisterliches Klavierspiel Aufmerksamkeit erregte. Großvater Nietzsche verlangte viel von sich und von anderen. Zwölf Kinder hatte der eifrige Mann gezeugt, neun mit der ersten Frau, die ihm starb, drei mit der zweiten, einer jungen Witwe und Pastorentochter, der Mutter von Carl Ludwig

2 Kirche und Pfarrhaus (rechts) in Röcken

Das Dorf **Röcken** im heutigen Sachsen-Anhalt, an der Landstraße zwischen Weissenfels und Leipzig gelegen, gehörte seit 1815 zu Preußen. Es ist ein unscheinbarer Ort, damals wie heute, eine lose Ansammlung von Häusern, aus deren Mitte gedrungen und wehrhaft die Kirche herausragt wie ein Thron. Das schlichte Pfarrhaus steht gleich nebenan, umgeben von ein paar Teichen, in denen sich Weidensträucher, Pappeln und Erlen spiegeln, dahinter weite flache Wiesen und Felder, wenig Wald – eine eher karge, schwermütige Landschaft. Unweit von Röcken, bei dem Städtchen Lützen, war 1632, während des Dreißigjährigen Krieges, der Schwedenkönig Gustav II. Adolf gefallen, und Poserna, auch nur eine Stunde Fußweg von Röcken entfernt, ist der Geburtsort des im 19. Jahrhundert populären Reisedichters Johann Gottfried Seume (1763–1810). Diese Ereignisse verleihen der Region eine gewisse kulturhistorische Bedeutung, auf die der kleine Nietzsche schon früh sehr stolz war.

Nietzsche und seiner beiden Schwestern Auguste und Rosalie. Letztere werden unverheiratet bleiben, ihrem Bruder später den Haushalt besorgen und ihn bis ins Pfarrhaus nach Röcken begleiten.

Nach dem Studium der Theologie in Halle schlug Carl Ludwig die typische Laufbahn eines angehenden Pfarrers ein, das heißt, er musste sich zunächst als Hofmeister verdingen, bis er eine Pfarrstelle zugewiesen bekam. Und weil der Name Nietzsche beim König ein gewisses Ansehen genoss, durfte der einfühlsame und musische Carl Ludwig während seiner Hauslehrerzeit sogar – was nicht jedem vergönnt war – die Erziehung von Prinzessinnen übernehmen, und zwar am Altenburger Hof. Dort lernte auch er eine Menge, nämlich höfische Manieren und den Stolz, aristokratisch zu fühlen und zu denken, was seine ohnehin ausgeprägte Loyalität und Dankbarkeit König und Adel gegenüber noch verstärkte. Ein paar Jahre später, 1842, trat er seine Pfarrstelle in der kleinen Gemeinde Röcken an. Immerhin: ein Amt, Lohn und Brot, – vom König persönlich für ihn erwirkt. Ganze drei Dörfer, die er zu betreuen hat. Das ist nicht viel, doch das stört ihn nicht, Carl Ludwig Nietzsche ist bescheiden. Er mag es einsam und beschaulich. In Röcken trägt er zwar wenig Verantwortung, aber dafür findet er genug Zeit, sich seinen Neigungen hinzugeben, der Lektüre erbaulicher Literatur und vor allem der Musik. Sein stundenlanges freies Phantasieren und Improvisieren am Klavier gilt als virtuos.

1843 beschließt der frisch gebackene Pfarrer zu heiraten und weiß auch schon, wen. Durch seine ruhige, charmante, bei Hofe geschulte Art gewinnt er leicht das Herz Franziska Oehlers, der jüngsten Tochter des im nahen Pobles wirkenden Landpfarrers David Ernst Oehler. Die erst siebzehnjährige Franziska fühlt sich geschmeichelt, als der dreizehn Jahre ältere Pastor Nietzsche, den sie vor allem wegen seiner Musikalität bewundert, um ihre Hand anhält. Carl Ludwig will sie zur Frau – zärtlich nennt er sie sein Fränzchen –, obwohl er ihre Familie verabscheut. Die Oehlers, so klagt er, seien gar nicht recht gottesfürchtig, »namentlich ist die Frau Schwiegermutter ein ganz weltliches und gemeines Weib«. Nach der Hochzeit besucht er sie nur noch selten und widerwillig. Weil sich angeblich zu viele heidnische Schriften, er meint: antike, vorchristliche Autoren, in der Bibliothek des Pfarrers Oehler befinden, untersagt Vater Nietzsche später sogar seinem wissbegierigen Sohn, sich darin aufzuhalten.

3 Der Vater Carl Ludwig Nietzsche, um 1848

Familie Nietzsche fühlt sich den Oehlers überlegen. Der weichherzige, leicht elitäre Carl Ludwig, genialisch introvertiert, von feiner, frommer Bildung, ist stets darauf bedacht, akkurat und vornehm-zurückhaltend aufzutreten. Die Schwestern Auguste und Rosalie sind eher betulich, ein wenig verhärmt, altjungfernhaft, und die Mutter Erdmuthe, Frau Superintendent Dr. Erdmuthe Nietzsche, die gern erzählt, dass sie Goethe und Schiller gekannt habe, besteht im Pfarrhaus auf ihren Privilegien. Franziska muss sich von Anfang an allen drei Frauen unterordnen. Etwas pedantisch, streng und prüde geht es zu im Hause Nietzsche.

Carl Ludwig Nietzsche 1844 über die Oehlers: »Es drückt und quält mich oft schrecklich, daß ich mich meiner Schwiegereltern schämen muß, und ich bewundre nur, wie auf solchem Grund und Boden mein Fränzchen erwachsen ist. (…) – es thut ihr so weh, daß ich ihre Eltern nicht leiden kann, da sie mir doch nichts thun; das ist wahr, aber es ist so eine verschiedene Lebens- und Glaubensrichtung zwischen mir und ihnen, daß ich bei Gelegenheit einer Expectoration, die ich aber sorgfältig vermeide, einen förmlichen Bruch mit dem Pobleser Pfarrhaus fürchte, wenn ich nicht um Fränzchens Willen gern Alles trage und dulde, auch gegen mein Frauchen von diesem Widerwillen und Ekel vor den Ihrigen nur so wenig als möglich merken lasse, um ihr nicht weh zu thun, da sie doch sehr an den Ihrigen hängt.«

4 Die Mutter Franziska Nietzsche, geb. Oehler, um 1843

Ganz anders bei den Oehlers. Lustig und locker lebt es sich in Pobles. Viele Kinder balgen und toben im Pfarrhaus und im Garten herum, die Familie ist groß, oft kommen Gäste, junge Leute, Studenten, die wissen, Pfarrer Oehler ist dem Kartenspiel nicht abgeneigt.

In Röcken pflegen die Nietzsches nach der Geburt ihres Sohnes, der als »Königsgeburtstagskind« selbstredend den Namen Seiner Majestät, also Friedrich Wilhelm erhalten hat, die Ruhe häuslicher Idylle. Während Fränzchen ihren kleinen Fritz, wie das Kind bald liebevoll gerufen wird, abends in der Stube des Pfarrhauses behutsam wiegt, phantasiert der Vater melancholisch und leise auf dem Klavier. – Momente, die den ebenfalls hochmusikalischen Jungen nachhaltig prägen werden. Doch das Kind zeigt auch sperrige Seiten. Oft ist es eigensinnig, wirft sich auf den Rücken, schreit und strampelt mit den Beinen, wenn etwas nicht nach seinem Willen läuft. Der Vater ist ungeduldig, verträgt das nicht. Ein Kind hat still und artig zu sein. »Fritz ist ein wilder Knabe, den manchmal allein der Papa noch zur Raison bringt, sintemalen von diesem die Rute nicht fern ist.«

Franziska bekommt noch zwei weitere Kinder, 1846 eine Tochter, Elisabeth, 1848 einen Sohn, Joseph, der jedoch bereits nach zwei Jahren stirbt, laut der Mutter an Krämpfen während der Zahnung.

Als im März 1848 die Nachricht von der deutschen Revolution auch preußisch Sachsen erreicht, stürzt für Pfarrer Nietzsche eine Welt zusammen. Er hasst jede Revolution und muss nun erfahren, wie sein König in Berlin vom Volk bedrängt wird, wie es versucht, ganz gegen Luthers Lehre, die göttliche Ordnung mit Gewalt außer Kraft zu setzen. – Carl Ludwig ist zutiefst erschüttert. Stundenlang irrt er weinend in der Gegend umher. Im Haus darf über die revolutionären Vorgänge nicht gesprochen werden. Wie später der Sohn, hat auch der Vater für die wirtschaftlichen und politischen Probleme der Zeit, für die *sociale Frage* wenig übrig. Zur bestehenden Monarchie gibt es für ihn keine Alternative. Und König Friedrich Wilhelm IV., der »Romantiker auf dem Throne«, ist ein Regent ganz nach Pfarrer Nietzsches Geschmack: fromm, bieder, sentimental und mehr den himmlischen als den weltlichen Dingen zugewandt.

Im August desselben Jahres wird der Vater plötzlich schwer krank. Zunächst leidet er unter Kopfweh, doch noch hält er Konfirmandenunterricht. Die Schmerzen verschlimmern sich, werden bald unerträglich. Lange Monate bangen Hoffens quälen die Familie. Carl Ludwig setzt auf homöopathische Heilmittel – vergeblich. Am Ende verliert er die Sehkraft und das Sprachvermögen. Nach knapp einem Jahr stirbt der Mann völlig ausgemergelt im Juli 1849, noch keine 36 Jahre alt. Gehirnerweichung diagnostizieren die Ärzte. Vermutlich erblich bedingt. Davon wollen Franziska und später auch Elisabeth allerdings nichts wissen. Die Symptome rührten angeblich von den Verletzungen her, die sich Carl Ludwig bei einem Treppensturz zugezogen habe, beteuern die Frauen vehement. Friedrich aber glaubt nicht lange an diese Erklärung. Schon als Jugendlicher fürchtet er, ebenfalls spätestens mit 36 Jahren einer Gehirnkrankheit zu erliegen wie sein Vater, und übrigens auch wie König Friedrich Wilhelm IV., der 1861, dem Wahnsinn verfallen, stirbt. Im Gegensatz zu Mutter und Schwester schämt Nietzsche sich nicht für die Diagnose. Er hält Gehirnkrankheiten für eine Folge feinster Nerven und höchster Sensibilität.

Nach dem Tod des Vaters muss die Familie das Haus in

Röcken verlassen, weil die Pfarrstelle neu besetzt werden soll. Die Großmutter, die zwei Tanten, Franziska, ihre beiden Kinder und das Dienstmädchen ziehen auf Veranlassung Erdmuthes nach Naumburg, wo diese sich von einem alten Freundeskreis umgeben weiß. Dort bewohnt sie die großen, hellen Zimmer, die zur Straße zeigen, für Franziska und ihre Kinder bleiben nur die hinteren, dunklen, kleinen.

Die Witwenrente der Mutter sowie regelmäßige Zuwendungen der Prinzessinnen aus Altenburg, die sich ihres verstorbenen Erziehers noch gut erinnern, sichern der Familie ein bescheidenes Auskommen. Ferner zehren die Nietzsches von einer kleinen Erbschaft, denn ein Stiefbruder Carl Ludwigs war in England zu Vermögen gekommen. Das Geld wird von der Großmutter streng verwaltet.

Der Umzug in die Stadt fällt dem kleinen Nietzsche besonders schwer. Noch mit vierzehn Jahren, als er seinen ersten biografischen Versuch, ›Aus meinem Leben‹, niederschreibt, trauert er dem verlorenen Vaterhaus wehmütig nach: »Ich hielt es geradezu für unmöglich, an einen anderen Orte heimisch zu werden. Von einen Dorfe zu scheiden, wo man Freude und Leid genossen hat, wo die theuren Gräber des Vaters und des kleinen Bruders sind, wo die Bewohner des Ortes immer nur mit Liebe und Freundlichkeit zuvorka-

5 Die Schwester Elisabeth Nietzsche im Alter von etwa 14 Jahren

men, wie schmerzlich war es! Kaum erhellte der dämmernde Tag die Flure da rollte der Wagen hin auf der Landstraße und führte uns Naumburg zu, wo uns eine neue Heimath erwartete. – Adde, adde, theures Vaterhaus!!« Nach dem Tod der Großmutter, 1856, zieht die Familie innerhalb Naumburgs wieder um, 1858 noch einmal. Zuletzt wohnen sie am Weingarten 335 (heute 18), wo die Mutter bis an ihr Lebensende bleiben wird.

In Naumburg wächst der Junge zunächst unter der Obhut von fünf Frauen heran. Lange Zeit ist die Schwester sein einziger Spielgefährte. Die Erziehung bleibt auch ohne Vater streng, lutherisch und preußisch. Fleiß, Sparsamkeit, Disziplin heißen die kanonischen Tugenden, die Säulen protestantischer Ethik. Selbstbeherrschung, eine gewisse düstere Weltsicht, Lust- und Spaßfeindlichkeit, wie sie in vielen protestantischen Pfarrhäusern jener Zeit vorherrschen, bestimmen auch Nietzsches Erziehung. Alles das prägt den empfindlichen Jungen und lässt ihn, als er 1850 die Knaben-Bürgerschule in Naumburg besucht, für sein Alter ungewöhnlich ernst und nachdenklich erscheinen. Er hat Schwierigkeiten, Anschluss zu finden, ist lieber für sich allein, trägt früh seinen Stolz nach außen und geht nicht gern auf andere zu. Man könnte sagen, es mangelte ihm an Sozialkompetenz. Die Kinder dürften ihn deshalb ein wenig gehänselt haben, sie erzählen sich aber auch wundersame Dinge über den Sonderling und nennen ihn nicht ohne Respekt »den kleinen Pastor«, weil er Bibelstellen so inbrünstig zitieren kann wie niemand sonst. Eine berühmte Anekdote besagt, der Junge sei, als eines Mittags auf dem Nachhause-

Verschiedne Eigenschaften entwickeln sich schon sehr frühe. So eine gewisse Ruhe und Schweigsamkeit, durch die ich mich von andern Kindern leicht fern hielt, dabei eine bisweilen ausbrechende Leidenschaftlichkeit. Von der Außenwelt unberührt lebte ich in einem glücklichen Familienkreis; das Dorf und die nächste Umgebung war meine Welt, alles Fernliegende ein mir unbekanntes Zauberreich.

Mein Lebenslauf, 1861

weg ein Platzregen niederging, seelenruhig weiterspaziert, während alle anderen Kinder rannten, um vor dem Regen zu fliehen. Klatschnass zu Hause angekommen, soll er auf die Frage, warum nicht auch er gelaufen sei, geantwortet haben, in der Schulordnung stehe ausdrücklich, die Knaben sollen beim Verlassen der Schule nicht springen und laufen, sondern ruhig und gesittet nach Hause gehen. – Die Mutter nimmt es mit Humor.

Der kleine Nietzsche merkt schnell, dass er sich von den meisten anderen Kindern unterscheidet. Schon früh reflektiert er darüber und meint, sein Ernst und seine Schwermut rührten daher, dass er in kurzer Zeit so viele Verwandte verloren habe. Tatsächlich stirbt zwischen 1849 und 1856 die Hälfte der Familie. Noch in Röcken, Februar 1850, war der kleine Bruder Joseph gestorben, nur wenige Monate nach dem Tod des Vaters. Im Traum will Nietzsche, damals erst fünf Jahre alt, den Tod des Bruders vorhergesehen haben. 1855 stirbt Tante Auguste, gut ein halbes Jahr darauf Großmutter Erdmuthe. Das sind vier Todesfälle in sechs Jahren, und jeder wird von Nietzsche heftig beweint.

Doch das Kind genießt auch seinen Ruf als Sonderling und fördert ihn, wo es geht. Einer alten Familienlegende zufolge, die vor allem die beiden Tanten Auguste und Rosalie kräftig nährten, stammte die Familie Nietzsche von einem polnischen Grafengeschlecht ab, den Nietzkys, das wegen seines Glaubens einst die Heimat hatte verlassen müssen. Begierig greift Nietzsche die unbeweisbare Überlieferung auf. Später nimmt er sie gern als genealogische Rechtfertigung für seinen philosophischen Aristokratismus. Es sind solche Besonderheiten, Anekdoten und Legenden, die bereits im jungen Nietzsche jenes Sendungsbewusstsein wecken, das ihn sein ganzes Leben lang begleiten und antreiben wird. Hinzu kommt eine Neigung zur Zahlensymbolik, mit deren Hilfe er sein Leben zu mystifizieren versucht.

Das Königsgeburtstagskind fühlt sich von klein auf merkwürdig einsam unter den Menschen und zweifellos zu etwas Höherem berufen. »In einer absurd frühen Zeit, mit sieben Jahren, wusste ich bereits, dass mich nie ein menschliches Wort erreichen würde.« Später wird Nietzsche gezielt Kontakt zu den großen Ausnahmeerscheinungen seiner Epoche suchen, zu Menschen wie Richard Wagner, Jacob Burckhardt oder Lou Andreas-Salomé, die sich untereinander, in Anlehnung an ein Bild Schopenhauers, gleich Riesen ihre großen Worte und Gedanken zurufen, während unter ihnen mutwillig lärmendes Gezwerge herumkriecht.

Weil sich Nietzsche auf der Knaben-Bürgerschule nicht wohl fühlt, wechselt er Ostern 1853 ins Privatinstitut des Kandidaten Karl Moritz Weber, wo er für das renommierte Domgymnasium vorbereitet werden soll. Mit ihm zusammen verlassen noch zwei weitere Jungen die Schule, die kurz darauf Nietzsches beste Freunde werden: Gustav Krug und Wilhelm Pinder. Flüchtig gekannt hatten sich die drei schon vorher, denn Gustav und Wilhelm sind die Enkel einer Jugendfreundin von Großmutter Erdmuthe. Die beiden Cousins, deren Väter als Juristen am Oberlandesgericht wirken und zu den bedeutendsten Männern im geistigen und musikalischen Leben Naumburgs zählen, teilen Nietzsches kulturelle Interessen. Es ist ein Segen für den kleinen Nietzsche und von hoher Bedeutung für seine geistige Entwicklung, dass er die umfassend gebildeten Väter der Freunde kennenlernen kann. Durch sie kommt er mit einer Kultur in Berührung, die ihm seine eigene Familie nicht hätte bieten können. Im Hause Krug steht ein imposanter Flügel – der Vater komponiert selbst –, und einst verkehrten dort Persönlichkeiten wie Felix Mendelssohn-Bartholdy, Clara und Robert Schumann. Hier wird früh Nietzsches Musikgeschmack geprägt, und zwar vor allem durch die »alten Meister« Johann Sebastian Bach und Georg Friedrich Händel, Wolfgang Amadeus Mo-

Laut einer Anekdote Elisabeths soll Großvater Oehler einmal der Klage Franziskas, ihr Fritz sei so ein merkwürdiges Kind, mit den Worten begegnet sein: »Aber meine Tochter, du weißt garnicht, was du an diesem Jungen hast! Das ist das ungewöhnlichste und begabteste Kind, das mir in meinem ganzen Leben vorgekommen ist; meine sechs Söhne zusammengenommen haben nicht die Begabung deines Fritz. Lass ihm doch seine Eigenarten!«

zart und Joseph Haydn, ferner durch Ludwig van Beethoven und Franz Schubert. Die »neue« Musik eines Richard Wagner oder Franz Liszt dagegen bleibt dem Jungen zunächst unbekannt. An ersten höheren geistigen Eindrücken fehlt es in den Naumburger Jahren ebenfalls nicht. Gustav Adolph Krug ist nämlich ein fundierter Hegel-Kenner und mit Johann Wolfgang von Goethe bekannt gewesen. In der »Literaria«, einem Naumburger Verein zur »Beförderung und Ausbildung wissenschaftlichen und sittlichen Lebens«, hält er Vorträge über Philosophie, Kunst und Musik. Er unterstützt Nietzsches Neigung zur Musik, lässt ihn später sogar auf dem kostbaren Flügel spielen. In der anderen Familie, die der Junge regelmäßig besucht, den Pinders, werden deutsche Klassiker gelesen. Dort hört Nietzsche vermutlich zum ersten Mal Verse von Goethe und Friedrich Schiller.

Da Nietzsche zu Hause, in rein weiblicher Gesellschaft, die Autorität einer männlichen Bezugsperson vermisst – »Meine Erziehung ist in ihren Hauptteilen mir selbst überlassen worden (...) mir fehlte die strenge und überlegende Leitung eines männlichen Intellekts« –, sucht das Kind nach Ersatzvätern. Gustav Adolph Krug kommt dafür in Frage, aber auch der Großvater in Pobles. David Ernst Oehler ist der Erste, der die Begabung des jungen Nietzsche erkennt und fördert. Da der Großvater selbst gerne Altphilologe geworden wäre, besteht er nicht auf einer rein theologischen Erziehung. Er ist verblüfft über die vielen unterschiedlichen Interessen seines Enkels. Und dieser hat bereits mit zehn Jahren eine erste große Leidenschaft gefunden, die Musik. Am Himmelfahrtstag 1854 hört Nietzsche in der Stadtkirche zu Naum-

Die Weisheit etlicher Lexika war wohl in mir, alle möglichen Neigungen erwacht, ich schrieb Gedichte und Trauerspiele, schauervoll und zum Entsetzen langweilig, quälte mich damit ab, vollständige Orchestermusik zu komponieren und hatte mich so in die Idee, mir ein Universalwissen und -können anzueignen, hineingelebt, dass ich in Gefahr war, ein rechter Wirrkopf und Phantast zu werden.

Mein Leben, 1863

burg den Chor aus Händels ›Messias‹ und ist tief beeindruckt: »Das Halleluja! Mir war, als sollte ich mit einstimmen, deuchte mir doch, es sei der Jubelgesang der Engel unter dessen Braußen Jesus Christus gen Himmel führe. Alsbald faßte ich den ernstlichen Entschluss, etwas Ähnliches zu componiren.« 1855 schenkt ihm die Mutter ein Klavier. Bei ihr lernt er die Grundlagen, dann wird ein Kantor im Ruhestand damit betraut, den Fortgeschrittenen zu unterrichten.

Regelmäßig in den Ferien, manchmal auch am Wochenende, nimmt Franziska ihre beiden Kinder und zieht mit ihnen zu ihren Eltern aufs Land, um den engen Naumburger Verhältnissen zu entfliehen. Dort dürfen die Kinder ausgelassen sein, auf Bäume klettern, sich schmutzig machen. Sie genießen das, obgleich Friedrich wenig Gebrauch von dieser Freiheit macht. Lieber stöbert er in der Bibliothek des Großvaters herum oder fertigt eigene Aufzeichnungen an. Großvater und Mutter sehen das gern. Natürlich soll der begabte Junge Pfarrer werden, und alles deutet darauf hin, dass es auch so kommen wird. Zahlreich sind die religiösen Zeugnisse, die er in dieser Zeit ablegt: Gedichte, Bußlieder, Hymnen. »Mit zwölf Jahren sah ich Gott in seinem Glanze.«

Früh ist das Kind von dem Wunsch beseelt, Bücher zu schreiben und sie dann selbst zu lesen. »Diese kleine Eitelkeit habe ich jetzt immer noch«, schreibt er 1858, knapp vierzehnjährig, in seiner bemerkenswert altklugen Biografie ›Aus meinem Leben‹; es ist die Erste von insgesamt neun autobiografischen Aufzeichnungen, die er bis 1869 anfertigen wird.

Beinahe zwanghaft will er sein Wissen erweitern, übt sich in vielen Formen produktiver Äußerung. Gemeinsam mit den beiden Freunden Gustav Krug und Wilhelm Pinder verfasst er zwischen 1854 und 1856 ein kleines militärwissenschaftliches Lexikon ›Über Festungswesen‹. Mehr als 60 Begriffe sollen darin Aufnahme finden, von denen tatsächlich gut 20 ausgearbeitet werden. Anlass ist der Krimkrieg, der 1853 zwischen Russland und dem Osmanischen Reich ausgebrochen war. Mit großer emotionaler Anteilnahme verfolgen die drei Freunde das Ereignis. Ihre Sympathien gehören dabei eindeutig den Russen, deren propagiertes Ziel es war, die Christen im Osmanischen Reich vor Übergriffen der Muslime zu schützen. Die Jungen sind kriegsbegeistert. Mit Bleisoldaten, Papierschiffen und etwas Schwefel spielen sie die Schlachten nach, über die Nietzsche ein halb fiktives Tagebuch führt. Wie jedes Kind will er dem vermeintlich Guten zum Siege verhelfen. In seinen Staatsentwürfen, die er sorgfältig konstruiert, mit Königtum, Justiz und Militär, lässt er seinen Herrscherphantasien und Machtträumen freien Lauf: Wer eine Revolution anzettelt, wird mit zehn Jahren Gefängnis bestraft, wer nach dem Thron strebt, enthauptet. Daneben erfindet Nietzsche Würfel- und Brettspiele, die immer wieder den Krimkrieg zum Gegenstand haben. 1856 entsteht seine erste philosophische Abhandlung: ›Vom Ursprung des Bösen‹. Zur gleichen Zeit schreibt er fleißig Gedichte, entwirft erste Dramen. Bemerkenswert ist sein Stück ›Das Königsamt‹, sechs Akte, jeder Akt besteht nur aus wenigen Zeilen. Es ist eine literarische Verarbeitung der Ereignisse des Revolutionsjahres 1848. Ein König namens Eichhorn wird gestürzt, muss fliehen, das Volk wählt aber merkwürdigerweise den Kronprinzen zum Nachfolger, bis Eichhorn zurückkehrt und in seiner Heimat jubelnd begrüßt wird. Am Ende ist also alles gut, die Dinge haben wieder ihre natürliche Ordnung. Wenig später bringt der kleine Nietzsche sein erstes Theaterstück in der Stube der Familie Pinder in Naumburg zur Aufführung: ›Die Götter im Olymp‹, diesmal ein Lustspiel. Die beiden Freunde und Schwester Elisabeth sind mit von der Partie. Mutter Franziska ist stolz auf ihren Fritz. Unter den gleichaltrigen Freunden ist er unangefochtener Primus inter Pares. Gustav und Wilhelm akzeptieren das. Nietzsche weiß, was in ihm steckt, und er will es allen zeigen – vor allem sich selbst. Er beginnt, Dichten und Schreiben regelrecht zu trainieren, sich zur Produktivität zu zwingen, indem er sich vornimmt, jeden Abend ein Gedicht zu verfassen. Zwar distanziert er sich schnell von diesen frühen Versuchen, aber als Übungsobjekte, an denen er wachsen will, behalten sie ihre Berechtigung.

Solche Aktivitäten und Interessen sind in bildungsbürgerlichen Kreisen des 19. Jahrhunderts nicht ungewöhnlich. Die Freunde Krug und Pinder haben ähnliche Ambitionen. Nietzsche ist, bei all seinem Eifer und seiner Begabung, durchaus kein Wunderkind. Noch verrät sein Verhalten nur wenig davon, was er später leisten wird. Denn zunächst hat er mit einigen Schwierigkeiten zu kämpfen. Als er im September 1854 aufs Gymnasium kommt, sind seine Leistungen so schlecht, dass er Nachhilfestunden beim Großvater nehmen muss. Mit dem Griechischen tut er sich anfangs besonders schwer. Deshalb lernt er oft bis Mitternacht, steht um fünf Uhr früh auf und lernt weiter. Deutliche Schwächen zeigt er auch in der deutschen Orthografie und Grammatik. Sein Zeugnis von 1856/57 schließt mit dem Fazit: Im Fleisse: 2. In Hinsicht der Kenntnisse: 4. Davon lässt er sich aber nicht beirren, und auch seine Lehrer nicht. Sie bemerken die Begabung des Jungen früh. Auf Bitten der stillen, aber ehrgeizigen Mutter wird Nietzsche von seinen Lehrern für eine Freistelle im Eliteinternat Schulpforta vorgeschlagen. Stolz nimmt der Junge die Herausforderung an. Seit langem träumt er davon, Zögling der altehrwürdigen Pforte zu werden, von der er sich geradezu magisch angezogen fühlt. Doch Nietzsche ist erschöpft. Immer häufiger klagt er über Kopfschmerzen. Wie der Vater ist auch er stark kurzsichtig. Sein Ziel aber behält der Junge im Auge. Unter enormen Anstrengungen lässt er sich von einem Freund des Vaters, Pastor Gustav Adolf Oßwald, monatelang für die schwierige Aufnahmeprüfung in Schulpforta trimmen. Ein Unternehmen, das ihm eiserne Disziplin abverlangt. Früh tritt Nietzsches gewaltiger Wille zum Vorschein, etwas Großes zu leisten. Und der Fleiß und die Kraft, die er dafür aufzubringen vermag, sind erstaunlich.

Vom Bildungskloster (1858–1864)

Die Erziehung des Genius

Das Aufnahmeexamen ist gefürchtet. Nietzsche hat Angst. Mutter Franziska muss ihn beruhigen. Sie wartet draußen, im Flur, vertraut auf Gott. Drinnen, im großen Saal der Landesschule Pforta, sitzen zwölf nervöse Jungen, bereit, sich den hohen Anforderungen zu stellen. Zunächst diktiert der Rektor einen deutschen Text, der ins Lateinische, dann einen, der ins Griechische zu übersetzen ist. Es folgt die mündliche Prüfung, in der lateinische und griechische Grammatik abgefragt wird, dann die Kenntnis des Katechismus und die einiger geistlicher Lieder. Unmittelbar nach dem mehrere Stunden dauernden Examen stehen die Ergebnisse fest: alle zwölf haben bestanden. Sofort wird der traditionelle Aufnahmeritus vollzogen. Die Jungen geloben dem Rektor und den versammelten Lehrern feierlich per Handschlag: »Ich verspreche mit Gottes Hülfe zu sein gottesfürchtig, gehorsam, fleißig und dankbar.« Damit sind sie *alumni portensis*, Zöglinge der Pforte. Bereits am nächsten Tag beginnt der Unterricht.

Trotz intensiver Vorbereitung war Nietzsche in den Prüfungen unsicher. »Fritz hatte viel Angst, antwortete leise, aber leidlich und kam demnach durch«, berichtet die Mutter an ihre Verwandten in Pobles. Wegen der Umstellung auf das hohe Niveau wird er um ein halbes Jahr zurückgestellt, kommt in die Untertertia, die er bereits in Naumburg absolviert hatte. Natürlich ist er stolz, *alumnus portensis* zu sein, doch die Eingewöhnung in die neue Umgebung fällt ihm schwer. Er fürchtet den Anforderungen nicht gewachsen zu sein und sehnt sich nach der heimischen Idylle zurück. Es dauert lange, bis er neue Freunde findet. Das Heimweh quält ihn sehr. Ferner leidet er unter seiner Kurzsichtigkeit. Das Erste, was die Mutter schicken soll, ist eine starke Brille.

Der Geist vergangener Tage scheint in den ehrwürdigen Schulgebäuden allgegenwärtig. Eine Aura, die Nietzsche be-

6 Schulpforta

Das ehemalige Zisterzienserkloster **Schulpforta** wurde bereits 1543 in eine protestantische Fürstenschule umgewandelt. Seither blickt die Anstalt auf eine lange Tradition erlesener Schüler zurück. Nicht wenige ihrer Absolventen haben es zu höchsten Ämtern gebracht oder gingen als wissenschaftliche Elite in die Geschichte ein. Die Anstalt steht in dem Ruf, eine der besten Gelehrtenschmieden Deutschlands zu sein. In der Galerie von Schulpforta finden sich die Portraits von Geistesgrößen wie Karl Friedrich Bahrdt, Friedrich Gottlieb Klopstock, Johann Gottlieb Fichte oder Leopold von Ranke. Etwas abgeschieden von Zeit und Welt bildet das Internat einen in sich geschlossenen Raum, in dem die Antike präsenter ist als die Gegenwart. Ideale Bedingungen nicht nur zum Lernen, sondern auch zum Träumen und zum Sinnen bietet die Landschaft: Pforta liegt überaus idyllisch im Saaletal, unweit der Stadt Naumburg, an einen dicht bewaldeten Steilhang gelehnt. Mit seinen gotischen Giebeln, Türmchen und Zinnen, mit seinem romanischen Kreuzgang mutet es noch heute bezaubernd an wie ein entrückter Märchenort.

flügelt. Er spürt den *genius loci* der Anstalt und lässt sich davon inspirieren. Orte spielen im Werden und Denken Nietzsches eine große Rolle. Sein Leben lang wird er nach dem passenden Ort suchen, nach einer Umgebung, wo er hinzugehören glaubt, wo er heimisch werden könnte. Schon früh meint er von sich, »ohne Heimat« zu sein. Bereits mit 18 Jahren schreibt er die für ihn programmatisch werdenden Zeilen: »Ich bin wohl nie gebunden / An Raum und flücht'ge Stunden, / Bin wie der Aar so frei.«

Schulpforta ist der erste Ort, der auf Nietzsche maßgeblich einwirkt. Im Schatten der großen Namen fühlt sich der Schüler verpflichtet den Vorbildern nachzueifern. »Unser Leben in Pforta ist weiter nichts als ein beständiges Erinnern und Hoffen.«

Bei seinem Eintritt gibt es in der Schule etwa 200 Zöglinge und rund 15 Lehrer. Aufgenommen werden kann, wer mindestens 12 Jahre alt, von lutherischer Konfession und »sittlich nicht vernachlässigt« ist. Kost und Logis sind frei, für Schulmaterialien und Taschengeld müssen die Eltern sorgen. Der Unterricht ist stark humanistisch ausgerichtet, Latein und Griechisch füllen fast die Hälfte des Stundenplanes. Wer den hohen Anforderungen nicht genügt, muss die Schule vorzeitig verlassen. Und das sind nicht wenige: Die Oberprima erreichen von den anfänglich rund 40 Schülern der Untertertia durchschnittlich nur noch 25.

Das Reglement der Anstalt ist streng. Morgens um vier Uhr werden die Schlafsäle geöffnet, dann *darf* aufgestanden werden, um fünf Uhr *muss* jeder das Bett verlassen. Waschen, Anziehen bis halb sechs, dann in den Betsaal. Dort wird gesungen und gebetet, danach gibt es warme Milch und Semmeln, die bis Punkt sechs Uhr eingenommen sein wollen, denn dann beginnt der Unterricht. Verschiedene Lektionen bis zwölf Uhr, es folgt das Mittagessen, das zumeist aus Suppe, Rindfleisch, Gemüse und Brot besteht. Bis 14 Uhr Zeit zur freien Verfügung, die viele spielend oder sinnend im Schulgarten verbringen, dann wieder Lektionen bis 16 Uhr. Nach einer kleinen Pause, in der ein Imbiss gereicht wird, folgen bis 19 Uhr Lektürestunden und Wiederholungsübungen. Dann gibt es Abendessen, wie jede Mahlzeit eingerahmt von Tischgebet und Gesang. Danach schulgartenfrei bis 20:30 Uhr. Den Abschluss bildet das Abendgebet. Um 21 Uhr ist Bettruhe.

Nietzsche fügt sich erstaunlich gut in den Ablauf. Trotz seines zarten, verträumten Gemüts schätzt er die militärisch-klösterliche Zucht der Anstalt. Auch später wird er immer wieder mit Stolz auf seine Pforta-Zeit zurückblicken. Sie hat ihn geprägt, ihr hat er viel zu verdanken. Er ist ein auffällig braver, strebsamer Schüler, der dank seines Fleißes schnell zum Klassenprimus aufsteigt und dem nichts ferner liegt, als gegen Gebote zu verstoßen. In den gesamten sechs Jahren zieht er sich nur zwei Verweise zu – und das will etwas heißen, wenn man bedenkt, dass es nur eines geringen Fehlverhaltens bedurfte, um vor die Schulsynode zitiert und abgestraft zu werden. Äußerlich bleibt Nietzsche lange ein korrekter, gehorsamer Zögling, doch in seinem Innern wächst die Lust am Aufbegehren. Und bis zu einem gewissen Grad wird das in Schulpforta sogar gefördert, wenigstens geduldet. Denn auch unter den Lehrern befindet sich mancher »Freigeist«, der zum eigenständigen Denken einlädt. Es sollten in der Anstalt eben keine gut funktionierenden Kadetten gezüchtet werden, sondern Menschen, die, gesetzestreu und pflichtbewusst, zur geistigen Reife und Stärke gebracht, sich ihres eigenen Verstandes zu bedienen fähig sind. Im Frühjahr 1859 begeistert sich Nietzsche für Prometheus, jene antike Sagengestalt, die gegen Zeus rebelliert, den Gottvater betrügt und herausfordert und dafür bittere Qualen erleiden muss, angekettet am Kaukasus. Und das alles, weil Prometheus göt-

Aus der Festschrift des Rektors Kirchner über Ziele und Zwecke der Landesschule (1843):
»Das Eigentümliche der Pforta ist, daß sie einen in sich geschlossenen Schulstaat bildet, worin das Leben der Einzelnen in allen seinen Beziehungen völlig aufgeht. (…) Daher nehmen in der Regel alle Pförtner aus der Anstalt für das ganze Leben das bestimmte Gepräge einer gewissen kernhaften Tüchtigkeit mit, welche nicht aus einer willkürlichen Absichtlichkeit in ihrer Erziehung, sondern wie ganz von selbst (…) aus dem frischen Zusammenleben des Cötus (…) hervorgeht. (…) Daß ihre Zöglinge ganze Menschen werden, daß sie (…) an strenge und pünktliche Pflichterfüllung, an Selbstbeherrschung, an ernstes Arbeiten, (…) gewöhnt werden, dies sind Früchte der hiesigen Disziplin und Erziehung.«

tergleiche Wesen, die Menschen, geschaffen, und diesen das Feuer, also die Kultur gebracht hatte. Deshalb bestrafte Zeus den Frevler erbarmungslos, denn der oberste Gott fürchtete, von den Kulturwesen gestürzt zu werden. Ein Motiv, das Nietzsche lange fasziniert – und der Beginn seiner Religionskritik. Der Schüler sucht nach Dichtern, in denen er seine eigene »Poesie des Weltschmerzes« und den »Sturmdrang eines Feuergeistes« wiederfindet, und stößt dabei auf Jean Paul, Friedrich Hölderlin und Lord Byron. Im Oktober 1861 rechtfertigt er in einem Schulaufsatz seine Vorliebe für den damals fast unbekannten Hölderlin, den er vor den Vorwürfen, der Dichter sei bloß ein armseliger Tollhäusler, zu schützen versucht. Nietzsches frühes, sicheres Gespür für lyrische Qualität ist beachtlich. Der Schüler fühlt sich auf besondere Weise mit dem schwäbischen Dichter und dessen Schicksal verbunden. Im Oktober 1861 liest er eine Biografie Hölderlins. Die darin enthaltenen Parallelen zu seinem eigenen Leben dürften den nach identitätsstiftenden Vorbildern suchenden Alumnen verblüfft haben.

Gleichzeitig macht sich Nietzsche mit den Schriften Lord Byrons vertraut. Galt Hölderlin dem Zeitgeschmack als fremd und unverständlich, so widersprach der exaltierte englische Dandy Lord Byron (1788–1824) vollends den bürgerlichen Moralvorstellungen. Nietzsche aber findet Gefallen an der »höhnenden Weltverachtung« und dem »göttlichen Selbstbewußtsein«, vielleicht auch an der leidenschaftlichen, dunklen Le-

Wie Nietzsche verlor auch **Friedrich Hölderlin** (1770–1843) sehr früh seinen Vater, besuchte ein Elite-Internat (Maulbronn), sollte Pfarrer werden und weigerte sich, liebte die Griechen und die Einsamkeit, spürte schon als Kind den Willen in sich, etwas Besonderes zu leisten, suchte »einen Freund, in dem sich unsere Seele wiederfinde und freue«, besaß ein äußerst musisches und philosophisches Naturell, und, was Nietzsche noch bevorstand: Er war zu Lebzeiten weitgehend ohne Leser geblieben und schließlich dem Wahnsinn verfallen mit anschließendem lang andauerndem Dämmerzustand.

bensnähe, der Frivolität und Wollust, die aus den Dichtungen des zügellosen, prometheischen Heißsporns spricht, und nennt ihn einen »geisterbeherrschenden Uebermenschen«. Hier taucht zum ersten Mal jener Bergriff auf, der später zu Nietzsches populärsten und mißverständlichsten werden sollte. Die Mutter erfährt von all diesen Leseerlebnissen und geistigen Erregungen ihres Sohnes so gut wie nichts. Merkwürdig inhaltslos sind die Briefe nach Hause. Dem Schüler ist klar, dass Mutter und Schwester nur wenig Sinn für seine ausgefallenen literarischen Vorlieben haben dürften, weshalb er gleich darauf verzichtet, ihnen derartige Gedanken mitzuteilen. So beschränkt er sich auf oberflächliche Beschreibungen des Alltags in Pforta und darauf, seine zahlreichen Wünsche zu nennen, die zu erfüllen er die Mutter nicht höflich bittet, sondern nachdrücklich auffordert. Nietzsche weiß, was er verlangen kann, und Franziska weiß, was sie ihm schuldig ist. Beide stehen in einem gewissen Nutzverhältnis zueinander: Wenn alles gut geht, wird er später ihre Altersversicherung sein.

Noch gibt Nietzsche ihr wenig Anlass zur Sorge. Er beträgt sich tadellos, ist unermüdlich fleißig. Das will sie honorieren. Nietzsche schreibt gute Zensuren, im Mai 1861 sogar *sehr gut* in Latein – eine Note, die in diesem Fach seit Jahren nicht mehr

7 Friedrich Nietzsche im Alter von 17 Jahren

vergeben worden war. Hat er etwas Zeit, nutzt er sie zu längeren Privatarbeiten. Selbst in den Ferien, die er in Naumburg oder in Pobles verbringt, hält Nietzsche an seiner gewohnten Tagesplanung fest, steht in aller Frühe auf, um zu lernen, zu dichten oder zu komponieren. Das Bedürfnis, auszuschlafen, kennt er offenbar nicht. Nietzsche gönnt sich keine Schonung, wenn es darum geht, seiner Lust nachzukommen, schöpferisch tätig zu sein. Das wird zeitlebens so bleiben. Und obwohl ihn häufig Kopfschmerzen und rheumatische Leiden plagen, unterlässt er es nicht, sich über die schulischen Aufgaben hinaus in immer neue private Projekte zu stürzen. So gründet er im Juli 1860 auf der Rudelsburg zusammen mit seinen beiden alten Freunden Krug und Pinder die literarische und musikalische Vereinigung »Germania« mit dem Zweck, sich einmal monatlich zu der Abgabe eines kleinen geistigen Werkes zu verpflichten. Aus der Vereinskasse werden Anschaffungen finanziert, wie etwa ein Klavierauszug der Oper ›Tristan und Isolde‹ von Richard Wagner, die Nietzsche im März 1861 durch Gustav Krug kennen lernt und für die er sich nach anfänglicher Skepsis später leidenschaftlich begeistert. Bei der Anfertigung der Arbeiten steht es jedem frei, »eine musikalische Composition, ein Gedicht oder eine Abhandlung zu liefern«. Anschließend werden die Schöpfungen gegenseitig kritisiert. Und Nietzsche, der als Einziger regelmäßig liefert, nimmt die Sache bitterernst. Entsprechend rücksichtslos ist seine Kritik. Er attestiert den Werken seiner Freunde falsches Pathos, Trivialität oder eine »wahrhaft babylonische Begriffsverwirrung«. Knapp drei Jahre lang erdulden Krug und Pinder die strengen Urteile Nietzsches, dann haben sie keine Lust mehr, verweigern die Arbeit. Der Verein löst sich auf.

Die »Germania« diente Nietzsche aber nicht bloß als Schule für scharfe, pointierte Polemik. In einem späteren Aphorismus bekennt er: »Man greift nicht nur an, um Jemandem wehe zu thun, ihn zu besiegen, sondern vielleicht auch nur, um sich seiner Kraft bewusst zu werden.« Der kleine Verein bietet ihm ein solches Publikum, an dem er sich messen und dem er gleichzeitig außerhalb der Schulmauern – und damit gefahrlos – seine kühnen Gedanken vortragen kann. Und es sind ganz erstaunliche Fragen, die ihn in dieser Zeit bewegen. Noch keine achtzehn Jahre alt, verfügt er bereits, wie es scheint, über sein gesamtes philosophisches Programm. Elementare Gedanken, die er später nur noch verfeinern und ausbauen, aber nicht mehr wesentlich verändern wird. In einem einzigen Aufsatz, der Schrift ›Fatum und Geschichte‹, die er Ostern 1862 für den Verein verfasst, führt er diese Ideen äußert klar und präzise zusammen und legt sie seinen Freunden vor. Er wolle sich gegen die herrschenden Ansichten seiner Zeit einen »freieren Standpunkt« erkämpfen, schreibt er, wolle sich »in das Meer des Zweifels hinaus wagen«, das Christentum als »Trugbild« entlarven, er betrachte den Menschen als Stufe und die Geschichte als Uhrwerk, das ewige Wiederkehr impliziert, er wolle sich gegen die Beeinflussung des Menschen durch die ihn umgebenden Verhältnisse wehren, weil sie die »natürliche Entwicklung« des individuellen Geistes hemmten, und er verweist auf die manipulierende und nivellierende Wirkung gesellschaftlicher oder religiöser Dogmen: »Es ist deshalb Beschränktheit, der ganzen Menschheit irgend eine spezielle Form des Staates oder der Gesellschaft gleichsam mit Stereotypen aufdrucken zu wollen.« Kurz, er streift bereits fast alle Fragen, die er später so fulminant zu beantworten versuchen wird. Die Freunde reagieren allerdings irritiert. Sie können oder wollen noch nicht recht begreifen, was Nietzsche meint, wenn er ihnen die Weite seines Ideenhorizonts und die Konsequenzen seiner Pläne offenbart, indem er schreibt: »Ich habe alles zu leugnen versucht: o, niederreißen ist leicht, aber aufbauen! Und selbst niederreißen scheint leichter, als es ist.«

Es dürften ähnliche Gedanken gewesen sein, die ein Jahr zuvor erste schwerere Differenzen mit der Mutter bewirkt haben. Franziska vertraute streng darauf, dass ihr Sohn Pfarrer werden würde, doch dann muss sie die erste Erschütterung erfahren. Wahrscheinlich hat Nietzsche ihr Ostern 1861, zu Hause in Naumburg, bereits seine Religionskritik angedeutet, woraufhin es zu einem Zerwürfnis zwischen den beiden gekommen war. Wir kennen nur den rührenden Versöhnungsversuch des Sohnes: »Auch mir erscheinen jene sonst so schönen Osterferien durch die häßlichen Vorfälle getrübt und verfinstert, und es berührt mich, so oft ich daran denke, sehr schmerzlich, daß ich Dich so betrübt habe. Ich bitte Dich doch recht herzlich um Verzeihung liebe Mamma!«

Spätestens im Frühling und Sommer des Jahres 1862 vollzieht sich ein enormer Entwicklungsschub bei Nietzsche. Man könnte sagen, es bricht sich etwas frei in ihm, eine Art Elan vital, sein keimender Genius. Der Musterschüler verändert sich, wird lockerer, ein wenig kess sogar, pubertär verwegen, auch gegen sich selbst, und verliert an Bravheit. Plötzlich lässt er sich in der Schule zu kleinen spitzen Scherzen hinreißen und holt sich prompt seinen ersten Verweis. Grund: Etwas mokant hatte er über die Beleuchtung der Klassenzimmer gesagt, sie sei wohl deshalb so schlecht, damit den Schülern ihr eigenes Licht aufgehe. Dafür bekommt er drei Stunden Karzer. Sein zweites Vergehen, ein halbes Jahr später, ist schon etwas gravierender und erklärt sich nur aus seiner neuen Leichtlebigkeit. Kurzfristig hat er sich nämlich der so genannten »forschen Clique« in Pforta angeschlossen, einer Gruppe lässig-brillanter, lebensfroher Naturen, in deren Gesellschaft er im April 1863 auf einem Ausflug vier Seidel Bier trinkt. Beschwipst schwankt er in die Schule zurück. Das kostet ihn seinen Rang als Primus – er wird auf den dritten Platz herabgestuft – und eine Stunde Ausgang. Die Strafe zeigt Wirkung. Nietzsche bereut seine Tat, gelobt sich und der Mutter, dergleichen nie wieder zu tun, und wechselt den Umgang. Fortan gehört er wieder zu den »braven Strebern« wie sein Freund Paul Deussen, der – zum Spott mancher Mitschüler – freiwillig morgens eine Stunde früher aufsteht, um fakultativ Italienisch zu lernen.

Doch zuvor spaziert Nietzsche noch ein wenig auf dem Balken der Verwegenheit, nippt fordernd am Leben, betritt unerschlossenes Terrain und gerät dabei auch in den Sog jugendlichen Liebesleids. Das Bedürfnis nach Liebe und vor allem nach Sexualität galt im 19. Jahrhundert in Bildungsanstalten wie Schulpforta als störend und sollte am besten sublimiert werden. Das Prinzip der Umwandlung von körperlicher Lust in geistige Leistungsfähigkeit und Kreativität scheint insgesamt relativ gut funktioniert zu haben, denn es finden sich auch bei Nietzsche erstaunlich wenig Zeugnisse dafür, dass er in dieser Zeit besonders häufig unter dem Ansturm seiner Hormone gelitten hätte. Vielleicht lag das an der eingebläuten Selbstbeherrschung, vielleicht aber auch an dem hohen Leistungsdruck, dem die Zöglinge permanent ausgesetzt waren, vielleicht an der Liebe zur Wissenschaft oder an der zum eigenen Genius, die viele Schüler damals in sich spüren mochten und die vielleicht stark genug war, den Sexus eine Zeit lang in Schach zu halten. Dank Nietzsches umfangreicher literarischer und kompositorischer Produktivität während seiner Schuljahre können wir auch manchen tieferen Einblick in seine Gefühlswelt gewinnen. Demnach sind nur eine einzige Verliebtheit in ein Mädchen, nur eine genial-obszöne Abschweifung und nur ein kleiner Anflug homophiler Koketterie überliefert. Die letzten beiden Ereignisse fallen in den Sommer 1862, dasselbe Jahr also, in dem auch ›Fatum und Geschichte‹ entstand. Nietzsche schreibt eine kurze Groteske, die er ›Euphorion‹ nennt, angeblich der Auftakt zu einer »widerwärtigen Novelle«, deren Ausarbeitung er aber nicht weiter verfolgt. Den Namen Euphorion hat Nietzsche von Goethe entlehnt. In ›Faust II‹ ist Euphorion der höchst überschwängliche und deshalb zu Tode stürzende Sohn von Faust und Helena, eine lebensunfähige Mischung aus nordischem und griechischem Geist, womit Goethe wiederum auf Lord Byron anspielte, was Nietzsche natürlich gefiel. Er fühlt sich mit Goethes Euphorion vielleicht ein wenig verwandt und gibt in der Groteske zu erkennen, wie viel byroneske Züge in ihm stecken. In dem kurzen, abgründigen Text geht es für Nietzsches Verhältnisse ziemlich derb und finster zu, es ist die Rede von Sex mit einer Nonne, von Inzest, Mord, von Leichensezierung und Masturbation – natürlich alles raffiniert-durchsichtig verschlüsselt. Diese Kuriosität legt er einem Brief an Raimund Granier bei, ebenfalls ein kleiner Byron und Freund aus der »forschen Clique«, der wie mancher Eigenwillige die Schule vorzeitig verlassen musste. Nietzsche hat sich in den Freund verliebt und ist gekränkt, weil Granier ihn bereits vergessen zu haben scheint. »Was ich gedichtet habe? Lieder, lauter Lieder – aber nicht auf Sie, so hoch habe ich mich nicht verstiegen.«

Ein Jahr später, im August 1863, verliebt er sich in die Geheimratstochter Anna Redtel, eine zarte Berlinerin, die er in einem Ausflugslokal kennen gelernt hat. Er wird von Mutter Redtel nach Hause eingeladen, beschenkt Anna mit eigenen Kompositionen. Das Fräulein dankt recht brav, bleibt aber unentschlossen, unnahbar. Der Verehrer versucht es weiter, schreibt Briefe. Erfolglos. Es wird Herbst, die Jahreszeit, mit der Nietzsche sich so sehr verbunden fühlt, die er liebt, denn sie verführt zur Melancholie, dem Temperament, das ihm sein Leben lang treu ist: Schwermut, die einzige verlässliche Freundin. Und Nietzsche leidet.

Zum Jahreswechsel weiß er, Anna ist verloren. Er kompensiert den Schmerz dichterisch, das tut ihm gut. Er schreibt Liebesverse, komponiert traurige Weisen. Immerhin, nach wenigen Wochen hat er die Liebe zu dem Mädchen überwunden.

Das Jahr 1864 ist sein letztes in Schulpforta. Er ist Primus der Prima, was er beiläufig der Mutter mitteilt, die wieder stolz auf ihn sein soll. Später wird Nietzsche behaupten, stets nur Drittbester der Klasse gewesen zu sein, gemäß der Auffassung, dass der Fleißigste den ersten, der Bravste den zweiten, und der geniale Ausnahmemensch erst den dritten Platz einnehme. Das Abitur fordert seine ganze Konzentration. Private Pläne treten dahinter zurück. Es ist üblich in Schulpforta, dass jeder Abiturient eine größere Abschlussarbeit, die so genannte Valediktion, auf Lateinisch schreibt. Nietzsche wählt das Thema ›De Theognide Megarensi‹, eine Darstellung über Leben und Werk des griechischen Aristokraten und Dichters Theognis von Megara. In den Sommerferien, zu Hause in Naumburg, beginnt er mit der Arbeit. Da ist er ganz in seinem Element. Freund Deussen berichtet er, wie

Wenn ich minutenlang denken darf, was ich will, da suche ich Worte zu einer Melodie die ich habe und eine Melodie zu Worten die ich habe, und beides zusammen, was ich habe, stimmt nicht, ob es gleich aus einer Seele kam. Aber das ist mein Loos!

Aus einem Brief an Mutter und Schwester vom 6. September 1863

8 Friedrich Nietzsche als Abiturient, 1864

er vorankommt. Gut kommt er voran. Sein Tagesplan unterscheidet sich kaum von dem in der Anstalt. Nietzsche schreibt, isst, phantasiert zwischendurch auf dem Klavier, schreibt, isst, schläft. Mutter und Schwester erhalten die Anweisung, ihn nicht zu stören. Sie besorgen das Essen, reichen es in seine Kammer. Regelmäßig nimmt er abends, kurz bevor es dunkel wird, ein erfrischendes Bad in der Saale, genießt den kühlen Wind, die Stille, den Duft der Dämmerung. Kommt er heim, ist alles für ihn vorbereitet. Umsorgte Einsamkeit. Darin fühlt er sich wohl. Nach einer Woche ist er fertig, wiegt zufrieden 60 Seiten Reinschrift in Händen.

Im September nimmt Nietzsche schwermütig Abschied von »der Mutter Pforta«. Er verlässt die Anstalt als mittelmäßig guter Schüler mit herausragenden Noten in den klassischen Sprachen. Einzig die Mathematik machte ihm ernste Schwierigkeiten, so dass »seine ungenügenden Leistungen hierin nur durch die vorzüglichen Leistungen im Deutschen und Lateinischen ausgeglichen werden können«, heißt es im Abschlusszeugnis.

Vom Zweifeln und Studieren (1864–1869)

Der Philologe entdeckt die Philosophie

Als ich nach sechsjährigem Aufenthalte der Schulpforte als einer strengen, aber nützlichen Lehrmeisterin Lebewohl gesagt hatte, gieng ich nach Bonn. Hier wurde ich mit Erstaunen gewahr, wie gut unterrichtet und doch wie schlecht erzogen so ein Fürstenschüler auf die Universität kommt. Er hat eine Menge für sich gedacht, und jetzt fehlt ihm die Geschicklichkeit, diese Gedanken zu äußern. Er hat noch nichts von dem bildenden Einflusse der Frauen erfahren.« Um das Leben kennen zu lernen, tritt Nietzsche einer Burschenschaft bei, der »Frankonia«, – die renommierteste Verbindung vor Ort, erfahren Mutter und Schwester, vor denen er diesen Schritt rechtfertigen zu müssen glaubt.

Der junge Mann will am Leben teilnehmen, versäumte Erfahrungen nachholen, sich in Geselligkeit üben. Mit seinem Freund Paul Deussen, der ebenfalls in Bonn studiert und mit

Liebe Mamma und Lisbeth,
indem ich mich zuerst nach allen Seiten hin höflichst verneige, stelle ich mich Euch als ein Mitglied der deutschen Burschenschaft Franconia vor.

Nun, ich sehe schon, wie Ihr auf höchst merkwürdige Weise den Kopf schüttelt und einen Ausruf der Verwunderung von Euch gebt. Es ist auch wirklich vielerlei Wunderbares mit diesem Schritt verbunden, und so kann ich es Euch nicht übel nehmen. Z. B. traten fast zu gleicher Zeit sieben Pförtner der Franconia bei und zwar außer zweien sämmtliche Pförtner, die sich in Bonn zusammenfanden, darunter viele, die schon im vierten Semester stehn. (…)

Natürlich habe ich mir den Schritt reiflichst überlegt und ihn in Anbetracht meiner Natur fast für nothwendig erachtet. Wir sind alle zum größten Theile Philologen, zugleich alle Musikliebhaber.

Aus einem Brief an Mutter und Schwester vom 24./25. Oktober 1864

9 Mitglieder der Burschenschaft »Frankonia«, 1864. Nietzsche links über dem Fässchen

ihm der »Frankonia« beitritt, unternimmt er lange Wanderungen und Besuche zu dessen Verwandten im Rheinland. Allein streift er über die Friedhöfe, sucht nach den Gräbern von Robert Schumann, August Wilhelm Schlegel und Ernst Moritz Arndt. Mit den Bundesbrüdern zieht er nachts um die Häuser. Er wird Mitglied des städtischen Gesangvereins, paukt und ficht, singt und tanzt, trinkt und scherzt. Für seine Burschenschaft verfasst er sogar eine Posse, ›Die Frankonen im Himmel‹, die in der Bierzeitung zum Stiftungsfest der Verbindung erscheint. Im Juni 1865 stellt sich Nietzsche der Mensur. Er ist kein guter Fechter. Und obwohl die beiden Paukanten eher harmlos aufeinander eintrommeln, zieht er sich einen leichten Schmiss zu, der aber bald verheilt. Mehrere Monate lang gibt sich Nietzsche der Illusion hin, er sei ein ganz normaler Student mit ganz normalen Bedürfnissen. Dann aber merkt er, dass ihn das Treiben der anderen abstößt. Deussen fühlt ähnlich. Die allzu durchsichtige Etikette, der Bierkult, das exzentrische Gehabe der Bundesbrüder treffen nicht den Geschmack der beiden Freunde. Dennoch lassen sie es sich eine Weile gefallen. Eitel berichtet Nietzsche nach Hause: »Ich gelte hier in studentischen Kreisen etwas als musikalische Autorität und außerdem als sonderbarer Kauz, wie übrigens alle Pförtner, die der Franconia angehören. Ich bin durchaus nicht unbeliebt, ob ich gleich etwas moquant bin und für satyrisch gelte.« Ansonsten ärgert ihn der weit verbreitete Katholizismus im Rheinland, die derbe Fröhlichkeit der Einheimischen, und die Küche schmeckt ihm auch nicht. Außerdem sei alles viel teurer als zu Hause. – Überhaupt das Geld! Es reicht hinten und vorne nicht. Alle Ausgaben rechnet Nietzsche der Mutter kleinlich vor, damit sie ihm mehr »Thaler« schicke. »Auch heute, Dienstag früh, ist mein Geld noch nicht da. Ich kann mich also nicht immatrikulieren lassen, da dies über 7 Thl. kostet. Das Paupertätszeugniß brauche ich noch bis Ende dieser Woche spätestens! Vergeßt das ja nicht!« Er droht ihr, anderenfalls Schulden machen zu müssen.

An der Universität ist Nietzsche für die Fächer Theologie und Philosophie eingeschrieben. Theologie belegt er allerdings mehr der Mutter und der Tante zuliebe. Ferner hört er Kunstgeschichte und Politik und natürlich Klassische Philologie bei den beiden damals führenden Altphilologen Otto Jahn und vor allem bei Friedrich Ritschl, der noch eine bedeutende Rolle im Leben Nietzsches spielen wird. Wissbegierig wie er ist, nimmt Nietzsche sich viel zu viel vor. Alles scheint ihm hörenswert zu sein. Folglich verzettelt sich der Student, kommt mit den Abschriften der Vorlesungen nicht nach, wird unzufrieden und gereizt. Die meisten Kommilitonen langweilen ihn. Von den Frankonen zieht er sich zurück. Seine Bundesbrüder, die der damals landläufigen Meinung anhängen, ein flotter Student habe die ersten Semester gefälligst zu verbummeln, wundern sich, nennen ihn ein »verrücktes Huhn«, weil er entweder im Kolleg sitzt oder in seiner Stube, wo er studiert oder Musik treibt.

Nach langer Suche hatte Nietzsche ein geräumiges und doch preisgünstiges Zimmer mit drei großen Fenstern und Balkon in der Bonngasse bezogen, nur wenige Meter vom Geburtshaus Beethovens entfernt. Er leiht sich ein Klavier. Die Wirtsleute empfindet Nietzsche als schlicht, freundlich und sehr reinlich. Mittags und abends versorgen sie ihn mit

Hausmannskost, kümmern sich sogar um seine Wäsche. Er verbringt viel Zeit in seiner Stube. Auch Weihnachten und Silvester des Jahres 1864. Das erste Mal, dass er nicht zu Hause feiert. Eine bewusste Wahl, denn er muss nachdenken. Allein, und das gefällt ihm. Er hat es sich gemütlich gemacht, es ist still, nur die Kohlen knistern im Ofen, das Licht ist abgedunkelt, ein heißer Punsch steht auf dem Schreibtisch, während Nietzsche das Requiem aus Schumanns ›Manfred‹ auf dem Piano spielt, eines seiner Lieblingsstücke. Schwermütig erinnert er sich des verflossenen Jahres, während er in Briefen und Manuskripten herumstöbert. Da überkommt ihn das Verlangen, »alles Fremde zu lassen und nur an mich zu denken«. Er weiß, er muss eine Entscheidung treffen, will er die Krise meistern. Und diese Entscheidung, das ahnt er bereits, wird gegen die Fächerkombination, gegen die Theologie, wird gegen sein zielloses Studieren, wird gegen die Frankonen – und wird gegen Bonn ausfallen. Trotz der lieblichen Rheinlandschaft, die Nietzsche inspiriert, die Stadt gefällt ihm einfach nicht.

Um Kummer, Einsamkeit und schlechte Laune etwas erträglicher zu machen, entwickelt er eine ganz eigene Methode. Während andere Studenten auf der Jagd nach hormoneller Glückseligkeit regelmäßig Bordelle aufsuchen, geht er lieber in die Konditorei. Nietzsches Verbrauch an Kuchen, Torten und Süßigkeiten ist enorm. Schokolade, weiß er, macht auch glücklich. Der Bordellbesuch war unter Studenten damals fast die einzige Möglichkeit, vor der Ehe sexuelle Erfahrungen zu sammeln. Entsprechend häufig und selbstverständlich kam er vor – ungeachtet der dort lauernden Infektionsgefahr. Viele bürgerliche Väter bestellten sogar feinere Prostituierte zu sich nach Hause, damit der Herr Sohn, gewissermaßen im Schutz der eigenen vier Wände, in die Welt der körperlichen Liebe eingeführt werde, und nicht auf der Straße womöglich an eine Dame geriet, von der niemand wissen konnte, was sie mit ihm anstellte. Dennoch schloss das eine das andere natürlich nicht aus. Nietzsche allerdings entstammte einem Haus, wo derlei Gepflogenheiten nicht üblich waren. Und auch in Bonn hielt er sich von den Frauen fern. Wie gesagt, er aß lieber Schokolade. Und etwas scheu und prüde war er wohl auch. – Trotzdem hat er es höchstwahrscheinlich wenigstens einmal doch versucht. Wir kennen sogar das Datum: eines Tages im Februar 1865 ... Die Überlieferung stammt vom Freund Deussen, 1901 angefertigt, als sich um Nietzsche bereits ein Mythos zu spannen begann, den jeder der alten Freunde – nicht immer ganz uneigennützig – gern mitzugestalten bereit war, weshalb solche Überlieferungen natürlich mit Vorsicht zu genießen sind. Allerdings ist die Anekdote so kurios, dass sie schon wieder glaubhaft sein könnte. Nietzsche also soll, nachdem er irgendwie – versehentlich oder nicht – in ein Etablissement gelangt war – natürlich in Köln, denn nach Köln fuhr man, um zu »sündigen« – , die dort erwartungsvoll um ihn herum versammelten Damen in Flitter und Gaze irritiert angesehen haben, und dann, als er im Raum ein Klavier entdeckte, »das einzige seelenhafte Wesen in der Gesellschaft«, darauf zugegangen sein, um einige Akkorde anzuschlagen. Diese Tat habe ihn aus seiner Erstarrung gelöst und ins Freie weichen lassen. So habe Nietzsche es selbst erzählt, behauptet Deussen, der seinen Freund gut zu kennen meint, und noch anfügt, er könne versichern, dass Nietzsche »mulierem nunquam attigit«, also niemals eine Frau angerührt habe.

Die Familie in Naumburg lässt Nietzsche beruhigend wissen: »Meine Erlebnisse beschränken sich in letzter Zeit auf Kunstgenüsse.« Und auf Religionskritik. Er liest ›Das Leben Jesu‹ des streitbaren Theologen David Friedrich Strauß (1808–1874), ein Buch, das seit seinem Erscheinen 1835 eine Menge Aufsehen erregt hat, weil der Autor darin versucht, Jesus als historische Person darzustellen. Begeistert empfiehlt Nietzsche das Werk seiner Schwester Elisabeth, die allerdings verschreckt reagiert. Zu Deussen soll er gesagt haben, die Konsequenz aus der Sache sei sehr ernst: Wer Jesus aufgebe, werde auch Gott aufgeben müssen. Ostern kommt es dann erneut zu heftigen Auseinandersetzungen mit der Mutter, als Nietzsche sich weigert, am Abendmahl teilzunehmen. Franziska ist entsetzt. Erst nach dem tröstenden Hinweis von Tante Rosalie, dass alle großen Theologen Phasen des Zweifels zu durchleben hätten, kann sie sich wieder beruhigen.

Nietzsche bleibt gereizt und unzufrieden. Es geht ihm auch gesundheitlich schlecht. Er leidet unter Rheumatismus im Arm und unter stechenden Kopfschmerzen. Die Musik ist einziger Trost. Im Juli 1865 komponiert er eines seiner schönsten Stücke, die Vertonung des Jugendgedichtes ›Junge Fischerin‹. Seit 1861 hat Nietzsche immer wieder Lieder geschrieben und Texte von Adelbert von Chamisso, Joseph von Eichendorff, Sándor Petöfi, Friedrich Rückert, Klaus Groth oder Alexander Puschkin vertont. Noch findet er aus der Krise nicht heraus, weiß aber mittlerweile, dass er Bonn verlassen wird und wohin er wechseln will: zurück ins heimatliche Sachsen. Denn nach einem handfesten Streit zwischen den beiden konkurrierenden Altphilologen Friedrich Ritschl und Otto Jahn, der in Bonn skandalöse Ausmaße angenommen hatte, ist Ritschl nach Leipzig berufen worden. Nietzsche beschließt, seinem verehrten Lehrer zu folgen, nicht zuletzt in der Hoffnung, durch den Ortswechsel möge sein Leben wieder in Bewegung kommen. »Ich gieng von Bonn weg wie ein Flüchtling.«

In Leipzig immatrikuliert er sich genau an jenem Tag, an dem hundert Jahre zuvor Goethe die Universität bezog. Ein gutes Omen, findet Nietzsche, der nach wie vor fest an seine Bestimmung glaubt. »Wir haben die bescheidne Hoffnung, daß man nach wieder hundert Jahren auch unserer Immatrikulation gedenkt«, schreibt er an Eduard Mushacke nach Berlin, den Vater seines Kommilitonen und Freundes Hermann Mushacke, der mit ihm nach Leipzig gegangen ist. Wenig später folgt Nietzsche einer Einladung der Familie in die Hauptstadt. Gerührt ist er von der Herzlichkeit, mit der ihm die Mushackes begegnen. Besonders Vater Eduard hinterlässt einen intensiven Eindruck, so dass Nietzsche dem Mann gesteht, wie gerne er ihn als »mein Vater« ansprechen würde. Nach wie vor sucht er nach einer väterlichen Bezugsperson.

Um sich wissenschaftlich zu disziplinieren, studiert Nietzsche jetzt nur noch Klassische Philologie. »Das Gefühl, in der

Universalität nicht zum Grunde zu kommen, trieb mich in die Arme der strengen Wissenschaft. Sodann die Sehnsucht, aus den raschen Gefühlswechseln künstlerischer Neigungen sich in den Hafen der Objektivität zu retten.« Gleichzeitig schreibt er aber seinem Freund Carl von Gersdorff: »Ich gehe nun zwar nicht nach Leipzig, um dort nur Philologie zu treiben, sondern ich will mich wesentlich in der Musik ausbilden. Dazu habe ich in Bonn schlechterdings keine Gelegenheit gehabt.«

Er bezieht zwei kleine Zimmer bei einem Antiquar. In dessen Regalen herumstöbernd, findet er im Oktober 1865 ein Buch mit dem Titel ›Die Welt als Wille und Vorstellung‹ von Arthur Schopenhauer (1788–1860). Sofort werden seine hehren Vorsätze, sich mit »kühler Besonnenheit« und »logischer Kälte« der nüchternen Wissenschaft zu verschreiben, ernsthaft auf die Probe gestellt. »Ich weiß nicht welcher Dämon mir zuflüsterte: ›Nimm dir dieses Buch mit nach Hause‹. (...) Zu Hause warf ich mich mit dem erworbenen Schatz in die Sofaecke und begann jenen energischen düsteren Genius auf mich wirken zu lassen. Hier war jede Zeile, die Entsagung, Verneinung, Resignation schrie, hier sah ich einen Spiegel, in dem ich Welt, Leben und eigen Gemüth in entsetzlicher Großartigkeit erblickte. (...) Das Bedürfniß nach Selbsterkenntniß, ja Selbstzernagung packte mich gewaltsam.« Und zwar dergestalt, dass sich Nietzsche über zwei Wochen lang nächtlich nur vier Stunden Schlaf gönnt. Wie in Trance saugt er die Schriften Schopenhauers gierig ein, so, als erwarte er davon eine Initialzündung seiner eigenen Gedanken. »Ich verstand ihn als ob er für mich geschrieben hätte.« In den nächsten Jahren wird Schopenhauer zur wichtigsten geistigen Orientierung Nietzsches. Von dem Moment an, da er die ersten Seiten von ›Die Welt als Wille und Vorstellung‹ gelesen hat, weiß Nietzsche, dass für ihn kaum ein anderer Weg in Frage kommt als der, wie Schopenhauer sein Leben damit zu verbringen, über dasselbe nachzudenken. Eingestehen wird er sich das aber erst Jahre später. Es beginnt in ihm ein langer Kampf zwischen Philologie, Kunst und Philosophie um die Vorherrschaft.

Der Student ist fasziniert von einem Philosophen, der mit antikem Pessimismus das Dasein als einen Zustand beschreibt, der besser nicht wäre, und der die Welt als ein Jammertal betrachtet, in welcher der Mensch kein Vernunftwesen ist, sondern nur das Werkzeug eines mächtigen und eigennützigen Willens. Erlösung verspricht nach Schopenhauer nur Verneinung bzw. das Aufgehen des Individuums in der Idee der Kunst, vor allem in die der Musik als des unmittelbaren Ausdrucks des Weltwillens: »Die Musik ist also keineswegs gleich den andern Künsten das Abbild der Ideen; sondern *Abbild des Willens selbst*, dessen Objektivität auch die Ideen sind: deshalb eben ist die Wirkung der Musik so sehr viel mächtiger und eindringlicher als die der andern Künste: denn diese reden nur vom Schatten, sie aber vom Wesen.« Für Nietzsche klingt das wie die tiefste Offenbarung seines eigenen Denkens und Fühlens. Er ist begeistert. Der Philosoph genießt unumstrittene Autorität. Das Bekenntnis zu Schopenhauer entscheidet sogar darüber, mit wem der Student Freundschaften schließt. Wer ein echter Freund Nietzsches sein will, muss auch Schopenhauerianer sein.

Ein solcher begegnet ihm Anfang 1867 in dem Hamburger Kommilitonen Erwin Rohde. Von Nietzsches Talent früh überzeugt, hatte Ritschl ihn im Winter 1865 aufgefordert, einen Philologischen Verein zu gründen, dem sich im Sommersemester 1866 auch Erwin Rohde anschloss. Der schlanke, aristokratisch auftretende junge Mann war nicht nur bekennender Anhänger Schopenhauers, sondern auch ein hoch talentierter und aufgeweckter Philologe, mit dem

Aus ›Die Welt als Wille und Vorstellung‹: Und da unsere Welt nichts anderes ist als die Erscheinung der Ideen in der Vielheit mittelst Eingang in das principium individuationis (die Form der dem Individuo als solchem möglichen Erkenntnis); so ist die Musik, da sie die Ideen übergeht, auch von der erscheinenden Welt ganz unabhängig, ignoriert sie schlechthin, könnte gewissermaßen, auch wenn die Welt gar nicht wäre, doch bestehn: was von den anderen Künsten sich nicht sagen läßt.

Bd.1, S. 359

sich trefflich streiten ließ, etwa – was beide gern taten – über Sinn und Unsinn des eigenen Faches. Endlich hatte Nietzsche einen Freund gefunden, der ihm ebenbürtig war. Es entsteht eine leidenschaftliche und tief verbundene Beziehung zwischen den beiden Männern, die kein Pathos scheuen, sich ihrer außergewöhnlichen Freundschaft in langen Briefen zu versichern. Sie planen viele gemeinsame Reisen, wandern zwei Wochen lang im August 1867 durch Böhmen, den Bayerischen Wald und Franken. Später wollen sie nach Paris, was aber nicht zustande kommt. Nietzsche, der sonst unentwegt beschäftigt ist, gönnt sich, wieder zurück in Leipzig, plötzlich Tage des Müßigganges, die er mit dem Freund zusammen verbummelt, verplaudert, verträumt. Dann lernen sie reiten und gehen vor lauter Übermut gestiefelt und mit Reitpeitschen ins Seminar.

Aber auch wissenschaftlich sind es für Nietzsche glückliche Jahre. Nachdem er seinem Lehrer Ritschl eine Abhandlung über Theognis, die er dem frisch gegründeten Philologischen Verein vortragen möchte, zur Durchsicht gegeben hatte, ist dieser davon höchst beeindruckt. Ritschl bekennt, noch nie einen begabteren Studenten betreut zu haben, und fordert seinen Schützling lebhaft auf, die Arbeit zu einem Büchlein auszuweiten, er, Ritschl, werde sich um die Veröffentlichung schon kümmern. Nietzsche kann nicht widerstehen, und eben noch voll Zweifel, kehrt er nun stolz und geschmeichelt in die Arme der Philologie zurück. »Einige Zeit gieng ich wie im Taumel umher; es ist die Zeit, wo ich zum Philologen geboren wurde, ich empfand den Stachel des Lo-

10 Der Philologische Verein zu Leipzig, 1866. Am Tisch sitzend, rechts, Erwin Rohde, in der Mitte, stehend, Nietzsche

bes, das auf dieser Laufbahn zu pflücken sei.« Ritschl unterstützt seinen Adepten auch weiterhin nach Kräften. Ihm ist bekannt, dass Nietzsche nicht nur über Theognis, sondern auch über den spätantiken griechischen Schriftsteller Diogenes Laertios gearbeitet hat, von dem zehn kleine Bücher über ›Leben und Meinungen berühmter Philosophen‹ überliefert sind. Listig schlägt Ritschl der Universität Leipzig eine Preisaufgabe vor, welche die Quellen des Diogenes zum Gegenstand haben soll. Natürlich ist Nietzsche bei der Bearbeitung dieses Themas im Vorteil und gewinnt prompt den Preis. In der damals renommiertesten altphilologischen Fachzeitschrift, dem ›Rheinischen Museum‹, wird der prämierte Aufsatz abgedruckt. Ein enormes Prestige für den erst 23-jährigen Studenten. Gewissermaßen über Nacht ist der Fachwelt ein neuer Stern aufgegangen.

Trotz seiner Kurzsichtigkeit muss Nietzsche ab Oktober 1867 Militärdienst leisten. Er will zur Garde nach Berlin, findet dort aber keine Aufnahme. Stattdessen wird er einem Regiment der reitenden Artillerie in Naumburg zugeteilt. Auch das gefalle ihm, beschließt er, wenigstens als lehrreiche Erfah-

11 Nietzsche als Artillerist im Alter von 24 Jahren

rung. In martialischer Pose lässt er sich fotografieren. Nietzsche hofft, beim Militär das »Gegengift gegen eine steife, pedantische, engbrüstige Gelehrsamkeit zu finden«. Dennoch schlägt seine eigentliche Natur schnell wieder durch: »Ach lieber Freund«, schreibt er im Februar 1868 an Rohde, »was ist so ein reitender und fahrender Artilleriste für ein Unglücksthier, wenn er litterarische Triebe hat.« Den Dienst empfindet er bald als stupide, träumt sich in die Welt der frühen Griechen, denkt über Heraklit nach, über Anaxagoras und Anaximander, vor allem aber über Demokrit, jenen vorsokratischen Philosophen, nach dessen Lehre alles, was ist, aus herabfallenden Atomen im leeren Raum bestehe, weshalb die Wirklichkeit ständiger Veränderung unterworfen sei. Laut Demokrit ist das Universum seelenlos, es gibt keinen ordnenden Geist oder gar ein höheres Ziel, worauf sich das Seiende hinentwickelt. Leben ist egoistisch und hauptsächlich Selbstzweck. Diese an moderne naturwissenschaftliche Theorien erinnernde Erkenntnis hat Nietzsche sehr fasziniert. Im Gegensatz zu Platons Ideenlehre, wonach alle bestehenden Dinge nur das Abbild der Idee dieser Dinge seien, das Universum also gewissermaßen von ihnen beseelt sei, ist Demokrits Lehre nihilistisch. Keine Teleologie, kein Plan, keine Idee, keine Welt hinter der Welt, sondern allein Kontingenz bestimme das Leben. Folglich gibt es auch keine unverrückbare Definition von Gut und Böse, sondern nur eine rein moralische Deutung dieser Begriffe. Ergänzend zu Demokrit liest Nietzsche die ›Geschichte des Materialismus‹ von Friedrich Albert Lange. Dieses nach wie vor brillante Buch eines »höchst aufgeklärten« Kantianers vereint Naturwissenschaft mit Philosophie. Es hinterlässt ebenfalls tiefe Eindrücke und ist in seinem Einfluss auf Nietzsches Denken kaum zu überschätzen. Vorrangig aber striegelt er die Tiere, schleppt Hafer an, mistet den Stall aus. Wird ihm alles zu öde, rettet ihn zuweilen der Seufzer »Schopenhauer hilf!« über die Dienstzeit.

12 Friedrich Albert Lange. Holzstich

Im März 1868 zieht sich Nietzsche beim Sprung aufs Pferd – obwohl er als sehr guter Reiter gilt – eine schwere Verletzung zu, die seine baldige Ausmusterung zur Folge hat. Zwei Brustmuskel sind gerissen, aber Nietzsche glaubte zunächst, der stechende Schmerz sei eine Bagatelle und werde von selbst vergehen. Erst, nachdem er mehrmals in Ohnmacht gefallen ist, lässt er sich behandeln. Gegen die Schmerzen bekommt der Patient Morphium, unter dessen Wirkung er von rauschhaften Träumen befallen wird: »Was ich fürchte, ist nicht die schreckliche Gestalt hinter meinem Stuhle, sondern ihre Stimme: auch nicht die Worte, sondern der schauderhaft unartikulierte und unmenschliche Ton jener Gestalt. Ja, wenn sie noch redete, wie Menschen reden!« Die Verletzung heilt nur langsam. Während des Krankenurlaubs findet Nietzsche endlich wieder Zeit, sich mit philologischen und philosophischen Problemen zu befassen. Selbstbewusst geht er erstmals mit Schopenhauer ins Gericht, versucht, seinem Idol einige Widersprüche und Irrtümer nachzuweisen, was an Nietzsches tiefem Vertrauen zu Schopenhauer aber vorerst nichts ändert, denn selbst die »Irrthümer großer Männer« seien »verehrungswürdig weil sie fruchtbarer sind als die Wahrheiten der kleinen«.

Unentschlossen blickt der Student in die Zukunft. Einerseits bereitet er sich innerlich auf die akademische Laufbahn vor, denn er spürt einen starken erzieherischen Impetus in sich, andererseits halten ihn unüberwindbare Zweifel am Wert der »zwar noch rüstig einherschreitenden aber doch hier und da die welcken Züge des Alters verrathenden Philologie« davon ab, sich ganz dieser Wissenschaft zu verschreiben. Viel stärker beschäftigt Nietzsche die kulturphilosophische Frage, welchen Nutzen die Antike für die Gegenwart

Das bedeutendste philosophische Werk, was in den letzten Jahrzehnten erschienen ist, ist unzweifelhaft Lange, Geschichte des Materialismus, über das ich eine bogenlange Lobrede schreiben könnte. Kant, Schopenhauer und dies Buch von Lange – mehr brauche ich nicht.

Aus einem Brief an Hermann Mushacke, November 1866

hat und was wir von ihr lernen können. Eine Frage, um die sein Denken in den nächsten Jahren immer wieder kreisen wird.

Im Herbst 1868 macht sich Nietzsche mit Richard Wagners Dichtungen und ästhetischen Schriften vertraut. In ›Oper und Drama‹ liest er über die Analogie von Mythos und Musik, die auch Nietzsche voraussetzt, um die Wirkung des Musikdramas zu erzielen. Bei der Lektüre findet er viele seiner eigenen musikästhetischen Vorstellungen wieder. Nietzsche spürt die geistige Nähe zu Wagner, von dessen Musik und Theorien er gleichermaßen eingenommen ist. Er ahnt bereits, dass ihm Wagner ähnlich wichtig wie Schopenhauer werden könnte. Dann ergibt sich noch im selben Jahr plötzlich die Gelegenheit, dem Meister persönlich zu begegnen. Wieder ist es Ritschl, der das ermöglicht. Denn der Professor verkehrt oft und fast ausschließlich im Hause der hoch gebildeten Familie des vermögenden Buchhändlers Friedrich Brockhaus, in die Wagners Schwester Luise eingeheiratet hat. Als sich der Komponist im November 1868 für ein paar Tage in seiner Geburtsstadt Leipzig aufhält, äußert er den Wunsch, jenen begabten Studenten Nietzsche kennen zu lernen, von dem Ritschl ihm schon öfter vorgeschwärmt hat. Also wird

13 Richard Wagner, um 1870

der junge Gelehrte zu der Familie Brockhaus eingeladen. War Nietzsches Begeisterung für Wagner bislang keineswegs uneingeschränkt (in hochmütigen Augenblicken bezichtigte er den erfolgreichen Tonsetzer schon mal des Dilettantismus), so ging doch gleichzeitig eine geheimnisvolle Faszination von diesem Mann aus. Seitdem der 17-jährige Nietzsche Auszüge aus dem ›Tristan‹ gehört hatte, war er – wenngleich nach einigem Zögern – gebannt von dieser Musik. Und nachdem er die ästhetischen Schriften Wagners gelesen hatte, schrieb er an Rohde: »Mir behagt an Wagner, was mir an Schopenhauer behagt, die ethische Luft, der faustische Duft, Kreuz, Tod und Gruft.« Nietzsche hat Bedenken, ob er auch ja gut genug gekleidet ist für die Begegnung. Glücklicherweise soll ihm am Tag der Einladung ein neuer Ballanzug geliefert werden, das beruhigt. Freudig fiebert er dem Abend entgegen. Es wird immer später, der Schneiderbursche mit dem Anzug aber bleibt aus. Nervös tritt Nietzsche ans Fenster. Draußen gießt es in Strömen, prasselnder Regen, vermischt mit Schnee. Endlich ertönt die Klingel: der Anzug! Nietzsche mustert rasch das Stück, ist zufrieden, will den Burschen so schnell wie möglich wieder loswerden, dieser aber besteht auf sofortiger Bezahlung. Nietzsche erklärt ihm, dass das nicht möglich sei, er werde nur dem Schneider persönlich das Geld geben, und überhaupt habe er jetzt ganz andere Sorgen. Nach einer kleinen handgreiflichen Auseinandersetzung nimmt der Bursche den Anzug und verschwindet damit. So bleibt Nietzsche nichts anderes übrig, als auf seinen alten Rock zurückzugreifen. Verärgert eilt er durch Nacht und Wind, trifft nass und verspätet endlich in der Villa Brockhaus ein, wo er verständnisvoll empfangen wird, vom engsten Familienkreis – und von Richard Wagner. Der Augenblick der Begegnung macht den vorangegangenen Ärger vergessen. Die Atmosphäre ist locker und sehr angenehm. Wagner wirkt auf Nietzsche äußerst lebhaft, er scherzt viel. Vor und nach dem Essen spielt und singt Wagner einige Stellen aus den ›Meistersingern‹. Danach diskutiert man über ästhetische und philosophische Fragen. Nietzsche ist bezaubert, denn es stellt sich schnell die geistige

Verwandtschaft zwischen den beiden Männern heraus. An Rohde schreibt er: »Inzwischen hatte ich ein längeres Gespräch mit ihm über Schopenhauer: ach, und Du begreifst es, welcher Genuß es für mich war, ihn mit ganz unbeschreiblicher Wärme von ihm reden zu hören, was er ihm verdanke, wie er der einzige Philosoph sei, der das Wesen der Musik erkannt habe: dann erkundigte er sich, wie sich jetzt die Professoren zu ihm verhalten, lachte sehr über den Philosophencongreß in Prag und sprach ›von den philosophischen Dienstmännern‹.« Am Ende erhält der junge Gast sogar die Einladung, Wagner in dessen Haus bei Luzern zu besuchen. Recht bald! »Um Musik und Philosophie zu treiben.«

Daraus wird zwar vorerst nichts, aber Nietzsche lebt die nächste Zeit ganz in der euphorischen Erwartung eines Wiedersehens mit dem Mann, der für ihn die »leibhaftigste Illustration dessen« ist, was »Schopenhauer ein Genie nennt«. In dieser Stimmung erfährt der Glückliche drei Monate später von Ritschl, dass in Basel der Lehrstuhl für griechische Sprache und Literatur frei geworden sei und man innerhalb des Kollegiums berate, ihn, Nietzsche, darauf zu berufen. Natürlich tat man das erst, nachdem Ritschl der Universität eine glänzende Empfehlung gegeben hatte: »So viele junge Kräfte ich auch seit nunmehr 39 Jahren unter meinen Augen habe entwickeln sehen: *noch nie* habe ich einen jungen Mann gekannt (...), der *so* früh und *so* jung schon *so* reif gewesen wäre, wie dieser Nietzsche.« Der in solchen hohen Tönen Gelobte kann das, was Ritschl ihm vertraulich mitteilt, natürlich kaum fassen. Hat er doch nach wie vor ein gespaltenes Verhältnis zur Philologie. Und obwohl noch nicht einmal promoviert, soll er nun eine Professur übernehmen? Wieder ist Nietzsche hin- und hergerissen. Freund Rohde gesteht er: »Wir sind doch recht die Narren des Schicksals: noch vorige Woche wollte ich Dir einmal schreiben und vorschlagen, gemeinsam Chemie zu studieren und die Philologie dorthin zu werfen, wohin sie gehört, zum Urväter-hausrath. Jetzt lockt der Teufel ›Schicksal‹ mit einer philologischen Professur.« Rohde freut sich neidlos, während Deussen ungeschickterweise Nietzsche die Huldigung verweigert und damit fast einen Bruch der Beziehung provoziert. Nietzsche reagiert darauf unangemessen barsch: »Werther Freund, wenn nicht etwa zufällige Störungen des Kopfes Deinen letzten Brief verschuldet haben, so muss ich bitten, unsere Beziehung hiermit als abgeschlossen zu betrachten.« Es kostet den alten Freund, der in Bonn geblieben war, einige Überwindung, die Beziehung noch zu retten. Deussen also kriecht zu Kreuze, und Nietzsche nimmt gönnerhaft an. Der frisch gebackene Professor weiß, was er sich leisten kann. Sein Selbstbewusstsein erreicht erstmals schwindelnde Höhen.

Schließlich ist Nietzsche erst 24 Jahre alt und ohne jeden Titel, als er den Lehrauftrag in Basel erhält. Einerseits bedauert er zwar, sich vom freien Studentenleben so zeitig verabschieden zu müssen, andererseits ist er begreiflicherweise mächtig stolz auf sein neues Amt. Sofort lässt er Visitenkarten drucken, die er an alle »Zur Verbreitung!« verschickt, und auf denen er, um seine neue soziale Stellung zu betonen, noch die Angabe zu seiner Besoldung ergänzt. »FRIEDRICH NIETZSCHE. Professor extraord. der klassischen Philologie (mit 800 Thl. Gehalt) an der Universität Basel.«

Im März 1869 wird er von der Universität Leipzig promoviert, ohne ein Examen ablegen zu müssen. Keine Dissertation, keine mündliche Prüfung. Seine bisherigen Arbeiten, befindet die Fakultät, reichten aus, ihn zum Doktor zu ernennen. Damit ist der Weg nach Basel frei. Zum Sommersemester beginnt seine Lehrtätigkeit.

Freilich: Die Universität Basel war klein, sie zählte im Ver-

> Recht nackt gesprochen – erscheint mir Dein ganzes Räsonnement in allen Deinen Briefen unendlich unbedeutend und trivial: und wie sich mit einer solchen Flachheit des Denkens, einem so unphilosophischen Mangel an Lebensernst noch der Stolz paaren will, der lächerliche Bauernstolz einen Höheren nicht anerkennen zu wollen, das gestehe ich nur mit Mühe und mit einem Stoßseufzer auf die menschliche Verkehrtheit einzusehn.
>
> *Aus einem Briefentwurf an Paul Deussen, Februar 1869*

gleich zu deutschen Lehrstätten nur wenige Studenten, im Jahr 1870 bloß 116, die meisten davon Theologen. Das waren selbst für damalige Verhältnisse nicht viele. Obwohl auch Koryphäen wie der Kunsthistoriker Jacob Burckhardt, der Mythenforscher Johann Jakob Bachofen oder der Jurist Andreas Heusler dort lehrten oder lebten, galt Basel als ein Ort, wo sich nur schwer akademischer Ruhm gewinnen ließ. Häufiger kamen ganz junge Dozenten nach Basel, die sich von dort aus recht bald ihren Absprung auf bedeutendere Universitäten erhofften. Daher sind die zehn Jahre, die Nietzsche in Basel verbringen wird, eine ungewöhnlich lange Zeit. Auch als Lebensabschnitt des so oft nomadisch Herumgereisten, denn an keinem anderen Ort blieb Nietzsche jemals länger ununterbrochen wohnen als in Basel. Er legte es aber auch nicht darauf an, von anderen Universitäten abgeworben zu werden. Einen Ruf nach Greifswald schlägt er 1872 aus, was ihm die Baseler Universität mit großzügiger Erhöhung seiner Bezüge dankt. Nietzsche fühlt sich trotz des Klimas (Föhn, viele Wolken), das ihm zu schaffen macht, einigermaßen wohl in der kleinen, beschaulichen Stadt, in der es noch vergleichsweise ruhig und gemütlich zugeht, obwohl auch die Einwohnerzahl Basels in den siebziger Jahren rapide ansteigt und die Stadt mit den sozialen Folgen der Industrialisierung zu kämpfen hat. Aber darauf achtet Nietzsche nicht. Außerdem ist Basel das ehemalige Zentrum des europäischen Humanismus, wo so überragende Geister wie Erasmus von Rotterdam gewirkt haben. Der wichtigste Grund aber, der für Basel spricht, ist die räumliche Nähe zu Richard Wagner. Dieser bewohnt nämlich seit 1866 eine vom bayerischen König Ludwig II. finanzierte Villa in Tribschen bei Luzern – damals nur drei Zugstunden von Basel entfernt –, wo der ruhelose Meister nach jahrelanger Flucht vor Schulden und politischen Zwängen endlich ein Domizil gefunden hat.

Vom unzeitgemäßen Erzieher (1869–1875)

Sternenfreundschaft mit Wagner

Bereits aus Nietzsches Antrittsvorlesung ›Die Persönlichkeit Homers‹ (später gedruckt als ›Homer und die klassische Philologie‹) war der Geist eines Altphilologen herauszuhören, der mit dem Anspruch an die Arbeit ging, sein Fach interdisziplinär auszuweiten, es in die Nähe der Kunst zu rücken und es somit vom Image verstaubter, greisenhafter Pedanterie befreien zu wollen. Nietzsche machte keinen Hehl aus seinen künstlerischen und philosophischen Vorlieben. Allerdings fürchtete er damit anzuecken. Am Ende des Vortrages über Homer spricht er die Hoffnung aus, »kein Fremdling« unter den neuen Kollegen zu sein, wenn er für das Fach beanspruche, »dass alle und jede philologische Thätigkeit umschlossen und eingehegt sein soll von einer philosophischen Weltanschauung«. Die Hoffnung wird sich nicht erfüllen. Obwohl die Stadt den jungen Professor herzlich aufnimmt, er in den ersten Wochen so viele Einladungen aus höheren Kreisen erhält, dass er diesen kaum nachkommen kann, fühlt sich Nietzsche einsam. Er sehnt seinen Freund Rohde herbei, dem er in langen Briefen atemlos alles mitteilt, was ihn bewegt. »Ich vermisse Dich ganz unglaublich«, gesteht Nietzsche, denn er leide sehr darunter, »auch so gar niemanden an Ort und Stelle zu haben, dem man das Beste und Schwerste des Lebens sagen könnte. Dazu nicht einmal einen wirklich sympathischen Berufsgenossen. (...)

An meinen »Collegen« mache ich eine seltsame Erfahrung: ich fühle mich unter ihnen, wie ich mich ehedem unter Studenten fühlte: im Ganzen ohne jedes Bedürfniß mich mit ihnen näher abzugeben, aber auch ohne allen Neid: ja genau genommen, fühle ich einen kleinen Gran von Verachtung gegen sie in mir, mit dem sich ja ein sehr höflicher und gefälliger Verkehr ganz gut verträgt.

Aus einem Brief an Erwin Rohde, Mitte Juli 1869

Meine Freundschaft bekommt unter so einsiedlerischen Umständen, so jungen und schweren Jahren, wirklich etwas Pathologisches: ich bitte Dich wie ein Kranker bittet: ›komm nach Basel!‹«

Nietzsche plant, Rohde an den eigenen Lehrstuhl zu holen und seinerseits eine frei gewordene Stelle für Philosophie zu besetzen. Doch die Universität lehnt ab. Zu Recht betonen seine Konkurrenten, Nietzsche habe außer Arthur Schopenhauer und Immanuel Kant kaum einen Philosophen ernsthaft studiert, und auch das Verhältnis zu Schopenhauer sei eher weltanschaulich als systematisch begründet. Den Ruf erhält schließlich der idealistische Lebensphilosoph und spätere Literaturnobelpreisträger Rudolf Eucken. Rohde geht 1872 nach Kiel, und Nietzsche bleibt einsamer Philologe in Basel. Selbst zu Jacob Burckhardt (1818–1897), mit dem Nietzsche »in vertrauten Spaziergängen« über Schopenhauer diskutiert, entwickelt sich trotz vieler Gemeinsamkeiten besonders in ästhetischen Fragen keine innigere Beziehung, obwohl beide durchaus seelenverwandt sind. Auch Burckhardt, 26 Jahre älter als Nietzsche, hatte in seiner Jugend davon geträumt, Künstler zu werden (er schrieb Gedichte und zeichnete), im Alter aber sah er sich von jeder Neigung zum Überschwang geheilt und blickte nunmehr sehr ernüchtert in die Welt. Von der Zukunft erhoffte er gar nichts mehr, nicht einmal von der Musik. So konnten die zwei geistvollen Sonderlinge zwar als Kollegen, nicht aber als Künstler Freunde werden, denn dem scheuen Augenmenschen Burckhardt war die theatralische Musik und Person Richard Wagners zuwider.

Es gehörte zu den Pflichten eines Professors in Basel, neben den Vorlesungen an der Universität auch einige Wochenstunden am so genannten »Pädagogium« zu unterrichten, einer Art Gymnasium, das auf den Besuch der Universität vorbereitete. Nietzsche hatte dort sechs Stunden pro Woche Latein und Griechisch zu erteilen. Obwohl diese zusätzliche Aufgabe belastend war, erfüllte sie ihn doch mit Vergnügen. Laut einiger Schüler, die sich später gerne an ihren Lehrer erinnerten, habe Nietzsche auf sie sehr vornehm, gütig und wohlwollend gewirkt. Er sei von ihnen wegen seiner ruhi-

14 Wagners Villa in Tribschen bei Luzern

gen, überlegenen Art respektiert worden wie kaum ein anderer Pädagoge. Seit seiner Jugend durchzieht Nietzsche eine erzieherische Ader. Er will wirken. Deshalb bedauert er es, an der Universität selten mehr als acht Hörer zu haben. Dass er seine Vorlesungen bereits auf 7 Uhr morgens angesetzt hat, ist freilich nicht der Grund dafür, auch nicht sein zahmer Vortragsstil, mit dem er wenig auffällt, sondern schlechterdings die geringen Studentenzahlen. Manchmal müssen Veranstaltungen mangels Zuhörern sogar ganz entfallen. Den Kollegen geht es ähnlich. Bald wird dem jungen Professor der Universitätsbetrieb lästig. Lieber unterrichtet Nietzsche am Pädagogium, denn dort kann er auf die Schüler einwirken, während ihm die Studenten nur teilnahmslos zuhören. Oft beklagt er sich, sie seien träge und dumm.

Im Mai 1869 besucht Nietzsche zum ersten Mal Richard Wagner in Tribschen und ist von allem, was er dort erlebt, hingerissen: das Haus, die Landschaft, der Lebensstil des Meisters. Fasziniert ist er auch von Wagners Lebensgefährtin Cosima von Bülow – die Tochter Franz Liszts und Gattin des Dirigenten Hans von Bülow –, mit der Wagner seit 1866 zusammenlebt und bereits drei Kinder hat, noch bevor die beiden im August 1870 heiraten. Zwischen Cosima und Nietzsche entwickelt sich rasch ein ähnlich vertrautes Verhältnis wie zu Richard Wagner. Ihrem Lebensgefährten zwar kritiklos ergeben, tritt sie Nietzsche gegenüber jedoch durchaus selbstbewusst und sehr direkt auf. Cosima wird ihm eine hilfreiche Ratgeberin in manchen Lebensfragen und später sogar verklärtes Ideal seiner gescheiterten Liebesbeziehungen. Nach dem vierten Besuch im Hause Wagner – wo für den Professor zwei Zimmer eingerichtet worden sind, so dass er jederzeit kommen und gehen kann, wann er will –, schreibt Nietzsche euphorisch an Rohde: »Übrigens habe ich auch mein Italien, wie Du; (…) Es heißt Tribschen und ist mir bereits ganz heimisch. (…) Liebster Freund, was ich dort lerne und schaue, höre und verstehe, ist unbeschreiblich. Schopenhauer und Goethe, Aeschylos und Pindar leben noch, glaub es nur.« Den Komponisten und den Philologen verbindet vor allem eines: ihre auf Schopenhauer fußende philosophische Weltanschauung (Wagner will Schopenhauers Hauptschrift 1855 ganze vier Mal gelesen haben) sowie die Idee vom modernen Musikdrama als Gesamtkunstwerk, das seinem Prinzip nach eine Wiederbelebung der antiken Tragödie sein müsse.

Wagner, schlau genug zu erkennen, wie sehr ihm der begabte junge Professor bei der Durchsetzung seiner eigenen Ziele nützlich sein könnte, ist um die Freundschaft nicht weniger bemüht als Nietzsche, der in dem um 31 Jahre älteren Wagner zugleich eine Vaterfigur erblickt. Die Nähe zu Wagner ruft Nietzsches alten Ehrgeiz wieder wach, auch auf dem Gebiet der Komposition Anerkennung erlangen zu wollen. Zwar hat er seit der Zeit in Schulpforta seine musikalischen Neigungen immer wieder zugunsten wissenschaftlicher Ar-

Mit dem späteren Verfall der Tragödie hörte die Kunst immer mehr auf, der Ausdruck des öffentlichen Bewußtseins zu sein: das Drama löste sich in seine Bestandteile auf: Rhetorik, Bildhauerei, Malerei, Musik usw. verließen den Reigen, in dem sie vereint sich bewegt hatten, um nun jede ihren Weg für sich zu gehen, sich selbständig, aber einsam, egoistisch fortzubilden. (…) Das große griechische Gesamtkunstwerk durfte unserem verwilderten, an sich irren und zersplitterten Geiste nicht in seiner Fülle zuerst aufstoßen: denn wie hätten wir es verstehen sollen?

Richard Wagner, Die Kunst und die Revolution, 1849

15 Richard und Cosima Wagner, 1872

beit zu unterdrücken versucht, aber ganz ist ihm das nie gelungen: »Es fehlte an einigen äußern Zufälligkeiten; sonst hätte ich es damals gewagt, Musiker zu werden.« Erwartungsvoll beschenkt Nietzsche die Freunde in Tribschen mit seinen Kompositionen, über die beide allerdings nur milde lächeln. Für Wagner sind Nietzsches musikalische Versuche schlicht indiskutabel. Er rät dem Freund: »Nun bleiben Sie Philolog, um als solcher sich von der Musik dirigieren zu lassen.« Doch Nietzsche, der sich nie die Grundelemente der Tonsprache gründlich angeeignet hat, hofft weiterhin, seine Gelegenheitskompositionen würden in der Fachwelt Anklang finden. Von Wagner musikalisch nicht ernst genommen und entsprechend gekränkt, versucht Nietzsche es bei dessen persönlichem Feind, dem Dirigenten Hans von Bülow, der seine Frau Cosima an Wagner verloren hatte. Im Sommer 1872 schickt Nietzsche ihm probeweise seine ›Manfred-Meditation‹ zu, ein gewagtes Klavierstück für vier Hände, und erhält postwendend ein künstlerisches Todesurteil zur Antwort. Nietzsches Arbeit sei »das Unerquicklichste und Antimusikalischste«, was ihm seit langem zu Gesicht gekommen sei, und die Meditation habe »vom musikalischen Standpunkt aus nur den Wert eines Verbrechens an der moralischen Welt«, urteilt von Bülow. Nietzsches eigentliche Begabung aber sehr wohl erkennend, rät er ihm: »So componiren Sie doch wenigstens nur Vokalmusik – und lassen Sie das Wort in dem Nachen, der Sie auf dem wilden Tonmeere herumtreibt, das Steuer führen.« Das vernichtende Urteil hält Nietzsche allerdings nicht davon ab, mit dem Komponieren fortzufahren. Zwischen 1873 und 1874 arbeitet er eigenwillig an einem neuen vierhändigen Klavierstück, dem ›Hymnus an die Freundschaft‹, das bei Wagner wieder nicht die gewünschte Wirkung erzielt. Erst Gustav Mahler äußert viele Jahre später, die kompositorischen Leistungen Nietzsches seien von den Zeitgenossen unterschätzt worden.

Doch trotz der Misserfolge war und blieb die Musik der schöpferische Antrieb Nietzsches, auch in der Philologie. Schon 1868, noch vor der Bekanntschaft mit Richard Wagner, gestand Nietzsche der Frau seines Lehrers, Sophie Ritschl: »Vielleicht finde ich aber einmal einen philologischen Stoff, der sich musikalisch behandeln läßt, und dann werde ich stammeln wie ein Säugling und Bilder häufen, wie ein Barbar, der vor einem antiken Venuskopf einschläft, und trotz der ›blühenden Eile‹ der Darstellung – Recht haben.« Den Stoff hat er längst gefunden. Aber erst das Zutrauen Wagners ermutigt ihn darin, sein Thema auch auszuarbeiten. Er beschäftigt sich mit den Ursprüngen der griechischen Tragödie. Im Januar 1870 hält Nietzsche im Basler Museum einen Vortrag über ›Das griechische Musikdrama‹. Zwei Wochen später spricht er dort über ›Sokrates und die Tragödie‹. Das Publikum ist verunsichert wegen des schwärmerischen Duktus' der Vorträge, aus denen leicht eine Hommage an das Wagnerische Musikdrama herauszuhören ist. Es erwartete streng philologische Wissenschaft und bekam prophetische Kunstphilosophie. Der erste Aufsatz schließt mit den Worten: »Was wir von der Zukunft erhoffen, das war schon einmal Wirklichkeit – in einer mehr als zweitausendjährigen Vergangenheit.«

In Tribschen zeigt man sich dagegen sehr angetan von den tiefsinnigen Deutungen, mit denen Nietzsche das antike Drama bedenkt, aber auch von der visionären Kraft, die in den Aufsätzen steckt. Und Nietzsche ist, gestärkt durch den Beistand Wagners, weiterhin hoch motiviert: »Wissenschaft, Kunst und Philosophie wachsen jetzt so sehr in mir zusammen, dass ich jedenfalls einmal Centauren gebären werde.« Den Sommer über schreibt er an den Aufsätzen ›Die dionysische Weltanschauung‹ und ›Die Geburt des tragischen Gedankens‹, in denen sein Programm der Kulturerneuerung bereits konkret Gestalt annimmt. Es sind weitgehend die gleichen Vorstellungen, die auch Wagner verfolgt. Deshalb fordert dieser ihn dringend auf, alle jene Ideen in einer Buchpublikation zusammenzuführen, und gibt damit Anstöße zu Nietzsches erstem, 1872 erschienenem Werk ›Die Geburt der Tragödie aus dem Geiste der Musik‹. – Sein erster »Zentaur« ist geboren. Im Zentaur – laut griechischer Mythologie ein Fabelwesen, dessen Oberkörper der eines Menschen und dessen Unterleib der eines Stieres oder Pferdes ist – vereinen sich Geist und tierische Potenz, Vernunft und Trieb. Damit ist im Kern die Dichotomie erfasst, die Nietzsche mit dem Begriffspaar *Apollinisch* und *Dionysisch* als die Grundkräfte des menschlichen Lebens verstanden wissen will, aus deren Zusammenspiel als höchste kulturelle Ausformung die attische Tragödie hervorgegangen sei. Der Begriff des Dionysischen, Nietzsches große geniale Entdeckung und Vereinnahmung jener Jahre, wird zum Leitmotiv des Philosophen werden. Hergeleitet von dem Gott Dionysos, dessen Kult-Ursprung man damals im Orient vermutete, um den »wilden« Orient gegen den »gesitteten« Okzident abgrenzen zu können, und der den Hellenen selbst lange als feindliche,

Mir gieng es wie einem, dem eine Ahnung sich endlich erfüllt. Denn genau das ist Musik und nichts sonst! Und genau das meine ich mit dem Wort »Musik«, wenn ich das Dionysische schildere, und nichts sonst! Wenn ich mir aber denke, daß nur einige hundert Menschen aus der nächsten Generation das von der Musik haben, was ich von ihr habe, so erwarte ich eine völlig neue Cultur!

Nietzsche nach dem Besuch eines Wagner-Konzerts in Mannheim an Erwin Rohde, 21. Dezember 1871

titanische Gottheit galt, erklärt Nietzsche das Dionysische zur eigentlichen Triebkraft schöpferischer Leistungen. Dionysos ist der Gott des Tier- und Rauschhaften, des Instinktiven, Orgiastischen. Er wirft den Menschen zurück in sein vorindividuelles Stadium, als er noch ungelöster Bestandteil der Natur war. Damit ist das trennende, uns moderne Menschen beherrschende »Principium individuationis« aufgehoben. »Der Mensch ist nicht mehr Künstler, er ist selbst Kunstwerk geworden.« Zugleich steht das Dionysische für den grausamen Urgrund menschlicher Psyche, der, im rauschhaften Taumel, den Blick auf die absolute Wirklichkeit freigibt. Da diesen Blick aber niemand ertragen könne, will die dionysische Kunst das Leben verklären und den Menschen »von der ewigen Lust des Daseins überzeugen«. Doch das Dasein ist grausam und tragisch, und der dionysische Mensch weiß davon, weshalb er bereit ist, sich dem Leben umso bejahender hinzugeben. Das Dionysische ist der Urwille zum Leben durch die Lust auf Erschaffung und Vernichtung. Nietzsche nennt diese Erkenntnis »dionysische Weisheit«. Das Innere der Welt ist Schmerz, der allerdings aus sich heraus wiederum Lust erzeugt, sobald man ihn bedingungslos anerkennt, um darin aufzugehen. Künstlerischen Ausdruck findet eine solche dionysische Haltung etwa in den Schlussklängen des ›Tristan‹, da Isolde ihren Liebestod mit den Worten beschließt: » – ertrinken – versinken – unbewusst – höchste Lust!« Nietzsche hat im Dionysischen Wesenszüge entdeckt, die seiner eigenen Natur höchst verwandt sind.

16 Dionysos mit Satyr, ca. 490 v. Chr.

Es ist jene geheimnisvolle Einheit von Weh und Wonne, von Tier und Gott, von Ich und Welt, die im Rausch gesteigerter Gefühle alles Gegensätzliche zusammenführt und für den Augenblick vereint. Die Grenzen zwischen Gut und Böse verschwimmen, alles verliert seine Eindeutigkeit, wird fraglich, bedingt, und verschlingt sich im Taumel der Lust.

Im Juli 1870 bricht der deutsch-französische Krieg aus, an dem Nietzsche unbedingt teilnehmen will, obwohl ihn nichts dazu verpflichtet, da er formell kein preußischer Staatsbürger mehr ist. Diesen Umständen gemäß erlauben ihm die Schweizer Behörden nur den Dienst als Krankenpfleger. Der Vorsteher des Erziehungskollegiums der Stadt Basel, Ratsherr Vischer-Bilfinger, der letztendlich für die Berufung Nietzsches an die Universität verantwortlich war, hatte allen Grund zur Verwunderung, als er plötzlich dessen Gesuch auf Freistellung in Händen hielt. Denn erst wenige Monate zuvor hatte der junge Professor versichert, seine preußische Staatsbürgerschaft deshalb abzulegen, um im Kriegsfall nicht eingezogen zu werden und seinen Lehrverpflichtungen uneingeschränkt nachkommen zu können. Jetzt musste Vischer-Bilfinger lesen, dass Nietzsches Patriotismus von ihm verlange, auch einen geringen Beitrag zum Krieg zu leisten. Das konnte ihm der Rat nicht verweigern. Also lässt er den Professor ziehen. Nietzsche will den Krieg erleben. Doch wohl weniger aus Patriotismus als vielmehr aus philosophischer Überzeugung. Denn er sieht im Krieg dionysische Kräfte walten und versteht die »Verherrlichung und Verklärung der Schreckmittel und Furchtbarkeiten des Daseins als

Das Jasagen zum Leben selbst noch in seinen fremdesten und härtesten Problemen, der Wille zum Leben, im Opfer seiner höchsten Typen der eignen Unerschöpflichkeit froh werdend – das nannte ich dionysisch, das erriet ich als die Brücke zur Psychologie des tragischen Dichters. Nicht um von Schrecken und Mitleid loszukommen (…), sondern um, über Schrecken und Mitleid hinaus, die ewige Lust des Werdens selbst zu sein, – jene Lust, die auch noch die Lust am Vernichten in sich schließt.

Götzen-Dämmerung, 1888

Heilmittel *vom* Dasein«. Der Krieg soll die ersehnte Kulturerneuerung bringen. Das Furchtbare müsse von Zeit zu Zeit aus dem Untergrund der Kultur hervorbrechen, damit das Leben nicht an sich ermüde. Deshalb hält er den Krieg als kontinuierlich auftretendes Ereignis sogar für notwendig. Später wird er schreiben: »Der Reichste an Lebensfülle, der dionysische Gott und Mensch, kann sich nicht nur den Anblick des Fürchterlichen und des Fragwürdigen gönnen, sondern selbst die furchtbare That und jeden Luxus von Zerstörung, Zersetzung, Verneinung – bei ihm erscheint das Böse, Sinnlose und Hässliche gleichsam erlaubt, wie es in der Natur erlaubt erscheint, in Folge eines Überschusses von zeugenden, wiederherstellenden Kräften, welche aus jeder Wüste noch ein üppiges Fruchtland zu schaffen vermag.« Und: »Man hat auf das grosse Leben verzichtet, wenn man auf den Krieg verzichtet.« Darüber hinaus trieben ihn aber auch ganz profane Gründe: Er wollte für ein paar Monate dem Betrieb in Basel entfliehen, und möglicherweise hat ihn die Aussicht gelockt, am Ende eines raschen und siegreichen Feldzuges mit ins prächtige Paris einzumarschieren, das er schon lange einmal besuchen wollte.

Auf den Schlachtfeldern sammelt er Leichen und Verwundete auf, erkrankt aber wenig später an Ruhr und Rachendiphtherie. Mit prägenden Eindrücken kehrt er nach Basel zurück. Die Arbeit an der Tragödien-Schrift wird fortgesetzt. Inzwischen hat Nietzsche einen neuen Zimmernachbarn bekommen, den 33-jährigen Professor für Kirchengeschichte Franz Overbeck. Wie Nietzsche ist auch der Theologe unverheiratet. Und weil im sittenstrengen Basel Junggesellen kaum eine anständige Wohnung finden, landet auch Overbeck im Haus am Schützengraben 45 (heute 47), das nach dem Vermieter »Baumannshöhle« heißt. Rasch entsteht eine enge Freundschaft zwischen den beiden Gelehrten, die durch hohe gegenseitige Achtung geprägt ist und lebenslang anhalten wird. Mittags und abends speisen sie zusammen in Overbecks Zimmer, dem größeren der beiden Räume. Overbeck ist von geduldiger Gutmütigkeit, ein selbstloser Mann, der sich später hilfreich und verantwortungsbewusst wie kein anderer um den kranken Freund kümmern wird. Zunächst aber erweist er sich als kritischer und fundierter Mitstreiter in religiösen Fragen, denn, obwohl Theologe, ist Overbeck keineswegs gläubig. Er betreibt Theologie nicht aus religiöser Überzeugung, sondern aus wissenschaftlichem Interesse. 1873 veröffentlicht er die Schrift ›Über die Christlichkeit unserer heutigen Theologie‹. Seine kirchenkritische Haltung wurde, entgegen Overbecks Befürchtungen, von der Universität Basel toleriert. Die beiden Freunde bilden eine gut funktionierende Wohngemeinschaft, bis Nietzsche 1875, nur wenige Straßen weiter, zusammen mit Schwester Elisabeth eine eigene Wohnung bezieht.

Nach dem preußisch-deutschen Sieg über Frankreich im Januar 1871 stellt Nietzsche enttäuscht fest, dass der Krieg nicht der Kultur, sondern bloß Staat und Wirtschaft gedient habe. Statt eines hellenischen Geistes sieht er nun philiströse Großmannssucht im neuen Reich aufsteigen. »Ein großer Sieg ist eine große Gefahr. Die menschliche Natur erträgt ihn

DIE

GEBURT DER TRAGÖDIE

GEISTE DER MUSIK.

FRIEDRICH NIETZSCHE,

LEIPZIG.

VERLAG VON E. W. FRITZSCH

1872.

17 Titelblatt der ›Geburt der Tragödie‹, 1872. Vignette mit der Figur des Prometheus, entworfen von Leopold Rau

schwerer als eine Niederlage; ja, es scheint selbst leichter zu sein, einen solchen Sieg zu erringen, als ihn so zu ertragen, dass daraus keine schwere Niederlage entsteht.« Verbittert schlägt Nietzsche seinem Freund Rohde vor, mit ihm zusammen Bildungsklöster im Stile griechischer Akademien zu gründen, um gewissermaßen privat durchzusetzen, was er sich von einer erneuerten Kultur erwartet hatte. Der Ordens- und Klostergedanke nimmt viel Raum unter seinen Wünschen ein. Zeitlebens sucht Nietzsche nach Gefährten, die bereit sind, einen geistigen Kampfbund zu bilden mit dem Ziel, »wirkliche« und »individuelle« Menschen, also Philosophen, Heilige oder Künstler zu erzeugen. Allerdings verlangte er von diesen Gefährten auch die völlige Unterordnung und Aufopferung für dieses Ziel. »Ich träume eine Genossenschaft von Menschen, welche unbedingt sind, keine Schonung kennen und *Vernichter* heißen wollen: sie halten an alles den Maßstab ihrer Kritik und opfern sich der Wahrheit.« Seine Vorstellungen haben viel Ähnlichkeit mit Platons idealem, utopischem Staat, in dem die Philosophen Könige sind und die Musik als erzieherisches Mittel eine herausragende Stellung einnimmt.

Als dann im Mai 1871 ein Teil des Louvre von Aufständischen der Pariser Communen in Brand gesteckt und geplündert wird, deutet Nietzsche das endgültig als Fanal kommender Barbarei. Fälschlich wird gemeldet, zahllose Kunstschätze seien unwiederbringlich vernichtet. Nietzsche ist zutiefst erschüttert, sucht bei Jacob Burckhardt Trost, der die Ereignisse ebenfalls nicht fassen kann. Und als sie sich endlich treffen und einander unter Tränen die Hände drücken, bringt keiner von beiden ein Wort heraus. Nietzsche notiert: »Der schlimmste Tag meines Lebens.« Umso nötiger schien es ihm, an der Idee der Kulturerneuerung festzuhalten.

Wie ein Manifest dieser Bestrebung liest sich sein erstes Werk ›Die Geburt der Tragödie aus dem Geiste der Musik‹, das Januar 1872 in Leipzig erscheint. Weil Nietzsche zunächst keinen Verleger für das Buch fand, setzte sich Wagner für ihn ein und erreichte die Veröffentlichung bei seinem Verleger E.W. Fritzsch; ein eher kleiner musikalischer Fachverlag, kaum geeignet, ein breiteres Publikum anzusprechen. Nach der Lektüre des visionären, bildermächtigen Buches äußern sich Nietzsches engste Freunde fast durchweg euphorisch, einschließlich Richard Wagner, dem das Vorwort gewidmet ist. Wagner schwärmt: »Lieber Freund! Schöneres als ihr Buch habe ich noch nichts gelesen! Alles ist herrlich!« Und über ein Jahr später: »Ich habe wieder darin gelesen, und schwöre Ihnen zu Gott, dass ich Sie für den einzigen halte, der weiß, was ich will!« Hellsichtig fürchtet er aber auch bereits, es werde die Zeit kommen, »in welcher ich Ihr Buch gegen Sie zu verteidigen haben würde«. In Musikerkreisen und eben vor allem unter Wagner-Freunden findet das Buch wohlwollende Aufnahme. Die Fachgenossen dagegen hüllen sich in Schweigen. Selbst Ritschl lässt nichts von sich hören. Erst nach verwunderter Anfrage Nietzsches ist er zu einer Stellungnahme bereit, die er auch noch seine Frau Sophie verfassen lässt, da er ihr mehr diplomatisches Geschick zutraut. Wie viele seiner Kollegen hält der große Philologe die Schrift für »geistreiche Schwiemelei«.

Zwar bespricht Rohde die ›Geburt der Tragödie‹ in der ›Norddeutschen Allgemeinen Zeitung‹, andere Blätter jedoch lehnen Anzeigen und Rezensionen ab. Das Buch droht weitgehend unbeachtet zu bleiben. Erst als Ulrich von Wilamowitz-Moellendorff – später führender deutscher Altphilologe und ebenfalls Zögling aus Schulpforta – das Werk in einer 32 Seiten starken Replik unter dem Titel ›Zukunftsphilologie!‹ (in Anspielung auf die Wagnerische ›Zukunfts-

Aber unser Nietzsche! – ja, das ist wirklich ein recht betrübtes Kapitel (…) Es ist wundersam, wie in dem Manne geradezu zwei Seelen nebeneinander leben. Einerseits die strengste Methode geschulter wissenschaftlicher Forschung (…) anderseits diese phantastisch-überschwängliche, übergeistreich ins Unverstehbare überschlagende, Wagner-Schopenhauerische Kunstmysterienreligionsschwärmerei! Denn das ist kaum zu viel gesagt, dass er und seine (…) Mitadepten Rohde und Romundt im Grunde auf eine neue Religionsstiftung ausgehen.

Friedrich Ritschl an Wilhelm Vischer-Bilfinger am 2. Februar 1872

musik‹) schonungslos verreißt, ist das der Auftakt zu einem spektakulären Streit, der für einiges Aufsehen innerhalb der Zunft sorgt, weil er mit einer Vehemenz ausgetragen wird, die der Inhalt kaum noch zu rechtfertigen scheint. Rohde und Wagner – zwei durchaus streitlustige Naturen – springen daraufhin für Nietzsche in die Bresche, schreiben leidenschaftliche Erwiderungen, denen wiederum von Wilamowitz entgegnet wird. Schnell gleiten die Angriffe über das Fachliche hinaus ins Persönliche ab. Längst geht es nicht mehr um Textkritik, sondern um den Gegensatz zweier methodischer Standpunkte. Wilamowitz, als Verteidiger eines auf streng wissenschaftlicher Erkenntnis fußenden Antikenbildes, bleibt in den Augen des akademischen Betriebes Sieger. Nietzsches intentionaler Versuch einer psychologisierenden Kunstphilosophie lässt er nicht gelten. Folge: Unter den Altphilologen spricht man zwar erneut über Nietzsche, allerdings diesmal vor allem negativ. Dem Professor laufen die Studenten weg. Im Winter 1872 hat er nur zwei Hörer: einen Germanisten und einen Juristen. Die allgemeine Öffentlichkeit hat von der Fehde allerdings nur wenig mitbekommen. Der Streit blieb eine interne Angelegenheit unter einigen Philologen und Musikern. Entsprechend schlecht verkauft sich das Buch; bis 1878 nur 625 Exemplare.

Was aber war an dem Buch so skandalös? Dass es Philologie mit Philosophie vermischte? Dass es sich über den wissenschaftlichen Rand oft ins Spekulative hinauswagte? Vielleicht sein Pathos, mit dem es Schopenhauerischer Philosophie und Wagnerischer Musik huldigte? Oder seine utopisch anmutende Forderung, die durchrationalisierte, zu sehr verwissenschaftlichte und deshalb (wie Max Weber später sagt) »entzauberte« Moderne zu überwinden und zu einer mythenverhafteten Kultur zurückzukehren?

Das Buch ist in zwei Hälften zu teilen: Im ersten Abschnitt definiert Nietzsche die einander widerstrebenden Elementarkräfte des Dionysischen und des Apollinischen, deren künstlerisches Ineinandergreifen erst die Wirkung der antiken Tragödie hervorrief. Das antithetische Begriffspaar dionysisch – apollinisch geht bis auf Winckelmann und Friedrich Schlegel zurück, erhält aber erst bei Nietzsche seine Stellung als lebenszentrale Duplizität, vergleichbar mit Schopenhauers Auffassung der ›Welt als Wille und Vorstellung‹. Das Dionysische ist die Kraft, die das Individuum wieder in den Stand seines Gattungsmenschentums zurückversetzt, also die Aufhebung des *principii individuationis* ermöglicht, mit der Folge, das verlorene Gefühl von Einheit zwischen Mensch und Natur wenigstens zeitweilig wiederzuerlangen. Demgegenüber steht das Apollinische, »die Bilderwelt des Traumes«, die Erzeugung des Scheines, das für Maß und Harmonie, für Vernunft, die schönen Künste und für den Logos steht. Beide Kräfte sind nötig, um das Leben schöpferisch im Gleichgewicht zu halten. Eine entscheidende Aufgabe der Kunst ist also, die Aufrechterhaltung des schönen Scheines zu gewährleisten. Nietzsche schließt daraus, dass die Welt und das Dasein nur als »ästhetisches Phänomen« ewig gerechtfertigt seien. Der Konflikt zwischen dem Dionysischen und dem Apollinischen bezeichnet den kreativen Widerstreit zwischen »dithyrambischer Trunkenheit« und »epischer Besonnenheit« (Friedrich Schlegel). Die beiden Begriffe und ihr Verhältnis zueinander nehmen im Denken Nietzsches eine zentrale Stellung ein. Sie bilden

18 Büste des Sokrates

auch später gewissermaßen die Ersatzkoordinaten für sein fehlendes philosophisches System. Nietzsches Anliegen ist, die antiken Griechen in ihrem Wesen zu begreifen, um daraus Rückschlüsse ziehen zu können, wie der moderne Mensch beschaffen sein müsste, um zu einer ähnlich hohen Kultur zu gelangen. Allerdings erblickt er nicht im klassischen, sondern im archaischen Altertum den Gipfel jemals erreichter Kultur, da Mythos und Logos sich noch im Gleichklang bewegten. Dieser Zustand sei aber bereits im 5. Jahrhundert aufgehoben, nämlich von dem Zeitpunkt an, als der Mythos sich unter dem Einfluss des Logos aufzulösen begann, die Tragödie ihre kultische Kraft verlor und zum psychologisierten Schauspiel wurde. Unmittelbar nach der Geburt der Tragödie folgte also bereits ihr Tod, und zwar durch Selbstmord, wie Nietzsche sagt. Im zweiten Abschnitt des Buches nennt er die Verantwortlichen beim Namen, die seiner Ansicht nach die Tragödie getötet haben: Sokrates und Euripides. Der »Sokratismus«, also die sokratische Methode, allen Dingen analytisch-wissenschaftlich auf den Grund gehen zu wollen, habe den Mythos zersetzt. Mit Euripides sei der Sokratismus schließlich in die Tragödie eingezogen. Er nüchterte sie gewissermaßen aus. Euripides sei der erste Analytiker, der die Götter von der Bühne vertrieb und sie durch rational handelnde Menschen ersetzte. Aus den Tragödien des Euripides rede weder Dionysos noch Apollon, »sondern ein ganz neugeborner Dämon, genannt Sokrates«. Bewusstsein und Verständnis bestimmten fortan das Drama, getreu dem sokratischen Satz: Nur der Wissende ist tugend-

Aristoteles sagt, die Tragödie sei ausgegangen von den Vorsängern des Dithyrambos. Der Dithyrambos war (…) ein begeistertes Lied auf den Dionysos, das früher ohne strenge Ordnung von trunkenen Genossen eines Festmahls gesungen, aber seit Arion (um Olymp. 40) regelmäßig von Chören aufgeführt wurde. (…) Der Dithyramb, aus welchem die Tragödie erwuchs, drehte sich um die Leiden des Dionysos.

Karl Otfried Müller, Geschichte der griechischen Literatur, Zweiter Band

haft. Statt Typen wurden nun Charaktere dargestellt, der Mythos in den Hintergrund gedrängt. Laut Nietzsche aber ist der Mythos die »gesunde schöpferische Naturkraft« jeder Kultur. »Alle Kräfte der Phantasie und des apollinischen Traumes werden erst durch den Mythos aus ihrem wahllosen Herumschweifen gerettet.« Neue Mythen zu begründen sei also notwendig. Das wiederum sei aber nur möglich über die Musik, so der Tenor des Buches, und keine Musik eigne sich dazu besser als die Richard Wagners.

Dass die Tragödie aus dem Dithyrambos hervorging, also aus einem Kultgesang, der zu Ehren des Gottes Dionysos innerhalb eines religiösen Festes von einem Chor vorgetragen wurde, ist zu Nietzsches Zeit längst gängige Auffassung innerhalb der Forschung. Gelehrte wie Karl Otfried Müller, den Nietzsche fleißig studierte, hatten darauf hingewiesen. Die Geburt der Tragödie *aus dem Geiste der Musik* war also durchaus keine neue Erkenntnis. Sogar in Wagners Schrift ›Die Kunst und die Revolution‹ von 1849 findet sich bereits der Satz: »Geburt aus der Musik: Äschylos. Décadence – Euripides.« Bedeutender ist daher ein weiterer Aspekt des Buches, den Nietzsche später durch Veränderung des Titels eigens hervorhob. In der Neuauflage von 1886 verschiebt der Philosoph den Akzent von der Musik auf die tief tragische Lebensauffassung der Griechen. ›Die Geburt der Tragödie – Griechentum und Pessimismus‹ heißt das Buch von da an. »Die Hellenen waren unglücklicher, als die meisten glauben«, erkannte zwar schon in der ersten Hälfte des 19. Jahrhunderts der Altertumswissenschaftler August Böckh. Vorherrschend, vor allem als erzieherisches Ideal, war aber immer noch das Bild vom fröhlich-genialen Volk der Griechen, das im Einklang mit den Göttern und der Natur ein besinnlich heiteres Leben führte, voll Muße und Sinn für Kunst und alles Schöne: der apollinische Hellene. Erst Nietzsche und Jacob Burckhardt, die sich in ihren neuen Erkenntnissen gegenseitig beeinflussten, wiesen eingehend auf den Schein jener Idylle hin, der den heftigen, von den Griechen ausgetragenen Kampf zwischen Maßlosigkeit und Disziplin, zwischen Leib und Geist, Instinkt und Verstand, zwischen Natur und Bewusstsein, also: zwischen dem Dionysischen und dem Apollinischen verschleierte, diesen zwei entgegengesetzten »Kunsttrieben der Natur«, dessen Resultat schließlich die attische Tragödie war. Und dieser Konflikt erzeugte das eigentlich kulturschöpferische Element der Hellenen. Nietzsche nennt sie an anderer Stelle einmal »oberflächlich aus Tiefe«, was bedeutet, dass die Griechen, nachdem sie das Dunkle des Daseins geschaut, *bewusst* zu jener leichten Heiterkeit übergegangen seien, der sie ihren späteren Ruf verdankten. Sie haben sich also in eine Scheinwelt begeben, um das Dasein ertragen zu können. Davon wollte man lange Zeit nichts wissen. Für Winckelmann und Lessing bedeutete Hellas den Ort unübertroffener Leistungen in Kunst und Philosophie. Es war das Land »edler Einfalt« und »stiller Größe«. In seinem milden Klima wandelten bedächtige, schöne Menschen. Die Städte glänzten von Tempeln und Statuen. Überall heilige Aura. Klarheit und Ordnung beherrschten das Bild. Zwar wollte Goethe »das Land der Griechen mit der Seele suchen«, aber diese Seele war kaum bereit, tiefer in das Wesen der hehren Vorbilder zu blicken, als nötig war, um von ihnen *Größe* und *Klasse* zu lernen. Und darin lag die Hauptabsicht derer, die sich mit den Alten beschäftigten. Auch für Schiller blieb Hellas stets mehr Gesinnung, Haltung und Weltanschauung als reale Kultur. Selbst Hölderlin drang nicht bis in ihre Abgründe vor. Für ihn wurde Hellas zu einer Religion, zu einer Stufe auf dem Weg in ein neues Zeitalter wahrer Liebe, Frömmigkeit und Größe, einen neuen Gott beschwörend, nachdem die alten Götter vertrieben waren. Das Ideal vom leuchtenden Hellas, das Glück verhieß, war allen gemeinsam. Das Dunkle, Animalische, Exzessive wurde ausgeblendet, vielfach nicht einmal gesehen. Erst Nietzsche rückte es ins Licht. Und seitdem hat sich ein anderes Griechenbild durchgesetzt. Der passionierte Kulturgeschichtler Egon Friedell brachte es unübertroffen auf den Punkt: Hellas, sagt er, war »bunt und gebrochen, nervös und irisierend, unbeherrscht und tumultuös und ganz und gar nicht abgeklärt; sein Zentrum Athen ein Farbenkasten, mitten in eine grell pittoreske Natur gesetzt, mit der deutlichen

Absicht, sie noch zu überschreien (...), und dazwischen Menschen, die mit allem und jeglichem spielten: nicht nur mit ihren Leibes- und Redeübungen, ihrer Kunst und Erotik, sondern auch mit ihrer Wissenschaft und Philosophie, ihrer Justiz und Volkswirtschaft, ihren Staaten und Kriegen und sogar mit ihren Göttern.« – Nichts anderes verlangte Nietzsche letztlich von der Philosophie und noch mehr vom Leben: dass es gerade wegen der erkannten Tragik ein bunter, spielerischer, leichter Tanz sei über den Abgründen des Daseins.

Im Tragödien-Buch zitiert er das »Diktum des weisen Silen«, ein berühmtes Zeugnis griechischen Pessimismus, das bei Theognis, Sophokles, Aristoteles und in zahlreichen anderen Quellen überliefert ist. Dieses Diktum hat ihn seit seiner Jugend fasziniert und in seinem Denken maßgeblich geprägt: »Geh' nicht von dannen, sondern höre erst, was die griechische Volksweisheit von diesem selben Leben aussagt, das sich hier mit so unerklärlicher Heiterkeit vor dir ausbreitet. Es geht die alte Sage, dass König Midas lange Zeit nach dem weisen Silen, dem Begleiter des Dionysus, im Walde gejagt habe, ohne ihn zu fangen. Als er ihm endlich in die Hände gefallen ist, fragt der König, was für den Menschen das Allerbeste und Allervorzüglichste sei. Starr und unbeweglich schweigt der Dämon; bis er, durch den König gezwungen, endlich unter gellem Lachen in diese Worte ausbricht: ›Elendes Eintagsgeschlecht, des Zufalls Kinder und der Mühsal, was zwingst du mich dir zu sagen, was nicht zu hören für dich das Erspriesslichste ist? Das Allerbeste ist für dich gänzlich unerreichbar: nicht geboren zu sein, nicht zu *sein, nichts* zu sein. Das Zweitbeste aber ist für dich – bald zu sterben.‹«

Nietzsches Auffassung von den Griechen ist entscheidend für das Verständnis seiner Philosophie. Die Antike ist der große Dreh- und Angelpunkt in seinem Denken, das Maß aller Dinge, sie ist überhistorisches Modell. Nietzsches Kulturkritik, seine Ethik, sein Kampf gegen das Christentum, seine aristokratische Haltung – alles das basiert auf seiner Anschauung vom Altertum. Die Kenntnis der klassischen Antike hat für ihn vor allem den Sinn, gegen die eigene Zeit und dadurch zugunsten der Zukunft auf die Zeit wirken zu können. Unzeitgemäß zu denken heißt für Nietzsche *überzeitlich*, also in größeren geschichtlichen Dimensionen sich zu bewegen und nicht in der Gegenwart befangen zu sein.

Während der Vorarbeiten zur ›Geburt der Tragödie‹ experimentiert Nietzsche mit einer literarischen Gattung, in der er sich seit seiner Kindheit nicht mehr versucht hatte: dem Drama. Er möchte eine Tragödie um den vorsokratischen Philosophen Empedokles schreiben.

Seit seiner Studentenzeit ist Nietzsche bemüht, eine eigene Ausdrucksform zu finden. 1867 hatte er notiert: »Ich lebte allzulange in einer stilistischen Unschuld. Der kategorische Imperativ ›Du sollst und musst schreiben‹ hat mich aufgeweckt.« Seitdem ringt er mit dem Problem eines eigenen Stils, probiert vieles aus und nähert sich nur allmählich der Form, die seine reifen und späten Werke ab 1878 bestimmen wird: dem dichterischen Aphorismus. 1886 schreibt er in dem ›Versuch einer Selbstkritik‹ über die Schwäche des Tragödienbuches: »Wie schade, dass ich, was ich damals zu sagen hatte, es nicht als Dichter zu sagen wagte: ich hätte es vielleicht gekonnt! (…) Sie hätte *singen* sollen, diese ›neue Seele‹ – und nicht reden.« Das wenig beachtete Empedokles-Fragment Nietzsches, das er im Herbst 1870 beginnt, ist ein solcher Versuch, sich *dichterisch* des Tragödien-Stoffes anzunehmen. Nietzsche kennt Empedokles durch Diogenes Laer-

Beispiele vorsokratischen Pessimismus:

Erstens: es gibt nichts; zweitens: wenn es auch etwas gäbe, wäre es doch für den Menschen unerkennbar; wenn es auch erkennbar wäre, wäre es doch unserem Mitmenschen nicht mitteilbar und nicht verständlich zu machen. (Gorgias)

Sicher ist nichts auf der Welt als die Tatsache, dass, wer geboren ist, auch sterben muss, und dass, wer lebt, dem Unheil nicht entrinnen kann. (Kritias)

Wenn du dein Inneres öffnest, wirst du darin eine reiche Vorratskammer von bösen Trieben verschiedener Art und vielen schlimmen Leidenschaften finden. (Demokrit)

tios, wo dem legendenumrankten Denker ein längeres Kapitel gewidmet ist, aber natürlich auch durch Hölderlin. Zwar gibt es keinerlei Ähnlichkeiten zwischen dem Fragment Nietzsches und dem Hölderlins – außer, dass beide mehrere Entwürfe konzipierten – , dennoch ist die Behandlung des gleichen Stoffes gewiß nicht zufällig. Der Einfluss Hölderlins gerade auf den frühen Nietzsche zeigt sich besonders in der Entdeckung und Bewertung des Dionysischen, das in Hölderlins Dichtung – wenngleich auch mehr geahnt als explizit ausgesprochen – eine große Rolle spielt.

Wie bei Hölderlin ist auch Nietzsches Empedokles Pessimist. Und wie so oft steckt auch hier Nietzsche selbst hinter der Maske seiner Figuren: »Empedokles, der durch alle Stufen: Religion, Kunst, Wissenschaft getrieben wird und die letzte auflösend gegen sich selbst richtet. Aus der Religion durch die Erkenntnis, dass sie Trug ist. Jetzt Lust am künstlerischen Scheine.« Empedokles, der das Weltelend und die unausweichliche Tragik des Daseins durchschaut hat, empfindet tiefes Mitleid für die Menschen, weshalb er sie kurioserweise durch Vernichtung erlösen will. Als das Volk von der Pest heimgesucht wird, verordnet Empedokles die Tragödie als Gegengift gegen Furcht und Mitleid (die eigentliche tragische Wirkung der Tragödie), um die Menschen quasi pessimistisch zu läutern. Doch er scheitert daran, dass die Menschen nicht erlöst werden wollen. – Dahinter steckt folgender zentraler Gedanke Nietzsches, der sich auch im Tragödienbuch wiederfindet: Weiß der Mensch von der Ausweglosigkeit seiner Situation, kann dies zu einem »praktischen Pessimismus« führen, an dessen Ende »eine grausenhafte Ethik des Völkermordes aus Mitleid« steht. Abzuwehren sei »jener Pesthauch« des »praktischen Pessimismus« durch Kunst und Religion, aber auch durch Wissenschaft. Hier räumt Nietzsche der Wissenschaft – und damit auch Sokrates, dem Begründer und »Mystagogen der Wissenschaft« – erstmals eine positive Wirkung ein, nämlich die des theoretischen Optimismus, der sich aus dem »Glauben an die Ergründlichkeit der Natur« ergebe und dem Wissen und der Erkenntnis die Kraft einer »Universalmedizin« beilege. Damit wechselt Nietzsche allerdings die Seiten, indem er plötzlich Partei *für* Sokrates ergreift. Das ist der Beginn einer lebenslangen Auseinandersetzung mit diesem »Typus des theoretischen Menschen«, dem »Gegner des Dionysus«, dem mächtigen »Querkopf«. Der »Wendepunkt und Wirbel der sogenannten Weltgeschichte« lässt ihn nicht los. »Sokrates, um es zu bekennen, steht mir so nahe, dass ich fast immer einen Kampf mit ihm kämpfe.« In Zukunft wird Nietzsche wiederholt auf sehr unterschiedliche Weise versuchen, die Antipoden Wissenschaft und Kunst miteinander in Einklang zu bringen.

Diese etwas unausgereiften, ominösen Dramen-Entwürfe sind aber noch aus einem weiteren Grund bemerkenswert: in ihnen nimmt Nietzsche gewissermaßen seinen eigenen späteren Werdegang vorweg. Da Empedokles das Volk trotz Verordnung der Tragödie als Heilmittel nicht retten kann, wird er wahnsinnig und verkündet im Todestaumel die Wiedergeburt des Gleichen. Den Entwürfen ist anzumerken, dass Nietzsche – übrigens genau wie Hölderlin – große Schwierigkeiten damit hat, über das Drama seine Gedanken in geeigneter Form darzustellen. Er merkt das bald und versucht sich daraufhin lieber in anderen Formen. ›Empedokles‹ bleibt Fragment und Nietzsches letzter Versuch, ein Drama zu schreiben.

Nach der Veröffentlichung der ›Geburt der Tragödie‹ – die dem Professor eine ansehnliche Gehaltserhöhung einbringt – und noch bevor der Streit um das Buch entbrennt, blickt Nietzsche zuversichtlich in die Zukunft. Das Jahr 1872 wird eines seiner glücklichsten. Es ist zugleich das Letzte, das er noch einigermaßen gesund verlebt. Ab 1873 befallen ihn Kopfschmerzen und Magenleiden in immer kürzeren Abständen, oft verbunden mit heftigem Erbrechen, die Nietzsche von da an regelmäßig plagen werden. 1872 ist ein produktives und inhaltsreiches Jahr. »Denn nur wenn ich etwas hervorbringe, bin ich wirklich gesund und fühle mich wohl.« Nietzsche reist viel und entwickelt dabei neue Gedanken, die schon auf seine spätere Überwindung der Abhängigkeit von Wagner und Schopenhauer hinweisen. Zwischen Januar und

19 Nietzsche als Professor in Basel, um 1873

März 1872 hält er vor der ›Academischen Gesellschaft‹ in Basel fünf öffentliche Vorträge über ›Die Zukunft unserer Bildungsanstalten‹. Darin probiert Nietzsche wieder neue literarische Formen aus, diesmal eine Mischung aus Dialog und Erzählung. Jedenfalls überrascht er das Publikum, das Vorträge im akademischen Stil zu hören erwartet, mit Dichtung. Nach dem Vorbild der Platonischen Lehrgespräche lässt er zwei Freunde und einen dritten – einen Philosophen, der manche Züge Schopenhauers und Wagners trägt – über den Zustand der modernen deutschen Bildung diskutieren. Einer der Freunde ist Nietzsche selbst, und dieser führt vor allem das Wort und spart dabei nicht an Kritik. Die Vorträge verraten viel über Nietzsches elitäre Bildungsvorstellungen, darüber hinaus aber auch Aufschlussreiches über seine politische Ethik. Nietzsche war zeitlebens überzeugter Aristokrat. Jeder demokratischen und sozialen Bewegung stand er zutiefst ablehnend gegenüber. Da gibt es nichts zu deuteln. Er verachtete den Parlamentarismus wie die Massenbildung. Seine Vision und einzig erstrebenswertes Ziel der Kultur war das Genie, der »große Einzelne«. Die Vorträge legen ein erstes klares Zeugnis davon ab. Nietzsche verurteilt darin die Tendenz moderner Bildung, nicht der individuellen Ausformung des Einzelnen zu dienen, sondern bloß Nutzmenschen hervorzubringen: »Jede Bildung«, sagt er, »ist hier verhaßt,

20 Arthur Schopenhauer, um 1818. Gemälde von Ludwig Sigismund Ruhl

die einsam macht, die über Geld und Erwerb hinaus Ziele steckt, die viel Zeit verbraucht: man pflegt wohl solche andere Bildungstendenzen als ›höheren Egoismus‹ als ›unsittlichen Bildungsepikureismus‹ abzuthun. Nach der hier geltenden Sittlichkeit wird freilich etwas Umgekehrtes verlangt, nämlich eine *rasche* Bildung, um schnell ein geldverdienendes Wesen werden zu können und doch eine so gründliche Bildung, um ein *sehr viel* Geld verdienendes Wesen werden zu können. Dem Menschen wird nur so viel Kultur gestattet als im Interesse des Erwerbs ist, aber so viel wird auch von ihm gefordert. Kurz: die Menschheit hat einen nothwendigen Anspruch auf Erdenglück – darum ist die Bildung nothwendig – aber auch nur darum!« Verantwortlich für diese »Bildungsbarbarei« sei in erster Linie der Staat als die alles nach ihren Zielen hin lenkende Aufsichtsbehörde. Ferner der Journalismus, »der Diener des Augenblicks«, dessen Vertreter »an die Stelle des großen Genius, des Führers für alle Zeiten, des Erlösers vom Augenblick« getreten seien. »Noch ein Jahrhundert Zeitungen – und alle Worte stinken.« Das über die Journale verbreitete »Zeitungsdeutsch« verhunze die deutsche Sprache derart, dass Nietzsche seinem Publikum bitter-ironisch androht, nächstens lieber wieder Lateinisch zu sprechen, da er sich einer so »geschändeten Sprache schäme«. Der Einfluss Schopenhauers ist hier unverkennbar. In dem Abschnitt ›Über Schriftstellerei und Stil‹ in ›Parerga und Paralipomena‹ schlägt der misanthropische Philosoph den gleichen Ton an. Ebenfalls kein Demokrat, Verächter jeder Nivellierung, geißelt Schopenhauer (1788–1860) bereits in der ersten Hälfte des 19. Jahrhunderts die Journale, deren Macher und Methoden: »Elende Philister! – Was in aller Welt soll aus der deutschen Sprache werden, wenn Sudler und Zeitungsschreiber diskretionäre Gewalt behalten, mit ihr zu schalten und zu walten nach Maßgabe ihre Laune und ihres Unverstandes?« Der Zustand der Sprache ist auch für Nietzsche Spiegel der Kultur. Philologe genug, um auf diesen Aspekt das Schwergewicht zu legen, richtet er alles andere danach aus. Um die Kultur zu kurieren, fordert Nietzsche aber nicht nur verantwortungsbewussten Umgang mit der eigenen Sprache, sondern auch Rückbesinnung auf den »deutschen Geist«, worunter er weniger ein völkisches Bekenntnis im Sinne Fichtes als vielmehr ein Bekenntnis zum Bildungsidealismus im Sinne Humboldts versteht. Denn allen politischen Gedanken übergeordnet leuchtet ihm stets das Ideal klassischer Bildung voraus, das nach seiner Interpretation »Leben im Sinne grosser Geister mit dem Zwecke grosser Ziele« bedeutet.

Aber der »deutsche Geist« könne sich nicht entfalten, solange die »deutsche Kultur« im Schatten der »französischen Zivilisation« stehe und diese nachzuahmen trachte, anstatt zu ihren eigenen Wurzeln zurückzufinden. Nietzsche greift im zweiten Vortrag die damals unter Kulturkritikern beliebte Antithese von »deutscher Kultur« und »französischer Zivilisation« auf, die bis weit in die erste Hälfte des 20. Jahrhunderts hinein in Deutschland große Popularität genießt und dazu dienen soll, eine deutsche Identität in Abgrenzung vor

Es wäre denkbar eine Schule der edelsten Männer, rein unnütz, ohne Ansprüche, ein Areopag für die Justiz des Geistes, – aber diese Bildungsmenschen dürften nicht jung sein. (…) Diese höchste Bildung erkenne ich bis jetzt nur als Wiedererweckung des Hellenentums. Kampf gegen die Zivilisation.
Aus den Vorarbeiten zu ›Über die Zukunft unserer Bildungsanstalten‹

21 Erwin Rohde, Carl von Gersdorff und Friedrich Nietzsche (v.l.n.r.), um 1871

allem gegen den westlichen, das heißt »romanisch-englischen« Geist zu begründen. Bereits 1807 hatte Friedrich August Wolf in seiner Darstellung der ›Alterthums-Wissenschaft nach Begriff, Umfang, Zweck und Werth‹ die Antithese aufgestellt, wonach Zivilisation entweder eine Kultur vorbereite oder ihr als Degenerationsform folge. Die gleiche Auffassung vertrat Richard Wagner in dem Aufsatz ›Beethoven‹ von 1870, und Erwin Rohde 1872 in seiner gegen Wilamowitz gerichteten Streitschrift ›Afterphilologie‹. In jedem Fall sei die Kultur der Zivilisation überlegen. 1947 wird Thomas Mann in seinem scharfsinnigen, aber durch die Schrecken des Krieges merklich befangenen Vortrag ›Nietzsches Philosophie im Lichte unserer Erfahrung‹ jene Antithese als verhängnisvollen Sonderweg im deutschen Denken deuten. Er selbst hatte 1918 in seinen ›Betrachtungen eines Unpolitischen‹ vehement für die Kultur und gegen die Zivilisation Stellung bezogen und damit einiges zur Unterstützung dieses Gegensatzes beigetragen.

Sowohl bei den Freunden als auch beim Baseler Publikum trifft Nietzsches Kulturkritik auf breite Zustimmung. Obwohl man in Basel einen ganz eigenen Patriotismus pflegt und Nietzsche die Einwohner gemeinhin als nicht besonders deutschfreundlich erfährt, teilt die bürgerliche und gelehrte

Zuhörerschaft doch die Ängste des Referenten vor einer »Demokratisierung« der Bildung, die von Nietzsche einmal als »Vorstadium des Kommunismus« bezeichnet wird. Die allgemeine Bildung werde ihrer Intention gemäß eben keine großen Einzelnen, sondern Massenheere an funktionsfähigen Wirtschafts- und Staatsdienern hervorbringen, was das Ende einer jeden Kultur bedeute.

Richard und Cosima Wagner kommen extra aus Tribschen angereist, um einen Teil der Vorträge zu hören. Beide sind ergriffen, obwohl die Referate nicht halten, was sie versprechen, denn von »Zukunft« – ein Begriff, den auch Wagner gern im Munde führt – ist darin nirgendwo die Rede. Kein konkreter Vorschlag, kein Konzept, wie etwas besser zu machen wäre, nur lauter Klagen über die bestehenden Verhältnisse. Aber das stört die Gäste nicht. Den letzten Vortrag, in dem Nietzsches Alternativprogramm hätte zur Sprache kommen sollen, lässt er ausfallen. Vielleicht aus Furcht, das Publikum mit unzeitgemäßen Vorstellungen zu überfordern.

Die Freundschaft zwischen Nietzsche und Wagner erreicht in diesen Wochen ihren Höhepunkt. Der junge Professor fühlt sich wohl. Er sucht nach einer Möglichkeit, wie er dem verehrten Meister danken könne. Obwohl Nietzsche in dieser Zeit das höchste akademische Ansehen seiner Karriere genießt, geht sein Enthusiasmus für Wagner so weit, dass er allen Ernstes mit dem Gedanken spielt, seine Professur niederzulegen, um als Vortragsreisender durch Deutschland zu ziehen und für die Musik Wagners und für das geplante Festspielhaus zu werben. Der geschmeichelte Meister, vor allem aber Cosima, lehnen ab. Nietzsche solle lieber schriftstellerisch für sie wirken.

König Ludwig II. von Bayern, Wagners wichtigster Förderer, hat aus seiner Privatschatulle Gelder zur Verfügung gestellt, damit Wagners Idee eines Festspielhauses in Bayreuth verwirklicht werden könne. Im April 1872 löst die Familie den Haushalt in Tribschen auf, um nach Oberfranken überzusiedeln. Einen Monat später ist Grundsteinlegung. Unter den zahlreichen Gästen befindet sich auch Nietzsche mit seinen beiden Freunden Erwin Rohde und

22 Malwida von Meysenbug, um 1880

Carl von Gersdorff. Bei dieser Gelegenheit lernt Nietzsche Malwida von Meysenbug kennen, eine damals 56-jährige Wagnerianerin, die mit großer Anteilnahme Nietzsches ›Geburt der Tragödie‹ gelesen hat. In ihr findet er in den nächsten Jahren eine mütterliche Freundin. Die warmherzige und kluge Frau, mit der Nietzsche später manche Monate in Italien verbringen wird, ist selbst als Schriftstellerin tätig. Ihre autobiografischen ›Memoiren einer Idealistin‹ empfindet er als »sehr lehrreich und rührend«. Am Abend nach der Grundsteinlegung wohnt die Gesellschaft einer Aufführung der ›Neunten Symphonie‹ Beethovens bei. Der Ausflug nach Bayreuth hat Nietzsche gut getan. Er ist weiterhin in Reisestimmung. Im Juni fährt er von Basel nach München, trifft dort wieder mit Carl von Gersdorff und Malwida von Meysenbug zusammen, um den ›Tristan‹ unter Leitung Hans von Bülows zu hören. Dessen vernichtendes Urteil über Nietzsches eigene Kompositionen trägt er ihm nicht nach. Gleich zwei Abende hintereinander genießt Nietzsche das Werk. Und ist entzückt: »Sie haben mir den Zugang zu dem erhabensten Kunsteindruck meines Lebens erschlossen«, schreibt er an Bülow. Ende September macht er Urlaub in Graubünden. Er hat das Bedürfnis, mit seinen »Gedanken eine kurze Zeit *ganz allein* zu sein«, und durchstreift zum ersten Mal die Bergwelt. Der Ohrenmensch Nietzsche entdeckt mit seinen schwachen Augen das Erhabene der Schweizer Landschaft. Die Fahrt mit der Postkutsche über die St. Gotthardstraße hinterlässt gewaltige Eindrücke.

Wieder zurück in Basel schreibt er ›Fünf Vorreden zu fünf ungeschriebenen Büchern‹, die er Cosima zu Weihnachten 1872 schenkt. Cosima ist aber nicht glücklich darüber. Sie bemerkt einen Wandel in Nietzsches Denken, der sich vor allem in dem Text ›Über das Pathos der Wahrheit‹ ankündigt. Darin tritt die Philosophie plötzlich an die Stelle der

Kunst. Nietzsche überkommen Zweifel an der Wertigkeit aller Dinge, nun auch an der Kunst, die damit ihre Erlöserfunktion verliert. Cosima ahnt bereits, dass sich Nietzsche von Wagner entfernen wird. In Bayreuth ist man überdies betrübt, weil Geldsorgen den Bau des Festspielhauses zu gefährden drohen. Und Wagner reagiert verstimmt, als der Freund es vorzieht, die Weihnachtstage in Naumburg zu verbringen. Doch ganz ohne Wagner geht es eben auch dort nicht: Nietzsche nutzt seinen Naumburger Aufenthalt dazu, im nahen Weimar ›Lohengrin‹ zu hören.

Im Frühjahr 1873 beginnt Nietzsche mit der Niederschrift seiner ersten ›Unzeitgemässen Betrachtung‹. Er plant, in den nächsten Jahren und in lockerer Folge eine Vielzahl solcher Stücke zu verfassen, in denen er sich kritisch über die »Jetztzeit« äußern will. Gegen den funktionalen und liberalen Menschen, der sich mit naivem Optimismus an den Errungenschaften des modernen Fortschritts erfreut – Nietzsche nennt diesen Typus wie schon vor ihm die Romantiker »Philister« – richtet er 1874 die erste Folge. Sie trägt den Titel ›David Strauss der Bekenner und Schriftsteller‹. Natürlich ist der umstrittene, aber erfolgreiche Religionskritiker Strauß, den auch Nietzsche als Student eifrig gelesen hat, nur *ein* Beispiel dieses Typus, und vielleicht nicht einmal ein besonders glücklich gewähltes. In emphatischer Angriffsstimmung plant er noch weitere Polemiken gleichen Stils, unter anderem gegen Zeitgenossen wie Berthold Auerbach, Gustav Freytag, Kuno Fischer, Otto Jahn und Georg Gervinus. Wa-

Ich schreibe nichts von den ungeheuren Großartigkeiten der Via mala: mir ist als ob ich die Schweiz noch gar nicht gekannt habe. Das ist meine Natur, und als wir in die Nähe des Splügen kamen, überkam mich der Wunsch, hier zu bleiben. (…) Dies hochalpine Thal (c. 5000 F.) ist ganz meine Lust: da sind reine starke Lüfte, Hügel und Felsblöcke von allen Formen, rings herum gestellt mächtige Schneeberge: aber am meisten gefallen mir die herrlichen Chausseen, in denen ich stundenweit gehe, theils nach dem Bernhardino hin, theils auf die Passhöhe des Splügen.

Aus einem Brief an die Mutter vom 1. Oktober 1872

rum Nietzsche ausgerechnet Strauß und nicht irgendeinen anderen *Philister* ins Visier nahm, mag daran gelegen haben, dass der Theologe ein erklärter Feind Wagners war. Und um dem Meister zu schmeicheln, richtete sich Nietzsche also zunächst gegen Strauß. Als dieser wenige Monate nach der Veröffentlichung, im Januar 1874 stirbt, bedauert Nietzsche allerdings seine Polemik und hofft, Strauß habe sie nicht allzu schwer genommen, falls er überhaupt von ihr erfahren habe. Natürlich hat der Beschimpfte das, der in der Tat nicht begreifen konnte, »wie man zu einer solchen Wut kommen kann gegen einen Menschen, der einem nie ins Gehege gekommen«. Darüber hinaus war Nietzsches erste ›Unzeitgemäße‹ alles andere als unzeitgemäß, denn sie traf einen Gegner, der ohnehin bereits am Boden lag, da dessen kurz zuvor erschienenes Buch ›Vom alten und vom neuen Glauben‹ durch die Bank verrissen worden war und Strauß, der sich mit seinem ›Leben Jesu‹ bereits als junger Mann in Kirchenkreisen diskreditiert hatte, nun von Konservativen *und* Liberalen gleichermaßen angefeindet wurde. Strauß war also keineswegs ein zeitgemäßer Denker, sondern, ganz ähnlich wie Nietzsche, nur darauf bedacht, einen Weg aus der Krise des Christentums zu finden. Aber das interessierte den angriffslustigen Philosophen wenig. Der kannte Strauß kaum und suchte bloß ein passendes Objekt, über das er seine scharfe Kulturkritik ausschütten konnte. Und da der Geschlagene als populäres Feindbild galt, verkaufte sich die Schrift erwartungsgemäß gut.

Der Inhalt des Pasquills ist schnell erzählt, denn es werden die alten Steckenpferde geritten, diesmal jedoch ohne Takt und Maß: Nietzsche grenzt Bildung gegen »Gebildetheit« ab, beklagt das chaotische »Durcheinander aller Stile«, das symptomatisch sei für den allgemeinen Stilverlust der Zeitgenossen. Abgesehen von der Befürchtung, dass der militärische Sieg über Frankreich von 1871 die »Exstirpation des deutschen Geistes zugunsten des ›deutschen Reiches‹« zur Folge habe, enthält die Schrift nur wenig glänzende und noch weniger neue Beobachtungen. Stattdessen ergeht sich Nietzsche in allerlei Spitzfindigkeiten und Beschimpfungen, zitiert Strauß seitenlang, um in pedantischer Oberlehrermanier seinem Opfer »Lumpen-Jargon« und »Sudeldeutsch« nachzuweisen. Bemerkenswert ist die Spitze gegen Strauß´ angebliche Kasusschwäche: »Man soll den Dativ um keinen Preis mit dem Accusativ verwechseln: das giebt sonst bei Knaben einen Schnitzer, bei prosaischen Musterschreibern ein Verbrechen.« – Nietzsche selbst unterlief lange Jahre diese Verwechslung.

In der nur fünf Monate später entstehenden Betrachtung ›Vom Nutzen und Nachtheil der Historie für das Leben‹ zeigt Nietzsche sich ungleich brillanter. Wieder dreht sich alles um das Kulturproblem, aber diesmal steht die Frage im Vordergrund: Wie viel Geschichte benötigt und wie viel verträgt der Mensch? Zu Nietzsches Lebenszeit genoss die Historiografie eine dominante Stellung unter den Wissenschaften. Alles wurde geschichtlich betrachtet und gedeutet: der Mensch, der Staat, die Kultur, sogar die Naturwissenschaften. Man baute historisch, mischte die Stile vergangener Epochen zu einem neuen Stil zusammen, dem *Historismus*. Was Nietzsche besonders störte, war die Selbstgefälligkeit vieler seiner Zeitgenossen, die sich hinter der Fassade einer verklärten Vergangenheit versteckten und sich damit begnügten, das Erbe nur noch zu verwalten, ohne Ehrgeiz, es auch zu vermehren. Nietzsche nennt das die »monumentalische« und die »antiquarische« Art, Geschichte zu betrachten, und stellt ihr eine dritte gegenüber, die »kritische« Art. Gerate das Leben zu sehr in Abhängigkeit von der Geschichte, sei es nötig, sie »zu zerbrechen und aufzulösen«, denn alle Historie habe vorrangig dem Leben zu dienen. Und das Leben unterliege ständig neuen Bedingungen und Herausforderungen. Deshalb sei jede Vergangenheit prinzipiell wert, verurteilt zu werden. Denn auch die Geschichte dürfe nur Mittel sein, den Menschen über sich hinauszutreiben. Bewerte man also die Leistungen der Vergangenheit zu hoch, behindere das die Entwicklung gegenwärtiger Kultur. »Nein, das Ziel der Menschheit kann nicht am Ende liegen, sondern nur in ihren höchsten Exemplaren.« Doch Nietzsche warnt auch vor den Folgen einer umgekehrten Tendenz: Wird die eigene Vergangenheit für Nichts geachtet und orientiert sich der Mensch lieber an Fremdem, »greift man mit dem Messer an seine Wurzeln«. Und das sei ein höchst gefährlicher Prozess. »Denn da wir nun einmal die Resultate früherer Geschlechter sind, sind wir auch die Resultate ihrer Verirrungen, Leidenschaften und Irrthümer, ja Verbrechen; es ist nicht möglich sich ganz von dieser Kette zu lösen.« Wer also seine geschichtliche Herkunft zu ignorieren versuche, werde in Wahrheit noch mehr durch die Historie bestimmt als jemand, der sie »monumentalisch« oder »antiquarisch« betrachte.

Wegen seines Augenleidens diktiert Nietzsche den Text Carl von Gersdorff, der auch das Druckmanuskript anfertigt. Über Heinrich Romundt, einen Freund aus der Leipziger Studentenzeit, der 1872 als Philosophiedozent nach Basel kam und 1874 ebenfalls in die »Baumannshöhle« zieht, lernt Nietzsche Paul Rée kennen, »ein sehr nachdenkender und begabter Mensch, Schopenhauerianer«. Gersdorff bleibt bis zum Sommer in Basel. Er übernimmt auch die Niederschrift des Aufsatzes ›Ueber Wahrheit und Lüge im aussermoralischen Sinne‹, der ihm im Juni 1873 diktiert wird. In diesem kurzen, aber zentralen Text kündigt sich ein entscheidender Wandel im Denken des Philosophen an. Teilweise mit der Schrift ›Ueber das Pathos der Wahrheit‹ identisch, beleuchtet Nietzsche darin das Problem der Relativität von Wahrheit und Wirklichkeit. Es gebe keine »Gesetzmäßigkeit der Natur«, die bestimme, was wahr und was unwahr sei, da dies von den »verschiedenartigen Sinnesempfindungen« der Wesen abhänge, für die Wahrheiten gelten sollen. Für uns Menschen seien Wahrheiten bloß ein »bewegliches Heer von Metaphern (…), eine Summe von menschlichen Relationen, die (…) nach langem Gebrauch (…) canonisch und verbindlich dünken: die Wahrheiten sind Illusionen, von denen man vergessen hat, dass sie welche sind.« Wir seien in unserem »Bewusstseinszimmer« eingesperrt, und die Natur habe den Schlüssel weggeworfen. Zwanzig Jahre vor Freud verweist Nietzsche bereits auf die Macht des Unterbewusstseins und warnt vor der Erkenntnis, »dass auf dem Erbarmungslosen, dem Gierigen, dem Unersättlichen, dem Mörderischen der Mensch ruht, in der Gleichgültigkeit seines Nichtwissens, und gleichsam auf dem Rücken eines Tigers in Träumen hängend«.

Um sich gesundheitlich zu kurieren, macht Nietzsche einen Monat lang Ferien in Flims, Graubünden. Die Höhenluft bekommt ihm gut, er glaubt, dass sie heilsam auf seine Augen wirkt. Mit den Freunden Gersdorff und Romundt, die ihn abwechselnd besuchen, unternimmt er lange Spaziergänge. Doch kaum zurück in Basel, setzen die alten Beschwerden erneut ein. Er beschäftigt sich mit Meteorologie, hofft, das Klima sei verantwortlich für seine Schmerzen, und es gebe irgendwo auf der Welt einen Ort, der ihm bekömmlich sei. Die Weihnachtsferien verbringt er bei Mutter und Schwester in Naumburg. Wie jedes Jahr geht es ihm um die Zeit des Jahreswechsels besonders schlecht. Krank reist er Anfang Januar 1874 zurück nach Basel, ohne, wie geplant, in Bayreuth einen Zwischenstopp einzulegen. Über der Stadt am Rhein liegt klares, mildes Wetter. Das hilft. »Seit Neujahr habe ich auch vernünftiger und sorgfältiger gelebt«, schreibt er an Rohde, »so dass ich mein Befinden heute loben kann. Nur die Augen! Ein Schreiber thut mir noth!« Dieser findet sich bald in Gestalt Adolf Baumgartners, »ein äusserst sympathischer talentvoller Schüler«, der Nietzsche jeden Mittwochabend besucht. »Da wird diktirt, vorgelesen, Briefe geschrieben. Kurz das ist ein rechter Gewinn für mich.« Adolf Baumgartner ist es auch, dem Nietzsche im Juni 1874 empfiehlt, er solle sich die Schriften Max Stirners aus der Basler Bibliothek entleihen. Stirners Werk weist manche Parallele zu Nietzsches Denken auf. Der Name des lange Zeit verfemten und inzwischen fast vergessenen Philosophen findet sich allerdings kein einziges Mal in Nietzsches Werken, Notizen oder Briefen. Das ist etwas merkwürdig und erklärt sich wohl nur aus der Tatsache, dass es damals dem eigenen Renommee wenig förderlich war, sich auf Stirner zu berufen. Denn der eigenwillige Philosoph, der 1845 mit seinem Werk ›Der Einzige und sein Eigenthum‹ kurzfristig für heftiges Aufsehen, schnelle Berühmtheit und Verketzerung des Autors gesorgt hatte, galt zu Nietzsches Schaffenszeit – und gilt bis heute – als inakzeptabler Vertreter eines radikalen Egoismus und Individualismus, dessen Denken gern als absurd heruntergespielt wurde, da es in letzter Konsequenz zu Immoralismus und geistigem Anarchismus führe. Genau darin lag aber auch die Faszination – als Gegner oder Bewunderer –, der seither viele große Denker mehr oder weniger heimlich erlegen sind: Karl Marx, Ludwig Feuerbach, Richard Wagner, Edmund Husserl, Georg Simmel, Carl Schmitt, Ernst Jünger oder Hans von Bülow, der sich, laut John Henry Mackay, 1892 sogar um die Wiederherstellung von Stirners Grabstätte bemühte. Eduard von Hartmann – der Philosoph, mit dem Nietzsche sich neben Eugen Dühring zeitlebens am meisten kritisch auseinander gesetzt hat – geht in seiner damals überaus erfolgreichen ›Philosophie des Unbewussten‹ (1869), die Nietzsche in der zweiten ›Unzeitgemässen Betrachtung‹ vehement angreift, drei Seiten lang auf Stirner ein. Und Friedrich Albert Lange bezeichnet in seiner von Nietzsche mehrfach gelesenen ›Geschichte des Materialismus‹ Stirners Schrift als »berüchtigtes Werk« und spricht von »dem extremsten, das wir überhaupt kennen (...), Stirner betont in der That den *Willen* dermassen, dass er als Grundkraft des menschlichen Wesens erscheint. Er kann an *Schopenhauer* erinnern.« Natürlich haben solche Zeilen Nietzsche neugierig gemacht. Der Reiz Stirners besteht weniger in seiner praktischen Verwertbarkeit als vielmehr in der schonungslosen Methode, mit der er den stärksten Willen des modernen Menschen, nämlich den, Individuum zu sein, zu Ende denkt. Davon war auch Nietzsche fasziniert. Dass er Max Stirner gekannt hat und durch dessen Ideen beeinflusst wurde, darf als gesichert gelten. Ida Overbeck, Gattin des Freundes Franz Overbeck und Vertraute Nietzsches, gestand er laut ihrer Erinnerungen einmal, während sie sich über zwei Käuze unterhielten, mit denen sich Nietzsche gerade beschäftigt habe, dass ihm Stirner sehr nahe stehe. In Klinger, sagte er laut Ida Overbeck, habe er sich getäuscht. »›Das

23 Max Stirner nach einer Portraitskizze von Friedrich Engels

war ein Philister, nein, mit dem fühle ich mich nicht verwandt; aber Stirner, ja der!‹ Dabei ging ein feierlicher Zug über sein Gesicht. Während ich mit Spannung in seine Züge blickte, veränderten sich diese wieder, er machte etwas wie eine scheuchende, abwehrende Bewegung mit der Hand und sagte flüsternd: ›Nun habe ich es Ihnen doch gesagt, und ich wollte nicht davon sprechen. Vergessen Sie es wieder. Man wird von einem Plagiat reden, aber Sie werden das nicht tun, das weiß ich.‹«

Die dritte ›Unzeitgemässe Betrachtung‹ mit dem Titel ›Schopenhauer als Erzieher‹ erscheint im Oktober 1874. In ihr steht die Idee vom schöpferischen Individuum, vom großen Einzelnen, vom unabhängigen Menschen im Vordergrund, der nicht der eigenen Zeit verhaftet ist, sondern der danach strebt, sein Selbst zu erkennen und ins Werk zu setzen: also das einsame Genie, das nicht in den Kategorien der Menge denkt.

Am nächsten kämen diesem Ziel die Philosophen, Künstler und Heiligen, welche zu erzeugen Aufgabe der Kultur sei, wie Nietzsche noch einmal ausdrücklich betont. Der Mensch, der zu sich selbst finden wolle, müsse ein Schaffender werden, ein Schöpfer, der nur seinem ihm vorbestimmten Weg folge, den kein anderer gehen könne. Er müsse ein Ziel ansteuern, das weit über ihm zu suchen ist, obgleich es doch sei-

24 Franz und Ida Overbeck, um 1875

nen Ausgang tief im Inneren des Menschen hat. Leiden an der eigenen Unzulänglichkeit gepaart mit der Sehnsucht nach Vollendung schaffe die Voraussetzung dafür. Die Erzieher des Menschen, im besten Falle Philosophen wie Schopenhauer, sollen die Befreier sein, den Menschen zu sich selbst zu führen. Das sei die Aufgabe wahrer Bildung, nicht die Produktion von Gelehrten. Denn der Gelehrte sei der Feind des Genius, weil er sich nicht auf sich selbst beziehe, sondern zur Abhängigkeit von Büchern, Begriffen und Dienststellen erzogen habe. Gegen Ende seiner Betrachtung fasst Nietzsche die Bedingungen, die nötig seien, den Genius zu erzeugen, folgendermaßen zusammen: »freie Männlichkeit des Charakters, frühzeitige Menschenkenntnis, keine gelehrte Erziehung, keine patriotische Einklemmung, kein Zwang zum Brot-Erwerben, keine Beziehung zum Staate – kurz Freiheit und immer wieder Freiheit.«

In Bayreuth ist man begeistert von der dritten ›Unzeitgemässen Betrachtung‹. Wagner, als treuer, nach wie vor leidenschaftlicher Schopenhauerianer, freut sich besonders über das Büchlein, obwohl darin mehr von Nietzsche selbst und dessen Visionen als von Schopenhauer die Rede ist. Auch Malwida von Meysenbug äußert sich euphorisch. Nietzsche habe wieder zu seinem alten Idealismus zurückgefunden, glauben sie. Wagner und Cosima sind beruhigt. Sie fassen die Schrift als Wiederannäherung an ihre Sache auf, hoffen, der Professor werde sich weiterhin mit all seiner geistigen Kraft hinter sie stellen. Sie hatten allen Grund zu zweifeln, denn in letzter Zeit war es mehrfach zu kleinen Unstimmigkeiten gekommen. Nietzsche wollte vom Komponieren nicht ablassen, er meinte noch immer, mit Wagner musikalisch in Wettstreit treten zu können.

Im Frühjahr lag er länger krank und niedergeschlagen in

Der Mensch, welcher nicht zur Masse gehören will, braucht nur aufzuhören, gegen sich bequem zu sein; er folge seinem Gewissen, welches ihm zuruft: »sei du selbst! Das bist du alles nicht, was du jetzt thust, meinst, begehrst«.

Schopenhauer als Erzieher

Basel. »Ich muss jedenfalls etwas thun, die Schwäche nimmt zu sehr überhand«, schrieb er der Mutter, »Ach, ich hätte so gern ein kleines Landgut: da hinge ich auf einige Zeit meine Professur an den Nagel (...) Ich hab's satt.« Er ist deprimiert. Um sich wieder zu motivieren, vollendete er seinen ›Hymnus auf die Freundschaft‹. Zuvor hatte ihm Wagner, dem die schlechte Laune des Freundes aufgefallen war, mit strengem Ton geraten: »Sie müssten heirathen oder eine Oper komponiren; (...) Das Heirathen halte ich für besser. (...) Ach, Gott! Heirathen Sie eine reiche Frau! Warum muss nur Gersdorff gerade eine Mannsperson sein!« Und im gleichen Brief monierte er: »Aber höchst vorsichtig melden Sie uns bereits im Anfange des Winters, dass Sie beschlossen haben, die Sommerferien auf einem recht hohen, und einsamen Schweizerberge zu verbringe! Klingt das nicht wie sorgfältige Abwehr einer etwaigen Einladung unserer Seits? Wir können Ihnen etwas sein: warum verschmähen Sie das angelegentlichst? (...) Aber – man kennt das und anderes Sonderbare an Freund Nietzsche!« Wagner war beleidigt, und Nietzsche antwortete trotzig: »Zwar nicht die ›Oper‹ war's (...), aber es war, mit Respect zu reden, *meine* Musik und gefiel mir ganz absonderlich wohl.« – *Lieber heiraten als eine Oper schreiben*; so lautete ein Bonmot des notorischen Junggesellen und Operngegners Johannes Brahms, des jungen aufstrebenden Talents im musikalischen Deutschland, der sich als Antipode Wagners verstand und von diesem verabscheut wurde. Während Wagner »Zukunftsmusik« schuf, kehrte Brahms zu den alten Meistern zurück, machte »klassische« Musik. Nietzsche wusste um diese Rivalität der beiden Komponisten, und er wusste auch, wie man den leicht aufbrausenden Wagner provozieren konnte. Am 11. Juli 1874 reiste Nietzsche mit Romundt nach Zürich, um das ›Triumphlied‹ von Brahms zu hören. Ihm gefiel, was er hörte. Musikalisch stand er Brahms näher als Wagner. Schon immer. Der Laie wurde streitlustig. Wenn der Meister seine Musik nicht schätzte, dann vielleicht deshalb, weil er, Nietzsche, zu unwagnerisch sei? Sich mehr an Schumann und eben an Brahms orientierte? Ein paar Wochen später in Bayreuth zeigte er Wagner nicht nur stolz seinen eigenen ›Hymnus auf die Freundschaft‹, sondern legte ihm auch ganz ungeniert, als der Meister am Abend gerade den dritten Akt aus der ›Götterdämmerung‹ anspielen wollte, die Klavierpartitur des ›Triumphliedes‹ aufs Pult, so, als wollte er sagen: siehe, auch der macht gute Musik, woraufhin Wagner heftig in Wut geriet und dem Gast, nach eigener späterer Aussage, die Tür wies. Es sind nur wenige Schilderungen dieses Zwischenfalles überliefert, der den Anfang vom Ende einer großen Freundschaft markierte. Nietzsche schwieg gänzlich darüber. Cosima notierte in ihr Tagebuch: »großer Schrecken über die Dürftigkeit dieser uns selbst von Freund Nietzsche gerühmten Komposition (…) R. wird sehr böse (…)«

Doch auch das überschwängliche Lob, das die Wagners ihrem zweifelnden Verehrer nach der Lektüre von ›Schopenhauer als Erzieher‹ telegrafieren, sowie die wohlwollenden Briefe, die noch lange zwischen Basel und Bayreuth hin- und hergehen, können nicht darüber hinwegtäuschen, dass Nietzsches Haltung zu Wagner kritischer wird. Zunächst aber bleibt es bei der gegenseitigen Hochachtung. Der Philologe erwartet gespannt die Eröffnung des Bayreuther Festspielhauses, und der Musiker fördert die Produktivität des philosophierenden Professors mit einem kräftigen: weiter so! Nietzsche indes sitzt unentschlossen über den Plänen zu einer vierten Unzeitgemäßen Betrachtung. Welche seiner zahllosen Konzepte soll er ausarbeiten: ›Wir Philologen‹, ›Die Philosophie in Bedrängnis‹, oder doch lieber ›Richard Wagner in Bayreuth‹? Er beginnt mit ›Wir Philologen‹. Gersdorff ist für zwei Wochen zu Besuch in Basel. Wieder übernimmt der treue Freund die Schreibarbeit. Aber das Stück bleibt Fragment, gelangt erst als Nachlass zum Druck. Dennoch ist der Text sehr aufschlussreich. Er versammelt fast 200 Gedanken über das Verhältnis der modernen Kultur zum klassischen Altertum. Noch einmal kritisiert Nietzsche den staatlich gepflegten Nimbus der Antike, an dem die Philologen, obwohl sie es besser wüssten, aus Kalkül nicht zu rütteln wagten. Dadurch verschleierten sie aber den Blick auf das Altertum, wie es tatsächlich war. Die Alte Geschichte, meint Nietzsche, diene der Gegenwart, um sich aus ihr heraus zu rechtfertigen, weil die Jetztzeit offenbar nicht ohne historischen Vergleich auskommen könne. Also deute man die Geschichte so, dass sie für die Gegenwart passe.

Nietzsche möchte die moralische Heuchelei aufdecken, mit der man herangeht, »das was unsere Zeit hochschätzt, im Alterthum nachzuweisen. Der richtige Ausgangspunct ist der umgekehrte: nämlich von der Einsicht in die moderne Verkehrtheit auszugehn und zurückzusehn – vieles sehr Anstössige im Alterthum erscheint dann als tiefsinnige Nothwendigkeit.« Zum Beispiel die Sklaverei. Die Tatsache, dass die Kultur der Antike ohne Sklaverei undenkbar ist, werde beim Blick auf das Altertum gern ausgeblendet. Nietzsche aber setzt ein Heer von Sklaven geradezu voraus, damit überhaupt eine höhere Kultur entstehen könne. Das ist antikes Denken. Es müsse »blinde Maulwürfe der Cultur« geben, welche die anfallenden Arbeiten verrichten, damit die anderen, die Freien, Gelegenheit bekämen, sich ungestört den kulturschöpferischen Aufgaben zu widmen, die da wären: Musik treiben und Politik, Kriege führen, Dichtung, Philosophie. Das Thema liegt ihm sehr am Herzen. Immer wieder wird es ihn beschäftigen, denn er sieht einen Hauptgrund für den Verfall moderner Kulturen darin, dass sie den offenen Sklavenstand abgeschafft haben. »Demgemäß müssen wir uns dazu verstehen, als grausam klingende Wahrheit hinzustellen, dass zum Wesen einer Kultur das Sklaventhum gehöre.«

Inzwischen hat die Mutter seines Schülers und Gehilfen Adolf Baumgartner, eine zweisprachige Elsässerin, ›Schopenhauer als Erzieher‹ ins Französische übersetzt. Nietzsche ist sehr stolz darauf. Es findet sich aber kein Verleger. Dafür hat er mit Marie Baumgartner eine weitere mütterliche Freundin gewonnen. Er braucht jetzt dringend Menschen,

> Wenn unsere öffentliche Welt dahinter käme, was das Alterthum eigentlich für ein unzeitgemässes Ding ist, so würden die Philologen nicht mehr zu Erziehern bestellt.
>
> *Aus den Vorarbeiten zu ›Wir Philologen‹, 1875*

die ihn unterstützen, denn Lesen und Schreiben strengt ihn weiterhin fürchterlich an. Gersdorff war abgereist, Overbeck hatte sich verlobt, und auch Romundt wollte Basel verlassen, weil er als Privatdozent der Philosophie dort sehr dürftig lebte und überhaupt als solcher nur wenig Zukunftsperspektiven sah. Er schwankte zwischen Buchhändler und Lehramt. Die Freunde ermutigten den Unentschlossenen, letzteren Weg einzuschlagen. Am Tag seiner Abfahrt nach Deutschland kamen ihm erneut Bedenken, und er wollte nun, nach einem Anfall tiefer Traurigkeit und vieler Tränen, doch nicht fahren, wurde aber von Nietzsche und Overbeck zum Zug geleitet, wo sich dann eine tragikomische Szene abspielte, der Nietzsche hinterher eine »grässliche Symbolik« beimaß. Romundt war eingestiegen, die Schaffner schlossen die Wagen, er ging ans Fenster, wollte es, um den Freunden noch etwas zu sagen, herunterlassen, was ihm aber nicht gelang. Der Zug fuhr an, das Fenster ließ sich trotz hektischer Anstrengungen nicht öffnen, Romundt klebte an der Scheibe, versuchte sich durch verzweifeltes Zeichengeben verständlich zu machen. Vergeblich. Langsam entfernte sich der Zug, darin, noch immer sichtbar, ein wild gestikulierender Romundt. Bedrückt und befremdet standen die Zurückgebliebenen am Bahnsteig.

Im Sommer 1875 verschlechtert sich Nietzsches Gesundheitszustand erneut. Die Arbeit an der Universität und am Pädagogium fällt ihm immer schwerer. Eine Kur im Schwarzwald bringt nur geringe Linderung. Deshalb bittet er die Schwester, nach Basel überzusiedeln, damit sie ihn im Haushalt entlaste und für die Einhaltung der Diät sorge, die ihm die Ärzte verschrieben haben. Elisabeth kommt, man bezieht gemeinsam eine kleine Wohnung, Spalentorweg 48, wieder nur ein paar Häuser von der alten »Baumannshöhle« entfernt.

Im Herbst bricht Nietzsche die Arbeit an der Schrift ›Wir Philologen‹ ab und beginnt mit der Aufzeichnung von ›Richard Wagner in Bayreuth‹. Begeistert liest er das Buch Paul Rées, ›Psychologische Beobachtungen‹, von dessen Stil und Duktus er sich angesprochen fühlt. Nietzsche sucht Kontakt zu dem scheuen Mann und lobt: »er ist ein ›Moralist‹ vom

25 Elisabeth Nietzsche, um 1875

schärfsten Blick, etwas ganz Seltnes von Begabung unter Deutschen.« Es bahnt sich eine neue Freundschaft an, glücklich und folgenschwer für den späteren Verlauf seines Lebens. Und noch einen Freund schenkt ihm der Herbst: Im Oktober 1875 trifft Heinrich Köselitz ein. Der junge Musiker

Ich habe eine *sehr schlimme* Zeit hinter mir und vielleicht eine noch schlimmere vor mir. Der Magen war gar nicht mehr zu bändigen, auch bei der lächerlich strengsten Diät, mehrtägige Kopfschmerzen der heftigsten Art, in wenig Tagen wieder kommend, stundenlanges Erbrechen, ohne etwas gegessen zu haben, kurz, die Maschine schien in Stücke gehen zu wollen und ich will nicht leugnen, einige Male gewünscht zu haben, sie wäre es. Grosse Abmattung, mühsames Gehen auf der Strasse, starke Empfindlichkeit gegen Licht; Immermann kurirte auf so etwas wie ein Magengeschwür, und ich erwartete immer Bluterbrechen. Ich musste 14 Tage lang Höllenstein-Auflösung einnehmen, es half nichts. Jetzt giebt er mir täglich zweimal ausserordentlich grosse Dosen von Chinin. Er will, dass ich in den Ferien *nicht* nach Bayreuth gehe, ich sage gar nichts darüber, Du kannst Dir denken, wie mir zu Muthe ist. Indessen möchte ich gerne das nächste Jahr noch erleben und will deshalb in diesem Jahre thun, was ich soll.

KSB 5, S. 64f.

26 Heinrich Köselitz, um 1875

aus Annaberg in Schlesien war von Leipzig nach Basel gewechselt, um Nietzsche kennen zu lernen. Wie eine Erleuchtung hatte er dessen Schriften erfahren, sie in sich eingesogen, und brannte nun darauf, des verehrten Professors erster Gefolgsmann zu werden. Kein studierter Kopf, weit weniger brillant als die Freunde Rohde oder Rée, aber devot und mit genug Pathos ausgestattet, Nietzsches Philosophie samt ihrem Schöpfer zu verherrlichen, war er bestens geeignet, die Rolle des Sekretärs einzunehmen; jener kleine Eckermann zu werden, den Nietzsche so dringend benötigte und den er sich immer gewünscht hatte. Köselitz kam also wie gerufen. Er war treu, zuverlässig, fleißig, enorm duldsam und geduldig; Eigenschaften, die ihn für Nietzsche in den nächsten Jahren unverzichtbar machten. Und der von Krankheit gequälte Philosoph wusste das dem neuen Verehrer reich zu danken, indem er ihm, dem ehrgeizigen, aber zeitlebens erfolglosen Musiker, bald einredete, ein noch größerer Komponist zu sein als Richard Wagner.

Vom Gewinnen durch Verlieren (1876–1879)

Abkehr von Wagner

Nietzsche macht sich keine Illusionen mehr darüber, dass er erblich belastet ist. Sein Hang zur Zahlenmystik verleitet ihn dazu, das 36ste Lebensjahr als Marke zu setzen: Sollte er früh sterben, dann mit Mitte dreißig. Würde er dieses Alter jedoch überschreiten, erwartete er ein langes Leben. Entsprechend gespannt sieht er in die Zukunft. Auch für seine beiden großen Vorbilder aus der Jugendzeit, Friedrich Hölderlin und Lord Byron, war die *Hälfte des Lebens* eine gefährliche Phase: Byron starb mit 36 Jahren an Malaria, und Hölderlin fiel gleichaltrig in geistige Umnachtung.

Die wiederkommenden und dann lange anhaltenden Schmerzen zwingen Nietzsche schließlich, um Entlastung von seinen Lehrverpflichtungen nachzusuchen. Wenigstens die Stunden am Pädagogium möchte er abtreten. Das Amt willigt ein, befreit ihn für vier Monate vom Schulunterricht. Die Vorlesungen an der Universität setzt der Professor fort, bis er im Februar 1876 auch dies nicht mehr schafft. Er muss verreisen, Ferien machen, am Genfer See. Carl von Gersdorff begleitet ihn.

Obwohl Nietzsche einen beträchtlichen Teil seines Lebens auf Reisen zubrachte, reiste er nicht gern. Nicht nur, weil es beschwerlich war. Nietzsche hatte, wie mancher Philosoph,

> Ich habe das schlimmste schmerzhafteste und unheimlichste Weihnachten hinter mir, das ich erlebt habe! Am ersten Weihnachtstage gab es, nach manchen immer häufiger kommenden Ankündigungen, einen förmlichen Zusammenbruch, ich durfte nicht mehr zweifeln, dass ich an einem ernsthaften Gehirnleiden mich zu quälen habe, und dass Magen und Augen nur durch diese Centralwirkung so zu leiden hatten. Mein Vater starb 36 Jahr an Gehirnentzündung, es ist möglich, dass es bei mir noch schneller geht.
>
> *Nietzsche an Carl von Gersdorff, 18. Januar 1876*

gar kein großes Interesse daran, die »Welt« zu sehen. Er unternahm, im Gegensatz zu vielen seiner Professorenkollegen, keine Bildungsreisen. Nietzsche war nie in Paris, nie in London, nie in Wien oder Prag. Berlin und München kannte er nur flüchtig. Auch hat er Griechenland nie gesehen. In Florenz übernachtete er nur einmal. – Krankheit trieb ihn in den Süden und von Ort zu Ort, nicht Reiselust.

Trotz des kalten, garstigen Winterwetters unternehmen die beiden Freunde lange Spaziergänge. Für Nietzsche nach wie vor das beste Mittel, die Schmerzen zu lindern, wenigstens kurzzeitig. Abends liest er Malwida von Meysenbugs ›Memoiren‹, ist davon sehr angetan und äußert sich ihr gegenüber brieflich, er wünsche, zukünftig mehr Zeit in ihrer Nähe zu verbringen. In Genf trifft Nietzsche sich mit dem Dirigenten und Generaldirektor des dortigen Orchesters, Hugo von Senger, der die ›Geburt der Tragödie‹ begeistert gelesen hat und den er seit der Münchener ›Tristan‹-Aufführung von 1872 kennt. Dieser wiederum macht ihn absichtsvoll mit Mathilde Trampedach bekannt, einer seiner Klavierschülerinnen. Die einundzwanzigjährige Frau, dunkelblond, schlank, entstammt einer vermögenden baltendeutschen

Mein Fräulein, (…) Nehmen Sie allen Muth Ihres Herzens zusammen, um vor der Frage nicht zu erschrecken, die ich hiermit an Sie richte: Wollen Sie meine Frau werden? Ich liebe Sie und mir ist es als ob Sie schon zu mir gehörten. Kein Wort über das Plötzliche meiner Neigung! Wenigstens ist keine Schuld dabei, es braucht also auch nichts entschuldigt zu werden. Aber was ich wissen möchte, ist ob Sie ebenso empfinden wie ich – dass wir uns überhaupt nicht fremd gewesen sind, keinen Augenblick! Glauben Sie nicht auch daran, dass in einer Verbindung jeder von uns freier und besser werde als er es vereinzelt werden könnte, also excelsior? (…) Können Sie auf meine Frage Ja! sagen, so werde ich sofort Ihrer Frau Mutter schreiben, um deren Adresse ich Sie dann bitten würde. Gewinnen Sie es über sich, sich schnell zu entschließen, mit Ja! oder Nein – so trifft mich ein briefliches Wort von Ihnen bis morgen 10 Uhr Hotel garni de la Poste.

Nietzsche an Mathilde Trampedach, 11. April 1876

Familie. Sie lernt in Genf Klavier, Englisch und Französisch und vornehmes Benehmen; kurz, sie ist nach Nietzsches Geschmack. Man verkehrt in der Villa Diodati, wo einst Lord Byron residierte. Die Gräfin Diodati, nervlich leicht labil und von Senger vor einigen Jahren mit der Aufgabe betraut, Nietzsches Tragödienbuch ins Französische zu übersetzen, war darüber wahnsinnig geworden und in eine Anstalt verlegt, so dass sie die Arbeit weder beenden noch den verehrten Autor in ihrem Haus begrüßen konnte. Nietzsche lässt sich seine gute Stimmung jedoch nicht verderben. Er fühlt sich wohl in Genf, denn hier ist er von Freunden und Verehrern umgeben. Auch Mathilde Trampedach blickt schüchtern zu ihm auf. Eines Tages spricht man in gemütlicher Runde über den amerikanischen Dichter Longfellow, der damals hohes Ansehen in Europa genoss. Nietzsche kennt dessen Gedicht ›Excelsior‹ (»immer höher«) nicht, woraufhin Mathilde Trampedach eine deutsche Abschrift der Verse anfertigt. Das Gedicht gefällt Nietzsche ausnehmend gut. Warum nicht die Frau, die ihm solche Verse übermittelt, für immer an sich binden? Er steht im 32sten Lebensjahr, seine Mutter denkt laut über Heiratskandidatinnen nach, es wird also Zeit, denn auch seine Freunde, die meisten mittlerweile selbst verlobt, sehen sich bereits nach Frauen für ihn um. Also zaudert er nicht lange, macht der frischen Bekanntschaft am nächsten Morgen, dem Tag seiner Abreise, schriftlich einen Antrag.

Das Fräulein jedoch lehnt höflich ab. Drei Jahre später wird die Umworbene den Vermittler und Freund des Antragstellers, ihren Klavierlehrer Hugo von Senger heiraten. Sie ist zu vornehm für den armen, kränklichen Professor. Der erfolgreiche Dirigent bietet ihr mehr Sicherheit, klare Verhältnisse. Nietzsche indes hat nach dieser Erfahrung innerlich mit dem Thema Ehe abgeschlossen. Wenige Tage darauf rät er dringend dem Freund Gersdorff: »*Um keinen Preis* eine Conventionsehe! (wie es *alle* mir bis jetzt von Dir genannten und Dir von Andern proponirten Ehen sind) Wir wollen in diesem Punkte der Reinheit des Charakters ja nicht wankend werden! Zehntausendmal lieber immer allein bleiben – das ist jetzt meine Losung in dieser Sache.«

Zurück in Basel, spürbar erholt und neuen Mutes, erreicht ihn der Vorschlag Malwida von Meysenbugs, mit ihr und dem tuberkulosekranken Albert Brenner, einem Schüler Nietzsches, den kommenden Herbst, Winter und Frühling in Italien zu verbringen. Am besten am Meer, Adria, Sorrent, nahe Neapel. »Sie *müssen* im nächsten Winter von Basel fort,« schreibt sie besorgt, »Sie *müssen* sich ausruhen unter einem milderen Himmel, unter sympathischen Menschen, wo Sie frei denken, reden und schaffen können, was Ihre Seele füllt und wo wahre verstehende Liebe Sie umgiebt. Dies wäre hier der Fall.« Nietzsche ist beglückt von diesem Vorschlag. Er beschließt, bei der Basler Erziehungsbehörde gesundheitsbedingt ein Urlaubsjahr ab Oktober zu beantragen, notfalls mit Verzicht auf sein Gehalt, wie er anbietet. Die Universität gibt sich erneut kulant, sie willigt ein, sogar ohne Verlust der Besoldung. Mit der Kraft der Vorfreude führt Nietzsche seine laufenden privaten Arbeiten fort: ›Die Philosophie im tragischen Zeitalter der Griechen‹, eine Schrift, die ebenfalls Fragment bleiben wird. Ferner die vierte Unzeitgemäße, ›Richard Wagner in Bayreuth‹. Sein neuer Freund Köselitz geht ihm dabei hilfreich zur Hand, so dass der Text nach zweijähriger, stockender Arbeit, im Juli 1876 endlich erscheinen kann, gerade noch rechtzeitig vor Eröffnung der ersten Bayreuther Festspiele. Die Freunde, allen voran wieder Malwida von Meysenbug, loben überschwänglich.

Wagner indes ist mit den Vorbereitungen der Veranstaltung so sehr beschäftigt, dass er das lange erwartete Stück nur flüchtig wahrnimmt. Der kritische Unterton Nietzsches, den auch die meisten Freunde überlesen, fällt ihm gar nicht auf. Was eine Huldigungsschrift werden sollte, und auch so beginnt, trägt gegen Ende Züge der Distanz, wenn nicht so-

Sie zeigen der Menschheit ihre heiligen Ziele wie es noch Keiner gethan, selbst Schopenhauer nicht (...) Lassen Sie sich einstweilen an der Liebe der Wenigen genügen und gönnen Sie mir das Recht auf Sie glücklich-stolz zu sein wie es nur eine Mutter auf den geliebtesten Sohn sein könnte.

Malwida von Meysenbug an Nietzsche, 13. Juli 1876

gar der Abkehr. Zunächst würdigt Nietzsche den Meister darin als großen Reformator des Theaters, der die Fäden der zerrissenen Kultur wieder zusammenführt, nennt, getreu der Schopenhauer'schen Philosophie, Wagners Musik »Abbild der Welt«, um dem Komponisten am Ende allerdings nichts Geringeres als Schauspielerei vorzuwerfen. Die Erwartungen, die Nietzsche an das Werk Wagners stellte, werden sich nicht erfüllen, lässt er anklingen, da Wagner »nicht der Seher einer Zukunft, wie er uns vielleicht erscheinen möchte, sondern der Deuter und Verklärer einer Vergangenheit« sei. Nach Vollendung hat der Autor Schwierigkeiten, das Buch vor dem Adressaten zu rechtfertigen. Mehrere Entwürfe, in denen Selbstkritik und vorsichtige Entschuldigungen anklingen, zeigen, wie Nietzsche mit sich rang.

Dann aber verwirft er alles. Zuletzt geht an Cosima ein schüchtern-sachlicher Brief mit der Bitte, die »zwei Festexemplare meiner neuesten Schrift« gütig in Empfang zu nehmen. Kurioserweise antwortet Wagner auf die Sendung mit den Worten: »Freund! Ihr Buch ist ungeheuer! Wo haben Sie nur die Erfahrung von mir her? – Kommen Sie nun bald, und gewöhnen Sie sich durch die Proben an die Eindrücke! Ihr R.W.« Nietzsche aber bleibt unentschlossen. Ein wenig Angst befällt ihn bei der Vorstellung, was ihn dort alles erwartet: der Rummel, die langen Opernabende, natürlich die Begegnung mit Wagner. Er fühlt sich schlecht, matt, zögert. Die Proben werden einen Monat dauern. Dann, am 22. Juli 1876, fährt er schließlich doch. Gersdorff und Malwida von Meysenbug sind bereits früher in Bayreuth eingetroffen. Sie wieder zu sehen ist ein kleiner Trost für ihn. Und dann kommt alles, wie er befürchtet hat. »Fast habe ich's *bereut*!«

> Denn immer überkommt mich ein Schauder, wenn ich bedenke, was ich gewagt habe: es ist als ob ich wieder einmal mich selber aufs Spiel gesetzt hätte. Ich bitte Sie auf das Herzlichste: lassen Sie geschehen sein was geschehen ist und gewähren Sie einem, der sich nicht geschont hat, Ihr Mitleid und Ihr Schweigen. (...) Sie müssen in dieser Sache Einiges über sich ergehen lassen.
>
> *Briefentwurf Nietzsches an Wagner, Juli 1876*

27 Festspielhaus in Bayreuth, um 1875. Lithographie

berichtet er der Schwester, »Denn bis jetzt war's jämmerlich. (...) Montag war ich in der Probe, es gefiel mir gar nicht und ich musste hinaus.« Nach kurzer Erholung, verbunden mit einem schwachen Anflug von Begeisterung, wird es noch schlimmer. Nietzsche ist von der Bühnenwirksamkeit der Musikdramen schwer enttäuscht und auch von Wagner, der sich lieber um die Reichen und Schönen im Publikum kümmert als um ihn. Seine Stimmung verdüstert sich gewaltig. Er muss weg. »Es geht nicht mit mir, das sehe ich ein! (...) Ich habe es ganz satt. Auch zur ersten Vorstellung will ich nicht da sein. Sondern irgendwo, nur nicht hier, wo es mir nichts als Qual ist. (...) Ich muss alle Fassung zusammen nehmen, um die grenzenlose Enttäuschung dieses Sommers zu ertragen. (...) Es ist alles jetzt für mich Gift und Schaden.« Seine Opernkarten verschenkt er, um kurz entschlossen nach Klingenbrunn in den Bayerischen Wald zu fliehen. Trotz heftiger Kopfschmerzen zwei Wochen Abstand von allem. Er beginnt, Aphorismen zu notieren, die unter dem Titel ›Die Pflugschar‹ gesammelt werden. Dann drängt ihn Elisabeth, inzwischen ebenfalls in Bayreuth eingetroffen, zu den Aufführungen zurückzukommen. Die Freunde sind auch alle da: Gersdorff, Rohde (mittlerweile verlobt), Rée und Overbeck in Begleitung seiner frisch vermählten Gattin. Also versucht er es noch einmal. Aber natürlich wird alles nur schlimmer. Er weiß nicht, was ihn mehr abstößt: die theatralisch-überladenen Aufführungen oder das versnobte Publikum.

Vorzeitig, bereits am 27. August 1876, reist Nietzsche wieder ab, zurück nach Basel, in die von Overbeck verlassene »Baumannshöhle«. Der Haushalt am Spalentorweg ist, in Hinblick auf das kommende Urlaubsjahr, von Elisabeth bereits aufgelöst worden. Er sehnt das Ende des Semesters herbei. Die anhaltenden Schmerzen zwingen ihn, mehrmals ärztlichen Beistand in Anspruch zu nehmen. Nur bei völliger Ruhe geht es ihm gut. Eine erfreuliche Nachricht kommt von Marie Baumgartner: Sie hat ›Richard Wagner in Bayreuth‹ ins Französische übersetzt, und diesmal findet sich sogar ein Verleger. Doch die Schmerzen lindert das nicht. Zu viele Anstrengungen und Ärgernisse in den letzten Wochen. Er benötigt dringend Erholung; vor allem von Wagner.

Die Bekanntschaft, Freundschaft und Feindschaft mit Richard Wagner war die intensivste menschliche Erfahrung im Leben Nietzsches. Niemand hat ihn mehr angeregt und gehemmt als dieser Mann, von dem er nie ganz loskam, der ihm Bewunderung und Ärgernis blieb, selbst weit über Wag-

Dazu die erbarmungswürdige Gesellschaft der Patronats-Herrn und Patronats-Weiblein, alle sehr verliebt, sehr gelangweilt und unmusikalisch bis zum Katzenjammer. Typisch der alte Kaiser, der mit den Händen applaudirte, und seinem Adjutanten dem Grafen Lehndorf dabei zurief: »scheußlich! scheußlich!« – Man hatte das ganze müssiggängerische Gesindel Europas beieinander, und jeder Beliebige gieng in Wagners Haus ein und aus, wie als ob es sich in Bayreuth um einen Sport mehr handelte. (...) Man hatte einen Kunst-Vorwand für den Müssiggang zu den alten Vorwänden hinzu entdeckt, eine »große Oper« mit Hindernissen; man fand in der durch ihre geheime Sexualität überredenden Musik Wagners ein Bindemittel für eine Gesellschaft, in der Jedermann seinen plaisirs nachging.

Nietzsche über Bayreuth in einer nicht für den Druck vorgesehenen Fassung des ›Ecce homo‹

ners Tod hinaus. Was aber hat Nietzsche an Wagner so sehr gefesselt, was schließlich zum Scheitern dieser »Sternenfreundschaft« geführt? Auffällig sind zunächst die Parallelen, die sich in der frühen Entwicklung beider Ausnahmemenschen erkennen lassen. Wie Nietzsche wuchs auch Wagner ohne leiblichen Vater auf. Als dieser, ein Polizeibeamter, kurz nach Richards Geburt starb, heiratete die Mutter den Schauspieler und Dichter Ludwig Geyer. Wie Nietzsche wird auch Wagner später seine Herkunft stilisieren, etwa indem er einen adlerähnlichen Geier zu seinem Wappentier erklärt. Vor allem aber: Beide sind sehr früh davon überzeugt, etwas Großes zu leisten, und halten an dieser Vision mit einer Zähigkeit und Besessenheit fest, die zunächst erheblich größer ist als ihr Talent. Wagner ist kein Musterschüler, auch er kann mit der Mathematik nur wenig anfangen. Im Gegensatz zu Nietzsche bleibt die Schule ihm allerdings fremd, er verlässt sie sogar vorzeitig ohne Abschluss. Aber im Wissensdurst, besonders was Theater, Mythologie und Poetik betrifft, und in der Liebe zur griechischen Antike nähern sich beide wieder an. Mit elf Jahren wollte auch Wagner Dichter werden, nach dem Vorbild der Hellenen. Wie Nietzsche entwarf er Trauerspiele, eine Mischung aus Sophokles und Shakespeare, um hinterher jovial festzustellen, dass er Unsinn produziert habe. Beide neigten schon sehr früh und entschlossen zur Selbstinszenierung. Fast deckungsgleich lesen sich ihre autobiografischen Aufzeichnungen, wenn Wagner in ›Mein Leben‹ berichtet, wie er durch seinen Onkel Adolf Wagner in die klassische Bildung eingeführt wurde: »Seine reichhaltige Bibliothek hatte mich fieberhaft nach allen Seiten hin aufgeregt, so dass ich feurig von einem Gebiete der Literatur in das andere übersprang, ohne dazu gelangen zu können, nach irgendeiner Seite hin mich gründlich zu unterrichten.« Es ist dieser Dilettantismus, der Wagner zeitlebens anhaftete, der ihm oft zum Vorwurf gemacht wurde, und den er, eitel wie Nietzsche, stets als Makel empfand. Was Wagner an klassischer Bildung entbehrte, das fehlte Nietzsche an soliden musikalischen Grundlagen. Deshalb ergänzten sich die beiden eine Zeit lang wunderbar, überhäuften sich gegenseitig mit

Schmeicheleien und versuchten, zur Überblendung der eigenen Schwächen, dem anderen zu imponieren. Nietzsche stellt sich in seinen Autobiografien gern als verhinderten Musiker dar – der er wohl auch wirklich war –, und Wagner wird in seinen Aufzeichnungen nicht müde zu betonen, wie sehr er sich für Philologie interessiert, wie eifrig und gern er Griechisch gelernt und wie viele antike Autoren er gelesen habe. Beide sind, das wird deutlich, überaus *moderne*, das heißt, gewissermaßen erzwungene, sich selbst erschaffende Genies, die mit enormem Fleiß, Disziplin und eiserner Beharrlichkeit, aber auch rücksichtslos gegen alles andere ihre Sache verfolgen, die an nichts fester glauben als an sich selbst, um unter allen Umständen ihr großes Ziel zu erreichen.

Daraus ergab sich allerdings auch von Anfang an eine gewisse Rivalität. Und Nietzsche, der junge ehrgeizige Professor, bislang noch kaum bekannt, fand natürlich mehr Grund, auf Wagner neidisch zu sein als dieser auf jenen. Hatte der Meister doch bereits alles erreicht, was Nietzsche sich erträumte: weltweiten Ruhm, renommierte Verehrer und namhafte Feinde. Wagner verkehrte in den höchsten gesellschaftlichen Kreisen, war Günstling des Königs von Bayern, residierte in großen Häusern. Und er hatte Cosima, eine Frau, die ihm geradezu hündisch-treu ergeben war. Wie der junge Hölderlin einst auf Schillers Hilfe und Einfluss hoffte, so Nietzsche auf Wagners Protektion. Ferner glaubte der junge Professor, in dem neuen Freund – geboren im gleichen Jahr wie Ludwig Nietzsche, nämlich 1813 – endlich den lang ersehnten Ersatzvater gefunden zu haben.

Zusammen mit Paul Rée bricht Nietzsche am 18. Oktober

> (...) In Wahrheit producirt die Phantasie des guten Künstlers oder Denkers fortwährend, Gutes, Mittelmässiges und Schlechtes, aber seine Urtheilskraft, höchst geschärft und geübt, verwirft, wählt aus, knüpft zusammen; (...) Alle Grossen waren grosse Arbeiter, unermüdlich nicht nur im Erfinden, sondern auch im Verwerfen, Sichten, Umgestalten, Ordnen.
>
> *Menschliches, Allzumenschliches I, S. 155*

1876 nach Italien auf. Zuvor haben die beiden Freunde zwei Wochen Urlaub in Bex, einem Badeort im Kanton Wallis, gemacht. Es entsteht die Aphorismensammlung ›Der Freigeist‹, die wie ›Die Pflugschar‹ später in ›Menschliches, Allzumenschliches‹ eingehen wird. Von dort aus reisen sie nach Genf, wo Albert Brenner zusteigt. Weiter geht es nach Genua, dann zu Schiff, bei zum Teil stürmischer See, bis Neapel. Ankunft in Sorrent am 27. Oktober. Gemeinsam mit Malwida von Meysenbug bewohnen sie die Villa Rubinacci. Und dann die Überraschung: Zufall oder nicht – Familie Wagner hält sich ebenfalls in Sorrent auf. Im Hotel Victoria, nur fünf Minuten vom Rubinacci entfernt. Nietzsche besucht sie noch am selben Abend. Auch an den folgenden Tagen sind die Urlauber oft beisammen. Aber Nietzsche strengen diese Treffen an. Malwida, um Vermittlung bemüht, bemerkt eine »gewisse gezwungene Art von Natürlichkeit« unter den Freunden. Die Missstimmung beruht auf Gegenseitigkeit. Richard und Cosima fühlen sich unwohl in der Gesellschaft des »Juden Rée«, Nietzsche ist irritiert über die Hingabe, mit der Wagner von ›Parsifal‹ und vom »Blute des Erlösers« erzählt. Am 5. November 1876 reisen Wagners ab. – Nietzsche wird sie nie wiedersehen.

Die Zeit in Sorrent ist eine sehr produktive. Hier verfasst Nietzsche den größten Teil der Aphorismen von ›Menschliches, Allzumenschliches‹. In diesem Buch kündigt sich ein bedeutender Wandel im Denken des Philosophen an. Nicht zuletzt durch den Einfluss des feinsinnigen Psychologen Paul Rée, mit dem er manchen Abschnitt bespricht, entfernt sich Nietzsche mehr und mehr von der Metaphysik Schopenhauers und von der Erlöserromantik Wagners. Die Kunst soll nicht im Unbeweisbaren, Mystischen verankert sein, sondern real, klar und kräftig aus sich selbst heraus wirken, lautet seine neue Forderung. Nietzsche unterzieht sein Denken einer Kur, so, wie er seinen Körper zu heilen versucht: durch Abkühlung. Seine Wendung zum Positivismus bezeichnet er selbst als »Kaltwasserbad«. Nicht mehr der Mythos soll die menschlichen Geschicke leiten, sondern der Wille zur »Wahrheit«. Und wahr ist, was über Erkenntnis das Leben steigert.

Die Lust am Erkennen entschädigt sogar für die Tragik des Erkannten. Seine ehemals so vehement verfochtene Kritik an Sokrates nimmt Nietzsche nun vorsichtig zurück, zumindest kommen ihm Zweifel, ob jemand, der das Wissen als die höchste Tugend proklamierte, noch als Verderber der griechischen Kultur verstanden werden darf. Oder ob dieser nicht vielmehr ein Wohltäter der Menschen war, indem er ernüchternd auf sie einwirkte, sie vom Rausch des Dionysischen und vom allzu Subjektiven befreite?

Dabei stößt Nietzsche auf ein weiteres Problem, worin die Altlasten idealistischen Denkens überlebt haben: das der Moral. Paul Rée, der in Sorrent sein Buch ›Der Ursprung der moralischen Empfindungen‹ fertigstellt, hat keinen geringen Anteil an dem Sinneswandel des Freundes, was dieser selbst eingesteht, indem er scherzhaft von seinem neuen »Réealismus« spricht. Hinzu kommt der Einfluss des Klimas: das Licht Italiens, der klare Himmel, das ruhige, milde Wetter. Das ist der gesuchte Gegensatz zum nordischen Nebel, der schwer und dunkel alle metaphysische Philosophie umhüllt. Nietzsche sucht den heiteren Süden, auch in der Philosophie, und noch mehr in der Musik. Später, wenn auch nie ganz ernst gemeint, wird er den Schwung, das Feuer, die leidenschaftliche Leichtigkeit der Oper ›Carmen‹ von Bizet als den höchsten Ausdruck *seiner* Musik über alles von Wagner stellen. Der Meister, das wird Nietzsche immer deutlicher, hat einst zu mächtig auf ihn gewirkt. Jetzt will er sich der Dominanz Wagners entziehen, um überhaupt werden zu können, der er *selber* ist. In der beschaulichen Stille von Sorrent, fern von Bayreuth und allem, was ihn früher umgab, gelingt ihm das. Die ärztliche Weisung, er solle im Süden nichts lesen, nichts schreiben, möglichst auch nichts denken, schlägt er in den Wind. Erneut befallen ihn heftige Schmerzen. Nach sieben Monaten Sorrent, die eben keine Erholung für ihn waren, bricht er den Aufenthalt ab, fährt zurück in den Norden und dort sogleich auf Kur. Erstmals denkt er darüber nach, die Professur in Basel ganz niederzulegen. Die Familie und Erwin Rohde raten dringend davon ab. Doch für Nietzsche gibt es langfristig keinen anderen Ausweg: »*Eins* sehe ich jetzt mit völliger Klarheit: auf die Dauer ist eine akadem(ische) Existenz für mich unhaltbar. Ich habe täglich ungefähr 1 ½ Stunden Augenlicht zu verbrauchen, das weiss ich jetzt aus sorgsamer Beobachtung. Lese und schreibe ich länger, so muss ich's schon am nächsten Tag mit Schmerzen büssen und wenige Tage darauf mit einem alten heftigen Anfall.«

Heinrich Köselitz kommt in die neue Basler Wohnung zu Besuch, in die auch Elisabeth wieder eingezogen ist. Dort diktiert ihm Nietzsche ›Menschliches, Allzumenschliches. Ein Buch für freie Geister‹. Es erscheint im April 1878, erneut bei Ernst Schmeitzner in Leipzig, nachdem der Verleger Fritzsch, der die ›Geburt der Tragödie‹ und die ersten beiden ›Unzeitgemässen Betrachtungen‹ verlegt hatte, bankrott gegangen war. Das Buch ist Voltaire gewidmet, dem französischen Aufklärer, Moralisten und Freigeist. Allein darin verrät sich leicht eine deutliche Absage an alles Mystische und Romantische. Entsprechend irritiert reagieren die Freunde. Viele meinen, mehr das Wesen Rées als das Nietzsches wiederzuerkennen. Richard und Cosima Wagner lesen es deshalb nicht einmal ganz durch. Cosima überfliegt nur ein paar Seiten, das reicht aus, um festzustellen, dass der neue Nietzsche nicht mehr der ihre ist. Während Wagner darüber eher in traurige Stimmung fällt, beklagt Cosima den Sieg des Bösen, das heißt den »Israels«, der in dem Wandel zum Ausdruck komme.

Nietzsche hat, so scheint es den Freunden, die Seiten ge-

Das Buch von Nietzsche habe ich nicht gelesen. Das Durchblättern und einige prägnante Sätze daraus genügten mir und ich legte es ad acta. Bei dem Autor hat sich ein Prozeß vollzogen, welchen ich schon längst habe kommen sehen, gegen welchen ich mit meinen geringen Kräften gekämpft habe. Vieles hat mitgewirkt zu dem traurigen Buche! Schließlich kam noch Israel hinzu in Gestalt eines Dr. Rée, sehr glatt, sehr kühl, gleichsam durchaus eingenommen und unterjocht durch Nietzsche, in Wahrheit aber ihn überlistend, im Kleinen das Verhältnis von Judäa und Germania (...) ich habe für jeden Satz, den ich gelesen, einen Kommentar, und ich weiß, daß hier das Böse gesiegt hat.

Cosima Wagner an Marie von Schleinitz, 9. Mai 1879

wechselt. Doch es geschieht im Namen der Erkenntnis. Will man den Ursprung der Moral ergründen, meint Nietzsche, muss man die menschliche Seele sezieren. Dort stößt man dann auf »lauter harte Psychologica«, von denen der Idealismus abzulenken versucht, indem er den Blick auf das Entfernteste lenkt. Nietzsche dagegen interessieren nun die kleinen, nahen Dinge, die bei ironisch-kühler Betrachtung viel mehr Menschliches, Allzumenschliches enthalten als alle hochtrabenden Vorstellungen von einer weiteren, besseren Welt hinter der real bestehenden. Die Moral ist einerseits aus praktischem Nutzdenken heraus entstanden, das zur Bildung und Stabilisierung von Gesellschaften nötig war, andererseits ist sie aber auch das Ergebnis menschlicher Neigung, wonach gut ist, was dem Menschen gut tut. Großen Einfluss üben die französischen Moralisten auf ihn aus. Michel de Montaigne, Sébastien Chamfort und François de La Rochefoucauld gehören zu seinen Lieblingsautoren. In La Rochefoucauld hat er seinen Meister gefunden. Mit ähnlich scharfsinnigem, analytischem Blick durchleuchtet Nietzsche die menschliche Psyche, die Masken der Heuchelei, und betont dabei wie der Franzose die Bedeutung der Eigenliebe und der Selbstsucht für das menschliche Handeln. Unübersehbar ist auch die Nähe zu Montaigne, dessen ›Essais‹ bereits vieles vom Menschenbild und der Moralvorstellung Nietzsches enthalten.

Fast parallel zu der Versendung seines Buches erhält Nietzsche Wagners Bühnenweihfestspiel ›Parsifal‹, das mit der ironischen Widmung versehen ist: »Richard Wagner, Ober-Kirchenrath.« Es sind zugleich die letzten übermittelten Worte

> Bei allen Ständen heuchelt jeder eine Miene und ein Äußeres vor, um als das zu erscheinen, wofür er gehalten werden will: so kann man sagen, daß sich die Welt nur aus Mienen zusammensetzt.
>
> Wir sind so daran gewöhnt, uns den anderen gegenüber zu verstellen, daß wir uns schließlich uns selbst gegenüber verstellen.
>
> *La Rochefoucauld, Maximen*

Wagners an Nietzsche.» – Diese Kreuzung der zwei Bücher – mir war's, als ob ich einen ominösen Ton dabei hörte. Klang es nicht, als ob sich Degen kreuzten?«, heißt es später im ›Ecce homo‹. Danach haben sich die beiden nichts mehr zu sagen. »Seine und meine Bestrebungen laufen ganz aus einander. Dies thut mir wehe genug – aber im Dienste der Wahrheit muss man zu jedem Opfer bereit sein. Wüßte er übrigens, was ich alles *gegen* seine Kunst und seine Ziele auf dem Herzen habe, er hielte mich für einen seiner ärgsten Feinde – was ich bekanntlich nicht bin.« Wagner war seinerseits nicht zimperlich und veröffentlichte im August- und Septemberheft der ›Bayreuther Blätter‹ eine »bitterböse, fast rachsüchtige« Schmähschrift gegen Nietzsche und dessen neues Buch (ohne Autor und Titel zu nennen), die den Bruch noch verschärfte. Außerdem äußerte er gegenüber Otto Eiser, dem Arzt Nietzsches, dass die Erkrankung des ehemaligen Freundes seiner Meinung nach von dessen »unnatürlichen Ausschweifungen« im Autosexuellen herrühre, die Wagner beobachtet haben wollte. Ferner gebe es Anzeichen für Päderastie, da Nietzsche auffällig häufig Umgang mit jungen Männern pflege. Natürlich musste dieser über mehrere Briefe verbreitete Intimtratsch, der, wenigstens was die Päderastie betrifft, frei erfunden ist, auch den Betroffenen irgendwann erreichen. Als Nietzsche, wahrscheinlich erst 1883, davon erfährt, fühlt er sich schwer gekränkt. Doch trotz solcher Grobheiten, für die der Meister bekannt war, reagiert Wagner auf die Entfremdung von Nietzsche ungleich milder und nachlässiger. Für ihn war der Verlust des Freundes nur eine persönliche Enttäuschung unter vielen. In seinem Schaffen beeinträchtigt hat ihn das nicht.

Was Nietzsche alles gegen Wagner auf dem Herzen hat, kommt erst zehn Jahre später offen zur Sprache. Obwohl er, wie er behauptet, bereits seit 1878 »Krieg gegen Wagner« geführt habe. Tatsächlich findet sich im zweiten Band von ›Menschliches, Allzumenschliches‹, der 1880 erscheint, bereits Kritik an Wagner, allerdings zumeist nur angedeutet und zwischen den Zeilen zu lesen.

Doch polemisch pointiert rechnet Nietzsche erst 1888 mit

Wagner ab, fünf Jahre nach dessen Tod und kurz vor Nietzsches geistigem Zusammenbruch. In den Schriften ›Der Fall Wagner‹ und ›Nietzsche contra Wagner‹ entlädt sich ein schillerndes Gewitter schärfster Angriffe und brillanter Stilistik gegen den einst so verehrten Meister. Es gehört zu Nietzsches zersetzendem Charakter sowie zu seiner empfindlichen, leicht verletzlichen Natur, dass er das, was er am meisten bewundert und liebt, sobald es ihn enttäuscht, auf das Heftigste bekämpfen muss. Nietzsche stellt sich gern auf die Seite der Gegner derer, die er angreifen will, um wirkungsvoller agieren zu können. Man darf ihn aber im Guten wie im Bösen nie ganz wörtlich nehmen. Wichtig ist, *wo* Nietzsche etwas sagt und zu *wem*, und vor allem, welche Absicht ihn dabei leitet. Oft sind es bloß ironisch überspitzte Antithesen, die mit dem Zweck ins Feld geführt werden, *seinen* Standpunkt zu verdeutlichen.

Ausschlaggebend für die Entfremdung aber war die gegenläufige persönliche Entwicklung der beiden. Nietzsche hat sich vom braven Pastorensohn zum psychologisierenden Skeptiker entwickelt, zum Rebellen gegen seine Zeit, der schon um 1878 nach einer »Umwertung aller Werte« trachtet. Wagner ist den umgekehrten Weg gegangen: vom anarchischen Kulturrevolutionär zum loyalen Großbürger mit einer Schwäche für christliche Mystik, der die größten Hoffnungen Nietzsches unerfüllt ließ: die der Kulturerneuerung, die der Wiedergeburt eines »tragischen Zeitalters« durch die Musik. Deshalb der Bruch. Als Nietzsche das klar wird, sieht er in Wagner nur noch den »Verführer großen Stils«, einen listigen Schauspieler: »Ah dieser alte Zauberer! was hat er uns Alles vorgemacht! (…) Wagner's Kunst ist krank. Die Probleme, die er auf die Bühne bringt lauter Hysteriker-Probleme. (…) In seiner Kunst ist auf die verführerischeste Art gemischt, was heute alle Welt am nöthigsten hat, – die drei grossen Stimulantia der Erschöpften, das *Brutale*, das *Künstliche* und das *Unschuldige* (Idiotische). Wagner ist ein grosser Verderb für die Musik. Er hat in ihr das Mittel errathen, müde Nerven zu reizen.« Nietzsche zählt Wagner zu seinen Krankheiten, vergleicht ihn mit Gift, das abhängig macht, hält ihn für eine die Kultur bedrohende Gefahr, da er krank sei, »ein morsch gewordener verzweifelnder Dekadent, der plötzlich hilflos und zerbrochen vor dem christlichen Kreuze niedersank«. Groß sei Wagner nur im Kleinen, in der Ausrichtung von Details, ein »Miniaturist in der Musik«. Zuletzt fragt er sogar, ob Wagner überhaupt ein Deutscher sei, und spielt schelmisch auf den Namen von Wagners Stiefvater an, der unter Juden weit verbreitet war: »Ein Geier ist schon fast ein Adler.« Und: »sollte er ein Semite sein? Jetzt verstehen wir seine Abneigung gegen die Juden.« Doch dann, nachdem Nietzsche seiner Verbitterung Luft gemacht hat, besinnt er sich wieder darauf, was er Wagner alles verdankt. Plötzlich möchte er die Veröffentlichung der beiden Schriften gegen Wagner sogar zurückziehen, da er in der autobiografischen Aufzeichnung ›Ecce homo‹, die ebenfalls im Herbst 1888 entsteht (allerdings erst 1908 zum Druck gelangt), sein Verhältnis zu Wagner hinreichend erklärt glaubt. In ›Ecce homo‹ schlägt Nietzsche, was Wagner betrifft, einen etwas gelinderen, beinahe versöhnlichen Ton an, und fällt dabei sogar schwärmerisch ins Metaphysische zurück. »Alles erwogen«, heißt es da, »hätte ich meine Jugend nicht ausgehalten ohne Wagnerische Musik. (…) Von dem Augenblick an, wo es einen Klavierauszug des Tristan gab (…) war ich Wagnerianer. (…) Dies Werk ist durchaus das non plus ultra Wagner's. (…) Ich nehme es als Glück ersten Rangs, zur rechten Zeit gelebt und gerade unter Deutschen gelebt zu haben, um *reif* für dies Werk zu sein: so weit geht bei mir die Neugierde des Psychologen. Die Welt ist arm für den, der niemals krank genug für diese ›Wollust der Hölle‹ gewesen ist. (…) und so wie ich bin, stark genug, um mir auch das Fragwürdigste und Gefährlichste noch zum Vortheil zu wenden und damit stärker zu werden, nenne ich Wagner den grossen Wohlthäter meines Lebens. Das, worin wir verwandt sind, dass wir tiefer gelitten haben, auch aneinander, als Menschen dieses Jahrhunderts zu leiden vermöchten, wird unsre Namen ewig wieder zusammenbringen; und so gewiss Wagner unter Deutschen bloss ein Missverständniss ist, so gewiss bin ich's und werde es immer sein. (…) Ich möchte um keinen Preis die Tage von Tribschen aus meinem Leben weggeben, Tage des Vertrauens, der Heiterkeit, der sublimen Zufälle – der *tiefen* Augenblicke …«.

So wichtig der Meister für Nietzsches Entwicklung war, so notwendig ist es nun, sich von ihm zu trennen. Er verliert den Freund, um sich selbst zu gewinnen. »*Jetzt* schüttele ich ab, was nicht zu *mir* gehört, Menschen, als Freunde und Feinde, Gewohnheiten, Bequemlichkeiten, Bücher; ich lebe in Einsamkeit auf Jahre hinaus, bis ich wieder, als Philosoph des *Lebens*, ausgereift und fertig verkehren *darf* (und wahrscheinlich *muss*).« Es fällt ihm nicht leicht, sich von den beiden mächtigen Lehrern seiner Jugend, von Wagner und von Schopenhauer, loszusagen. Aber Nietzsche will »Herr über sich selbst« werden, – die zentrale Forderung, das große Leitmotiv seines Denkens. Und dazu bedarf es scharfer Schnitte.

Gestärkt durch diesen Schritt arbeitet Nietzsche 1878 unermüdlich am zweiten Teil von ›Menschliches, Allzumenschliches‹. Viele der darin aufgenommenen Aphorismen entstehen in Grindelwald, im Berner Oberland, wo Nietzsche zur Genesung den August verbringt. Zurück in Basel nimmt er trotz anhaltender Kopfschmerzen den Vorlesungsbetrieb wieder auf. Zum Jahreswechsel erscheint der zweite Band von ›Menschliches, Allzumenschliches‹. Cosima äußert gegenüber Carl von Gersdorff, Elisabeth habe ihr anvertraut, dass Nietzsche geistig krank sei. Sie bleibe dem »verstorbenen« Nietzsche treu. In Bayreuth kursieren Gerüchte, wonach Nietzsches neuestes Buch »einen Anfang von Gehirnzerrüttung« erkennen lasse. Man beruft sich dabei auf Otto Eisers Diagnose. Gersdorff ist besorgt. Kurz zuvor war es zum Streit zwischen den beiden Freunden gekommen, weil Nietzsche sich zu sehr in die Heiratspläne Gersdorffs eingemischt hatte.

Im Frühjahr erreicht das Leiden einen neuen Höhepunkt. »*Mein* Zustand ist eine Thierquälerrei und Vorhölle, ich kann's nicht leugnen. *Wahrscheinlich* hört es mit meiner akademischen Thätigkeit auf, *vielleicht* mit der Thätigkeit überhaupt, *möglicher*weise mit – – usw.« Solche und ähnliche Äußerungen dürften dazu beigetragen haben, dass im Herbst 1879 kurzzeitig Gerüchte von Nietzsches Tod die Runde machen. Er glaubt, das Klima in Basel sei verantwortlich für seinen Zustand. »Ich hasse Basel immer mehr und verlasse es, *sobald ich kann*, gänzlich.« Zu allem Unglück droht das neue Buch ein Misserfolg zu werden. Ostern 1879 sind von 1000 Exemplaren der ersten Auflage gerade einmal 120 verkauft. Zur gleichen Zeit reicht Nietzsche bei der Universität Basel endgültig ein Entlassungsgesuch ein. Darin begründet er die Bitte, alle Ämter niederlegen zu dürfen, mit der erheblichen Abnahme seines Sehvermögens, »welches mir kaum noch zwanzig Minuten erlaubt ohne Schmerzen zu lesen und zu schreiben«, so dass er seinen Verpflichtungen als Professor einfach nicht mehr nachkommen könne. Dem Gesuch wird im Sommer 1879 stattgegeben. Und wieder zeigt sich die Universitätsbehörde nobel: Sie gewährt Nietzsche zwei Drittel seines bisherigen Gehaltes als Pension, vorläufig für sechs Jahre. Tatsächlich zahlt sie sogar bis 1889 die Bezüge weiter, jährlich 3000 Franken. Davon kann der kranke Gelehrte, Bescheidenheit gewohnt, einigermaßen leben. Er flieht zur Erholung nach Graubünden, erst nach Wiesen bei Davos, dann nach St. Moritz. Von nun an ist er auch offiziell heimatlos, denn mit der amtlichen Abmeldung aus Basel verfügt er über keinen festen Wohnsitz mehr, was bis zu seinem geistigen Zusammenbruch so bleiben wird. Fort muss er, in Bewegung bleiben, stets nach neuen Ufern Ausschau haltend. Für ihn die einzige Möglichkeit, seiner Bestimmung zu folgen, die darin besteht, *seine* Philosophie zu entwickeln. In St. Moritz herrscht ein Klima, das er recht gut verträgt. Hier lässt sich denken und arbeiten. Natürlich nur allein. »Bitte«, schreibt er

> Jene metaphysische Vernebelung alles Wahren und Einfachen, der Kampf mit der Vernunft gegen die Vernunft, welcher in Allem und Jedem ein Wunder und Unding sehen will – dazu eine ganz entsprechende Barockkunst der Überspannung und der verherrlichten Maßlosigkeit – ich meine die Kunst Wagner's – dies Beides war es, was mich endlich krank und kränker machte und mich fast meinem guten Temperamente und meiner Begabung entfremdet hätte.
>
> *Nietzsche über Wagner, 15. Juli 1878*

der Mutter, »verbirg meinen Aufenthalt vor Jedermann, sonst muss ich den Ort, der mir so gefällt und bis jetzt wirklich *wohl thut*, sofort verlassen. Ich vertrage *keinen* Besuch.« Es ist ein gewisser Zwiespalt erkennbar zwischen der Sucht nach Freundschaft und der nach Abstand von allen Menschen. Nietzsche sehnt sich sein Leben lang nach Einsamkeit, und wenn er sie gefunden hat, beklagt er sie bitterlich. So gesteht er am 18. Juli 1880 seinem Freund Heinrich Köselitz, der, fern von Nietzsche, die meiste Zeit des Jahres in Venedig weilt: »Man hört auf, sich selber *recht* zu lieben, wenn man *aufhört* sich in der Liebe zu Andern zu üben.«

Für den Winter plant er, nach Naumburg zurückzukommen, um dort ein kleines Turmzimmer an der Stadtmauer zu bewohnen, unweit des Hauses der Mutter. Vielleicht dachte er dabei an Hölderlin, der seine letzten Tübinger Jahre ähnlich hausend verbrachte, vielleicht an Montaigne, dessen berühmte ›Essais‹ in einem Turm entstanden sein sollen, vielleicht aber auch an die Epikureer und Kyniker der Antike,

Ich für meinen Theil leide abscheulich, wenn ich der Sympathie entbehre; und durch nichts kann es mir z. B. ausgeglichen werden, dass ich in den letzten Jahren der Sympathie Wagners verlustig gegangen bin. Wie oft träume ich von ihm, und immer im Stile unsres damaligen vertraulichen Zusammenseins! Es ist nie zwischen uns ein böses Wort gesprochen worden, auch in meinen Träumen nicht, aber sehr viele ermuthigende und heitere, und mit niemandem habe ich vielleicht so viel zusammen gelacht. Das ist nun vorbei – und was nützt es, in manchen Stücken *gegen* ihn *Recht* zu haben! Als ob damit diese verlorne Sympathie aus dem Gedächtnis gewischt werden könnte! – Und Ähnliches habe ich schon vorher erlebt, und werde es vermuthlich wieder erleben. Es sind die härtesten Opfer, die mein Gang im Leben und Denken von mir verlangt hat – noch jetzt schwankt nach einer Stunde sympathischer Unterhaltung mit wildfremden Menschen meine ganze Philosophie, es scheint mir so thöricht, Recht haben zu wollen um den Preis von Liebe, und sein Werthvollstes nicht *mittheilen zu können*, um nicht die Sympathie aufzuheben.

Nietzsche an Heinrich Köselitz, August 1880

denen bekanntlich sogar Tonnen als Unterkünfte genügten. Wie viele geistig aktive Menschen spielt auch Nietzsche mit dem Gedanken, sich zur Abwechslung einmal rein körperlichen Arbeiten zu unterziehen. »Eine wirkliche Arbeit, welche Zeit kostet und Mühe macht, ohne den Kopf anzustrengen, thut mir noth. Hat nicht mein Vater gemeint, ich würde einst wohl ein Gärtner werden?« Dieser Gedanke fasziniert ihn nun für länger. Gemüse anbauen will er wie einst Heinrich von Kleist, den es, eine Schaffens- und Lebenskrise zu überwinden, 1801 in die Schweizer Abgeschiedenheit gezogen hatte, mit der Absicht, dort Bauer zu werden. Nietzsche möchte sich im Frühjahr und Herbst regelmäßig mit Gärtnerei beschäftigen, was »eines zukünftigen ›Weisen‹ keineswegs unwürdig« sei. Doch wie Kleist führt auch er den Plan nicht aus. Die Winter will und muss der Kranke, wegen der klaren, wolkenlosen Himmel, unbedingt im Süden verbringen, vielleicht am Gardasee, in Meran, Bozen oder Genua. Ein wanderreiches Leben erwartet ihn, hinauf in die Höhen der Einsamkeit. – Er hat es selbst gewählt.

Vom Wanderer und seinem Schatten (1880–1883)

Unstet und einsam

Obwohl ihm trübes Wetter und Kälte nicht bekommen, reist er im Herbst 1879 noch einmal zurück nach Naumburg. Und wieder überfallen ihn ungeheure Schmerzen, vielleicht die schlimmsten, die er je erleiden musste. Doch es wird sein letzter Winter, sein letztes Weihnachtsfest bei Mutter und Schwester sein. Er hält das Klima zu Hause nicht aus. Bereits im Februar 1880 treiben ihn die Qualen fort, in den Süden, nach Riva del Garda. Und von da an vollzieht sich Sonderbares: Nietzsche beginnt, dem Schmerz etwas Stärkendes abzugewinnen. Einerseits hofft er in diesen Tagen auf den »erlösenden Hirnschlag«, andererseits wächst ein merkwürdiger Trotz in ihm, das Leben über alle Schmerzen hinweg – und jetzt erst recht! – in seiner ganzen Größe erkennen und feiern zu wollen.

Am Gardasee entstehen die ersten Aufzeichnungen zu ›Morgenröthe‹. Heinrich Köselitz ist von Venedig herübergekommen, um dem Freund zur Hand zu gehen. Er weiß, dass er dabei viel Zeit investieren wird und einige Anstrengungen erdulden muss, etwa, wenn Nietzsche morgens um 5:30

Meine Existenz ist eine *fürchterliche Last*: ich hätte sie längst von mir abgeworfen, wenn ich nicht die lehrreichsten Proben und Experimente auf geistig-sittlichem Gebiete gerade in diesem Zustand des Leidens und der fast absoluten Entsagung machte – diese erkenntnisdurstige Freudigkeit bringt mich auf Höhen, wo ich über alle Marter und alle Hoffnungslosigkeit siege. Im Ganzen bin ich glücklicher als je in meinem Leben: und doch! Beständiger Schmerz, mehrere Stunden des Tages ein der Seekrankheit eng verwandtes Gefühl einer Halb-Lähmung, wo mir das Reden schwer wird, zur Abwechslung wüthende Anfälle (der letzte nötigte mich 3 Tage und Nächte lang zu erbrechen, ich dürstete nach dem Tode).

Nietzsche an Otto Eiser, Januar 1880

Uhr mit ihm spazieren gehen will. Aber Köselitz scheut kein Opfer. Er ist von dem Genie des kranken Freundes überzeugt, das auch ihn auf das Höchste beflügelt. Nach drei Wochen fahren beide nach Venedig, wo Nietzsche einige Monate bleiben will. In der schon damals für ihren maroden Charme bekannten Lagunenstadt bewohnt er ein Zimmer an den Fondamenta nuove, direkt am Wasser mit Blick auf die »Toteninsel« San Michele, von der Arnold Böcklin sich zu seinem berühmten Bild inspirieren ließ. »Einstweilen hat die schreckliche Reiserei ein Ende!«, beschließt er, »Venedig übt auf viele Kopfleidende günstigen Einfluß.« Auch auf Nietzsche, denn er fühlt sich dort erheblich besser als in Riva. Nur der Schirokko, der im April aufkommt, setzt ihm zu. Bei ansonsten relativ stabiler Gesundheit geht er viel spazieren, denkt nach, badet am Lido, kritzelt allerlei Sentenzen in kleine Notizbücher, die Köselitz entziffern und ins Reine schreiben muss. Dieser ist oft kurz davor, seine Geduld zu verlieren, denn natürlich bleiben bei der großen Aufmerksamkeit, die er Nietzsche in langen Gesprächen und über zeitraubende Dienste zuwendet, seine eigenen Arbeiten liegen. »Ich halte das ewige Moralisieren, zu dem ich selber so stark neige, auf die Dauer nicht aus,« klagt er einer Freundin, »es zerstört mir die ganze Stimmung, die ich für *meine* Sache brauche.« Nach Marienbad in Böhmen, wo Nietzsche wegen der kühlen, dunklen Wälder, die seinen Augen wohl tun, den Hochsommer verbringen will, folgt Köselitz ihm nicht. Auch nicht an den Lago Maggiore, das nächste Reiseziel. Stattdessen schreibt man sich Briefe. Beide genießen den Abstand. Und Nietzsche, obwohl abhängig von ein paar guten Augen und einer leserlichen Handschrift, kündigt bereits an, dass es für ihn langfristig keinen anderen Weg geben könne als den des Einsiedlers: »Als Recept sowohl wie als natürliche Passion erscheint bei mir immer deutlicher die Einsamkeit und zwar die vollkommene – und den Zustand, in dem wir unser Bestes schaffen können, muss man herstellen und viele Opfer dafür bringen können.« Er will sich eine Dachstuben-Existenz gründen. Enthaltsam, unkomfortabel, hart zu sich selbst. »Für eine gute Spanne Zeit muss ich ohne Menschen

28 Nietzsches Wohnung in Venedig im Corte Belendis 6294 an den Fondamenta nuove

und inmitten einer Stadt, deren Sprache ich nicht kenne, leben, *muss* ich – ich wiederhole es; fürchte nichts für mich!« Er reist nach Genua, wechselt dort viermal in kürzester Zeit sein Quartier und bittet etwas geheimnistuerisch und inständig die Familie und alle Freunde, seinen Aufenthaltsort niemandem zu verraten. »Ich lebe, wie als ob die Jahrhunderte ein Nichts wären und gehe meinen Gedanken nach, ohne an das Datum und die Zeitungen zu denken.« Die Stadt des Kolumbus übt einen besonderen Reiz auf ihn aus, stärker noch das Meer. Es bietet ihm die stimmigste Metapher für sein Denken, für sein Wesen. Und es verspricht Gesundheit. »Meerluft, unentbehrlich für meinen Kopf.« Er genießt den Strand, das Tosen der Brandung, den Geruch, die langen Spaziergänge allein. »Ich kann nicht sagen, wie sehr die

Im Horizont des Unendlichen. – Wir haben das Land verlassen und sind zu Schiff gegangen! Wir haben die Brücke hinter uns, – mehr noch, wir haben das Land hinter uns abgebrochen! Nun, Schifflein! sieh` dich vor! Neben dir liegt der Ocean, es ist wahr, er brüllt nicht immer, und mitunter liegt er da, wie Seide und Gold und Träumerei der Güte. Aber es kommen Stunden, wo du erkennen wirst, dass er unendlich ist und dass es nichts Furchtbareres giebt als Unendlichkeit. (...) Wehe, wenn das Land-Heimweh dich befällt, als ob dort mehr *Freiheit* gewesen wäre, – und es giebt kein »Land« mehr!

Die fröhliche Wissenschaft, S. 124

Einsamkeit mir wohl thut! (...) Nur so kann ich mich selber in jedem Sinne fördern (und zuletzt vielleicht auch Andern nützlich *werden*).«

Zufrieden notiert er: »Sechs bis acht Stunden gehe ich herum. Eigentlich habe ich das Leben, wie ich es früher ersehnte.« Er wandert die ligurische Küste entlang, bis nach Nervi. Genua selbst ist weniger reizvoll. Damals wie heute keine Schönheit, Industrie- und Hafenstadt, laut, schmutzig. Im historischen Kern, der von weit auswachsenden Vorstädten umlagert ist, liegen Pracht und Armut dicht beieinander. Nietzsche findet im Norden eine ruhige Wohnung, etwas abseits, hoch am Hang gelegen.

Das Manuskript ›Die Pflugschar‹, später in ›Morgenröthe‹ umgetauft, wächst unter euphorischem Fleiß in wenigen Monaten zu einem Buch heran, von dem Nietzsche – wie von allen seinen Büchern – meint, es markiere einen entscheidenden Schritt. Einerseits führt es die positivistische Richtung fort, die Nietzsche mit ›Menschliches, Allzumenschliches‹ eingeschlagen hat, andererseits kündigt sich in der ›Morgenröthe‹ bereits an, was im nächsten Buch, ›Die fröhliche Wissenschaft‹, schon deutlicher Gestalt annehmen wird, nämlich Nietzsches Rückkehr zur Kunst und zur Betonung ihrer Bedeutung für das Leben. Und noch etwas setzt mit diesem Buch ein: der »Feldzug gegen die Moral«, das heißt gegen das Christentum. Der Beginn einer Auseinandersetzung, die, hier noch im leisen Ton geführt, wesentlich das kommende Werk bestimmen wird. Dennoch ist es ein ruhiges, beschauliches Buch. Fast gänzlich frei von Polemik. Selten geht es darin um Kultur oder große Politik, Themen, die das Denken des frühen Nietzsche dominierten. In der ›Morgenröthe‹ wird vorsichtig psychologisiert, die Seele des Menschen steht im Mittelpunkt, oder wie Nietzsche in seiner späteren Vorrede von 1886 sagt: »In diesem Buch findet man einen ›Unterirdischen‹ an der Arbeit, einen Bohrenden, Grabenden, Untergrabenden«, einen »Lehrer des langsamen Lesens«, der sich auch ebensolche Leser wünscht. In einem »Zeitalter der ›Arbeit‹, will sagen: der Hast, der unanständigen und schwitzenden Eilfertigkeit, das mit Allem gleich ›fertig werden‹ will, auch mit jedem alten und neuen Buche«, sei es umso nötiger, wieder *gut* lesen zu lernen, »das heisst langsam, tief, rück- und vorsichtig, mit Hintergedanken, mit offen gelassenen Thüren, mit zarten Fingern und Augen lesen … Meine geduldigen Freunde, dies Buch wünscht sich nur vollkommene Leser und Philologen: *lernt* mich gut lesen! –« Er lädt sie ein, mit ihm auf verwegene Geistesfahrt zu gehen, alle moralischen und sonstigen Schranken hinter sich zu lassen und frei wie ein Albatros, sein Lieblingsvogel, dem Horizont des Unendlichen entgegenzusteuern.

Das Manuskript bekommt Köselitz zur Korrektur und Reinschrift bereits im Januar 1881. Nietzsche fordert viel von dem Freund, aber er dankt es reichhaltig, indem er ihm sein volles Vertrauen schenkt. Nietzsche weiß, wie der treue Köselitz bei Laune zu halten ist. »Nun heißt es wieder: ›Freund, in Ihre Hände befehle ich meinen Geist!‹ und noch mehr: ›in Ihren Geist befehle ich meine Hände!‹ Ich schreibe zu schlecht und sehe alles krumm. Wenn Sie nicht errathen, was ich denke, so ist das Manuscript unentzifferbar. (…) – Die Orthographie und die grammatische Correktheit, lieber Freund, sind wieder *Ihre* Sache, ich habe keine andere Orthographie als die Köselitzische. Mitunter mache ich Sprachfehler z. B. in der Bildung der Conjunctive: verbessern Sie mich in allen Stücken, ohne irgend ein weiteres Wort!«

Wir Luft-Schifffahrer des Geistes! – Alle diese kühnen Vögel, die in's Weite, Weiteste hinausfliegen – gewiß! irgendwo werden sie nicht mehr weiter können (…) Aber wer dürfte daraus schließen, dass es vor ihnen *keine* ungeheure freie Bahn mehr gebe, dass sie so weit geflogen sind, als man fliegen *könne*! (…) *Andere Vögel werden weiter fliegen!* Diese unsere Einsicht und Gläubigkeit fliegt mit ihnen um die Wette hinaus und hinauf (…), wo Alles noch Meer, Meer, Meer ist! – (…) Wollen wir denn *über* das Meer? (…) Warum doch gerade in dieser Richtung, dorthin, wo bisher alle Sonnen der Menschheit *untergegangen* sind? Wird man vielleicht uns einstmals nachsagen, dass auch wir, *nach Westen steuernd, ein Indien zu erreichen hofften*, – dass aber unser Loos war, an der Unendlichkeit zu scheitern? Oder, meine Brüder? Oder? –

Morgenröthe, S. 575

Um die letzten Korrekturen an ›Morgenröthe‹ mit Nietzsche zusammen auszuarbeiten, treffen sich Köselitz und Nietzsche im Mai in Recoaro, am Fuß der Tiroler Alpen. Man arbeitet fleißig, zwei Wochen lang, dann ist das Buch fertig. Die Freundschaft der beiden erreicht in dieser Zeit ihren Höhepunkt. Nietzsche schwärmt in Briefen nach Naumburg und an Overbeck vollmundig von Köselitz, er hält ihn für einen »Musiker *ersten Ranges*«, in dessen Werk er von nun an genau das hineininterpretieren wird, was er sich vom Leben, von seiner eigenen Philosophie und letztlich von der Musik wünscht, nämlich dass sie »von einem neuen und so eigenen Zauber der Schönheit« sei, »in dem Keiner der Lebenden ihm gleichkommt. Heiterkeit, Anmuth, Innigkeit, ein großer Bogen der Empfindung, von der harmlosen Lustigkeit hinauf bis zur unschuldigen Erhabenheit: dabei eine technische Vollkommenheit und Feinheit der Ansprüche an sich selbst, die mir, in diesem groben Jahrhundert, unsäglich erquickend vorkommt. Zu alledem: es giebt eine Verwandtschaft zwischen dieser Musik und meiner Philosophie: letztere hat die wohltönendste Fürsprecherin gefunden!« Zum Dank für all das verleiht Nietzsche während der Korrekturen dem Freund – gleichsam wie eine Auszeichnung – das Pseudonym »Peter Gast«, das dieser fortan mit Stolz tragen wird.

In Erwartung des baldigen Druckes der ›Morgenröthe‹, die den Untertitel ›Gedanken über die moralischen Vorurtheile‹ erhält, schreibt er ironisch nach Hause an Mutter und Schwester: »In ein Paar Wochen kommt mein neues Buch zu Euch. Seht es *freundlich* von außen an: so sieht ein Wesen aus, das unsern nicht zu schönen Namen *unsterblich* machen wird! Aber ich bitte Euch von ganzem Herzen, es *nicht* zu lesen und es Niemandem zu leihen.«

Zwei Monate lang bleibt Nietzsche in Recoaro, bis ihn mehrere schwere Anfälle »von der übelsten Basler Manier« wieder vertreiben. Überdies behagt ihm die Landschaft nicht: wenig Wald, wenig Schatten, er kann kaum spazieren gehen. – Also zurück ins Engadin, nach St. Moritz. »Wo ist das Land mit viel Schatten, ewig reinem Himmel, *gleichem* kräftigen Meerwinde von Morgen bis Abend, ohne Wetter-

Umschläge? Dahin, dahin – will ich – ziehn!« Von allen Orten, die Nietzsche auf der Flucht vor seinen Schmerzen je aufgesucht hat, kommt das Engadin dieser Beschreibung am nächsten. Deshalb möchte er die kommenden Sommer dort verbringen, weiß nur noch nicht, wo. St. Moritz ist ihm auf Dauer zu teuer. Da hat er Glück: Eine Reisebekanntschaft macht ihn auf das kleine Dorf Sils-Maria aufmerksam, unweit von St. Moritz gelegen. Endlich glaubt Nietzsche gefunden zu haben, wonach er so lange suchte. Sils-Maria, ein Ort, der auch heute, trotz vieler Neubauten, an Atmosphäre kaum verloren hat. Fast zweitausend Meter über dem Meeresspiegel, von zwei Seen und majestätischen Bergen umgeben, weht in der Hochebene stets ein kühler, klarer Wind. Gewaltige Bergketten strahlen immer Erhabenheit aus, aber in Sils-Maria kommt noch eine eigentümliche Schwermut hinzu, die sich besonders am Abend auf die Ebene senkt und den Betrachter nachvollziehen lässt, wieso gerade hier Empfindungen wie heroische Lebenserhöhung, Naturergebenheit und totale Einsamkeit am reinsten gedeihen konnten. Große, prägende Eindrücke, welche die Landschaft vielleicht so einzigartig erscheinen lassen. Nietzsche fühlt sich an den

29 Die Seen von Silvaplana und Sils-Maria im Oberengadin

»lieblichsten Winkel der Erde« versetzt. »So still hab ich's nie gehabt, und alle 50 Bedingungen meines armen Lebens scheinen hier erfüllt zu sein. Ich nehme diesen Fund hin als ein ebenso unerwartetes wie unverdientes Geschenk.« In einem Anflug von Euphorie fühlt er sich stark und gesund wie nie. Gerade, als Nietzsche *seine* Philosophie in sich aufsteigen spürt, taucht auch die Landschaft vor ihm auf, in der er diese Philosophie gebären kann.

Wieder sprüht er für Tage vor Schaffenskraft und Selbstvertrauen über. Die ›Morgenröthe‹, kein Zweifel, sei erst der Anfang seines ungeheuren Werkes, an dem die Welt lange kauen wird. Schon jetzt, im Juli 1881, klingen Töne an, die an Nietzsches spätere Selbstapotheose kurz vor dem geistigen Zusammenbruch erinnern. Mit der ›Morgenröthe‹ habe er »eines der muthigsten und erhabensten und besonnensten Bücher hervorgebracht, welche jemals aus menschlichem Gehirne und Herzen geboren sind. Selbst wenn ich mir in Recoaro das Leben genommen hätte, so wäre einer der ungebeugtesten und überlegtesten Menschen gestorben, nicht ein Verzweifelnder.« Im Hochgefühl dieser Stimmung kommen ihm die ersten Gedanken zum ›Zarathustra‹. Später, in ›Ecce homo‹, erinnert er sich: »Die Grundconception des Werks, der Ewige-Wiederkunfts-Gedanke, diese höchste Formel der Bejahung, die überhaupt erreicht werden kann –, gehört in den August des Jahres 1881: er ist auf ein Blatt hingeworfen, mit der Unterschrift: ›6000 Fuß jenseits von Mensch und Zeit‹. Ich ging an jenem Tage am See von Silvaplana durch die Wälder; bei einem mächtigen pyramidal aufgetürmten Block unweit Surlei machte ich Halt. Da kam mir dieser Ge-

In mancher Natur-Gegend entdecken wir uns selber wieder, mit angenehmem Grausen; es ist die schönste Doppelgängerei. – Wie glücklich muss Der sein können, welcher jene Empfindung gerade hier hat, in dieser beständigen sonnigen Octoberluft, in diesem schalkhaft glücklichen Spielen des Windzuges von früh bis Abend, in dieser reinsten Helle und mässigsten Kühle (...), hier, wo Italien und Finnland zum Bunde zusammengekommen sind.

Der Wanderer und sein Schatten, S. 338

danke.« Wahrscheinlich ist das nicht einmal im Nachhinein stilisiert. Denn tatsächlich schreibt Nietzsche zu besagter Zeit an Köselitz von einem solchen ungeheuerlichen Erlebnis, das ihn, einer tiefen Eingebung gleich, überfallen und verstört habe: »An meinem Horizonte sind Gedanken aufgestiegen, dergleichen ich noch nicht gesehn habe – davon will ich nichts verlauten lassen, und mich selber in einer unerschütterlichen Ruhe erhalten. Ich werde wohl *einige* Jahre noch leben müssen! Ach, Freund, mitunter läuft mir die Ahnung durch den Kopf, dass ich eigentlich ein höchst gefährliches Leben lebe, denn ich gehöre zu den Maschinen, welche *zerspringen* können! Die Intensitäten meines Gefühls machen mich schaudern und lachen – schon ein Paarmal konnte ich das Zimmer nicht verlassen, aus dem lächerlichen Grunde, dass meine Augen entzündet waren – wodurch? Ich hatte jedesmal den Tag vorher auf meinen Wanderungen zuviel geweint, und zwar nicht sentimentale Thränen, sondern Thränen des Jauchzens; wobei ich sang und Unsinn redete, erfüllt von einem neuen Blick, den ich vor allen Menschen voraus habe.« Hinter der Lehre von der *ewigen Wiederkehr des Gleichen*, ein bereits in der Antike weit verbreiteter Gedanke, verbirgt sich die Forderung nach totaler Bejahung des Lebens in allen seinen Lüsten und Leiden. Wer die *ewige Wiederkehr* akzeptiert, stellt das Leben nicht mehr in Frage. Er braucht sich nicht mehr durch die Vorstellung von anderen Welten über das Diesseits hinwegzutrösten. Die Lehre ist also ein Vorschlag zur Überwindung des Nihilismus, den Nietzsche nach dem Tod Gottes zwangsläufig heraufziehen sieht. Allerdings erfordert diese fatalistische Anerkennung der ewigen Lust am Leben buchstäblich übermenschliche Kräfte, denn sie impliziert gleichzeitig tiefe Resignation, indem sie die absolute Sinnlosigkeit aller Dinge lehrt.

Die Zeit läuft Nietzsche davon. Er fürchtet, nicht mehr zu Papier bringen zu können, was er noch zu sagen hat. Seine immer geringer werdende Sehkraft erlaubt ihm nur wenige Stunden am Tag zu lesen und zu schreiben. Freunde, die ihn besuchen wollen, lädt er aus. Schonung, dringend nötig, um vielleicht doch noch zu gesunden, gönnt er sich nicht.

»Trachte ich denn nach Glücke? Ich trachte nach meinem Werke!« bekennt er im ›Zarathustra‹. Seine Arbeitsweise ist zwanghaft. Er lebt unter strenger Diät, in kalten Räumen ohne Ofen, schläft nur wenig und meidet den Umgang mit Menschen.

Jede Anstrengung rächt sich wenig später mit fürchterlichen Schmerzen. Hinzu kommt die große Enttäuschung über den Misserfolg der ›Morgenröthe‹. Weder das Publikum noch die Freunde nehmen das Buch, von dem sich Nietzsche so viel versprochen hat, überhaupt zur Kenntnis. Reaktionen bleiben fast gänzlich aus. Verzweifelt schreibt er, der brillante Stilist, in einfachstem Latein an Overbeck: »Sum in puncto desperationis. Dolor vincet vitam voluntatemque« (Bin am Punkt der Verzweiflung. Der Schmerz siegt über Leben und Willen), so, als ob er sich allmählich für seine Klagen zu schämen beginne. »Gefährliche Zeiten waren es, der Tod schaute mir über die Achsel, ich habe den ganzen Sommer über fürchterlich gelitten: wohin soll ich mich wenden!« Er will reinen, wolkenlosen Himmel über sich, da er mittlerweile der festen Überzeugung ist, dass »die Electricität der ziehenden Wolken« für seinen Zustand verantwortlich sei. Also wieder sechs Monate Genua. Dort ist der Winter erträglich. »Ich kann nur am Meer leben«, sagt er jetzt und zweifelt daran, ob ihm die Höhenlage des Engadins, wegen der Nähe zu den Wolken, überhaupt gut tue. Nun sehnt er sich auch

Das grösste Schwergewicht. – Wie, wenn dir eines Tages oder Nachts, ein Dämon in deine einsamste Einsamkeit nachschliche und dir sagte: »Dieses Leben, wie du es jetzt lebst und gelebt hast, wirst du noch einmal und noch unzählige Male leben müssen; und es wird nichts Neues daran sein, sondern jeder Schmerz und jede Lust und jeder Gedanke und Seufzer und alles unsäglich Kleine und Grosse deines Lebens muss dir wiederkommen, und Alles in selber Reihe und Folge (…) – Würdest du dich nicht niederwerfen und mit den Zähnen knirschen und den Dämon verfluchen, der so redetet? Oder hast du einmal einen ungeheuren Augenblick erlebt, wo du ihm antworten würdest: »du bist ein Gott und nie hörte ich Göttlicheres!«

Die fröhliche Wissenschaft, S. 341

wieder nach Freunden: »Halten Sie ja an dem Wiedersehen in *Genua* fest«, schreibt er Anfang November 1881 an Paul Rée, » – dieser Ort gehört *zu mir*, ich will Ihnen denselben schon präsentiren und repräsentiren, ganz als principe Doria, wenn Sie so wollen.« Erneut studiert er, sich seiner Wissenslücken bewusst, medizinische und physikalische Bücher, unter anderem die ›Meteorologie‹ von Foissac, die aber viele Fragen offen lässt. Er hat gelesen, dass in den Hochebenen von Mexiko diejenigen klimatischen Bedingungen herrschen, die er sich wünscht: häufiger Hochdruckeinfluss bei beständig wolkenlosem Himmel. Muss er womöglich bis ans andere Ende der Welt reisen, um endlich von seinen Schmerzen loszukommen? Dann lässt er sich seine eigenen Werke schicken und geht sie nacheinander durch, was ihm mehr Vergnügen bereitet als Wetterkunde (»Wenn ich sie nicht lese, wer liest sie!«). Natürlich gibt es auch an der ligurischen Küste angenehme Tage. Und schon ist Nietzsche wieder wie verwandelt. »Wir hatten das schönste Wetter inzwischen, und alles in allem, ich habe *nie* Besseres erlebt. Jeden Nachmittag sitze ich am Meer. Durch die Abwesenheit der Wolken *ist mein Kopf frei*, und ich bin voller guter Gedanken und Absichten.« Die gute Laune wird noch gesteigert durch ein besonderes Musikerlebnis: Nietzsche hört in Genua zum ersten Mal die Oper ›Carmen‹ von Georges Bizet. Und später noch viele Male. Und ist stets aufs Neue davon begeistert. Das ist die leichtfüßige, leidenschaftliche Antimusik zu Wagner, nach der er sucht und die ihm den Abschied vom alten Freund ermöglicht. »Ich bin nahe daran zu denken, Carmen sei die beste Oper, die es giebt; und so lange *wir* leben, wird

Ich (…) will in den nächsten Jahren überhaupt nur zwischen Genua und Sils-Maria hin- und herreisen. (Ich vertrage Reisen nicht, habe kein Geld zu Ortswechsel und dergleichen und bedarf der *unbedingten Einsamkeit* nicht als einer Liebhaberei, sondern als der Bedingung, mit der ich *vielleicht* das Leben noch ein paar Jahre aushalte (– es geht nämlich, im Vertrauen gesagt, sehr elend).

Nietzsche an Paul Rée, Ende August 1881

sie auf allen Repertoiren Europa's sein.« Diese Stimmung hält einige Zeit an, der Januar 1882 wird der schönste seines Lebens und im nächsten Buch als *Sanctus Januarius* durch einen eigenen Abschnitt geehrt. »Ich lebe *seltsam*, wie auf den Wellenspitzen des Daseins – eine Art fliegender Fisch.« Freund Rée kommt und bringt eine Schreibmaschine mit, eine Malling-Hansen aus Kopenhagen, die Nietzsche lange ersehnt hat und von der er sich ein besseres Arbeiten verspricht. Seine Erwartungen werden allerdings enttäuscht. Die halbkugelartige, igelähnliche Schreibmaschine, besonders für blinde Schreiber konstruiert, ist eines der frühesten Modelle ihrer Art und deshalb noch sehr unhandlich zu bedienen. Sie geht bald kaputt. Nur wenige Seiten hat er darauf schreiben können. Jetzt ist er wieder davon abhängig, dass Freunde seine Manuskripte entziffern und für ihn ins Reine schreiben. Erste Aufzeichnungen zu ›Die fröhliche Wissenschaft‹ entstehen, zunächst als Fortsetzung der ›Morgenröthe‹ gedacht, deren Bedeutung Nietzsche trotz der Ignoranz, die dieses Buch erfahren hat, noch immer als ganz besonders hoch einschätzt. Ungewöhnlich heiter und sein altes Selbstbewusstsein wiederfindend, schreibt er mit dem Anklang leichter Ironie an Köselitz: »Wetter nach wie vor, unbeschreiblich! Rée und ich waren gestern an jener Stelle der Küste, wo man mir in hundert Jahren (oder 500 oder 1000, wie Sie gütigst annehmen!) ein Säulchen zu Ehren der ›Morgenröthe‹ aufstellen wird. Wir lagen fröhlich wie zwei Seeigel in der Sonne.« Und Paul Rée, weniger knauserig und um einiges leichtfertiger als

30 Nietzsches Schreibmaschine, 1882

Nietzsche, entdeckt an der Côte d'Azur noch andere Vergnügungen, in die er sich verhängnisvoll verstrickt. Deshalb muss er Mitte März hastig Genua verlassen und nach Rom reisen, wo er Malwida von Meysenbug bittet, ihm aus der Klemme zu helfen. Er hat in Monte Carlo sein gesamtes Geld verspielt, daraufhin Schulden gemacht und wieder verloren. – Was hilft's, ihn dafür auszuschimpfen? Die gute alte Freundin begleicht diskret seine Verbindlichkeiten.

Zu Gast im Haus von Meysenbug ist zur gleichen Zeit eine außerordentlich kluge, begabte wie hübsche junge Frau aus St. Petersburg, Tochter eines baltendeutschen Generals in russischen Diensten: Lou von Salomé. Noch am Tag seiner Ankunft macht Rée ihre Bekanntschaft. Die kokette, selbstbewusste Frau, die in Zürich Philosophie, Theologie, Vergleichende Religionswissenschaft und Kunstgeschichte studiert, findet Gefallen an dem schüchternen, kleinen Pechvogel, der sich selbst jedoch für unattraktiv und schwächlich hält und glaubt, ihr nicht gewachsen zu sein, weshalb er gar nicht fassen kann, dass jemand wie Lou um seine Freundschaft wirbt. Sie planen, an irgendeinem Ort zusammen zu studieren, vielleicht in Wien, vielleicht in Paris? Bereits mehrere Wochen die Anwesenheit Lous genießend, berichtet Rée dem Freund begeistert seine Eindrücke. Und Nietzsche, hellhörig geworden, da er stets Ausschau hält nach kongenialen Geistern und Gehilfen, antwortet: »Grüssen Sie diese Russin von mir wenn dies irgend einen Sinn hat: ich bin nach dieser Gattung von Seelen lüstern. Ja ich gehe nächstens auf Raub darnach aus – in Anbetracht dessen was ich in den nächsten 10 Jahren thun will brauche ich sie.« Natürlich sei eine Heirat nicht ausgeschlossen, allerdings könne er sich höchstens zu einer »zweijährigen Ehe« entschließen, ein damals noch mehr als heute sonderbares, aber viel sagendes Bekenntnis. Auch Malwida schwärmt von Lou. Sie meint, im Denken der jungen Frau Ähnlichkeiten zu der Philosophie Nietzsches erkannt zu haben, besonders, was den »praktischen Idealismus, mit Beiseitelassung jeder metaphysischen Voraussetzung und Sorge um die Erklärung metaphysischer Probleme« anbelangt. Sie würde die beiden gern zusammenbringen.

Der Sommer kommt nach Genua, und Nietzsche hält es wegen der Helligkeit nun auch dort nicht mehr aus.

Anstatt nach Norden zu ziehen, sticht er – sich als geistiger Nachfahre des Kolumbus fühlend, der wie er zu neuen Ufern strebte – jedoch in See, reist kurzentschlossen mit einem Frachtschiff nach Messina auf Sizilien, wo er Tage später entsetzlich seekrank landet. Erholt von den Strapazen, erfreut sich Nietzsche sogleich des trockenen Klimas, der niedrigen Preise und der freundlichen Menschen, von denen er meint, dass sie gerade ihn – ob seiner Distinktion – ganz besonders zuvorkommend behandelten. In Briefen nach Hause lobt er die Insel überschwänglich und hält Wetter und Luft, wie so oft, für bestens geeignet, sein Leiden zu mindern: ein Ort, »wie geschaffen für mich«. Eigentlich will er unter diesen günstigen Umständen den Sommer auf Sizilien verbringen, aber noch bevor es ihm auch dort schlecht gehen kann, verlässt er die Insel bereits nach drei Wochen, um jetzt doch nach Rom zu reisen. Der Grund heißt natürlich Lou. Warum er nicht gleich Malwidas Einladung gefolgt ist, sondern erst einmal in den Süden verschwand, bleibt den Freunden ein Rätsel. Vielleicht war es nötig, ihn mit einer kleinen Schmeichelei zu locken, so wie Rée es getan hat, indem er von Lou's Enttäuschung erzählte: »Sie haben am meisten die junge Russin durch diesen Schritt in Erstaunen und Kummer versetzt«, schrieb Rée. »Dieselbe ist nämlich so begierig geworden, Sie zu sehen, zu sprechen, dass sie deshalb über Genua zurückreisen wollte, und sie war sehr zornig, Sie so ganz entrückt zu sehen. Sie ist ein energisches, unglaublich kluges Wesen mit den mädchenhaftesten, ja kindlichen Eigenschaften.« Solche Beschreibungen machten Nietzsche neugierig. Wenn jemand zornig wurde, weil *er* nicht kam, wenn jemand

> Wohin? wohin? wohin? Ich verlasse so ungern das Meer. Ich fürchte die Berge und alles Binnenländische – aber ich muss fort. Was für Anfälle habe ich wieder hinter mir! Die ungeheuren Mengen Galle, welche ich jetzt immer ausbreche, erregen mein Interesse.
>
> *Nietzsche an Franz Overbeck, 17. März 1882*

energisch und kindlich zugleich war, das klang nach dem Schuss Widerspenstigkeit, der ihm gefiel: »ein kleines süsses Weib von Niedertracht und Anmuth.« Am 24. April 1882 in Rom angekommen, wählt er keinen bescheideneren Treffpunkt als die Peterskirche, wo er die unbekannte Geistesverwandte mit den verheißungsvollen Worten begrüßt: »Von welchen Sternen sind wir hier einander zugefallen?« Es dauert nicht lange, und beide erkennen die geistige Größe des anderen. Nietzsche ist sofort entflammt. Und wie so oft, führt das zur Überreaktion.

Noch immer fehlt Nietzsche das nötige Gespür für solche Angelegenheiten. Er schickt Rée vor, obwohl ihm nicht entgangen sein konnte, dass dieser selbst an Lou interessiert ist. Überrascht versucht die Frau ihrem neuen Verehrer klar zu machen, dass sie eine »grundsätzliche Abneigung gegen alle Ehen überhaupt« hege. Auch in dieser Hinsicht war sie, wie in vielen Dingen, sonderbar eigen. Später, 1887, als sie sich doch entschloss zu heiraten, nämlich den Orientalisten Friedrich Carl Andreas, geschah dies unter der Bedingung, dass er niemals verlangen dürfe, mit ihr zu schlafen. Durch und durch vergeistigt, hatte Lou für Körperliches nur wenig übrig, obwohl sie viele Liebschaften pflegte, oft mehrere auf einmal. Ungewöhnlich attraktiv, hatte sie seit ihrer Jugend zahllosen Männern den Kopf verdreht, und nicht wenige verfielen ihr dabei bis zur Verzweiflung. Friedrich Carl Andreas war dermaßen vernarrt in die junge Frau, dass er sich, um sie zu gewinnen, vor ihren Augen ein Messer in die Brust rammte. Und in der Tat zeigte sich Lou von dieser Aktion ziemlich beeindruckt, so dass Andreas, der sich dabei lebensgefährlich verletzt hatte, am Ende erreichte, was er

Was so gut begann, erfuhr dann aber eine Wendung, die Paul Rée und mich in neue Besorgnis um *unsern* Plan geraten ließ, indem dieser Plan sich durch den Dritten unberechenbar verkompliziert fand. Nietzsche meinte damit freilich eher eine Vereinfachung der Situation: er machte Rée zum Fürsprecher bei mir für einen Heiratsantrag.

Lou Andreas-Salomé, Lebensrückblick

wollte: die Angebetete, die ihn nicht liebte, ließ sich von ihm heiraten, wenngleich auch nur unter den oben genannten Bedingungen. Intime Verhältnisse ging Lou, trotz ihrer zahlreichen Affären, nur sehr wenige ein, unter anderem mit dem um einige Jahre jüngeren Arzt Friedrich Pineles, der sie schwängerte (sie verlor das Kind jedoch bezeichnenderweise beim Sturz von einem Apfelbaum), und mit Rainer Maria Rilke. Der schwermütige Dichter, mit dem sie zwei Reisen nach Russland unternahm, verliebte sich 1897 nach Lyrikerart in die um vierzehn Jahre ältere Lou, das heißt, er vergötterte sie und widmete ihr ganze Gedichtzyklen, was der Frau natürlich gefiel. Dennoch zerbrach auch dieses Verhältnis nach wenigen Jahren wie alle Liebesbeziehungen an den schwierigen Charakteren der mehr zu geistiger Verklärung neigenden als zur praktischen Liebe fähigen Literaten. Zuletzt litt selbst der geduldige, genügsame Paul Rée schwer an diesem Unglück, der sich allem Anschein zum Trotz eben doch nicht leicht damit abfinden konnte, für Lou niemals mehr als ein brüderlicher Gefährte zu sein. Von Natur aus ohnehin melancholisch veranlagt, stürzte er sich 1901, mittlerweile einsamer Landarzt im Engadin, und des für ihn weitgehend traurig verlaufenden Lebens überdrüssig, von einem Berg hinab in den Tod.

Zunächst aber gründen die Freunde in Rom einen Dreibund, die »Dreieinigkeit«. Man will jetzt zusammen nach Wien oder Paris gehen, um dort gemeinsam zu studieren. Nietzsche möchte sich vor allem den Naturwissenschaften widmen. Rée interessiert besonders die Medizin. Sie träumen von einer 3er-WG »voller Bücher und Blumen«, in der es freigeistig und vielleicht auch etwas freizügig zugeht. Noch deutet nichts auf den kommenden Streit zwischen Nietzsche und den beiden Freunden hin, der ein gutes Jahr später ungeheure Auswüchse an gegenseitigen Verletzungen zur Folge haben wird. Sie glauben an eine harmonische, kreative Beziehung zu dritt.

In ihrem auch heute noch lesenswerten Buch ›Nietzsche in seinen Werken‹ von 1894 berichtet Lou, die sich seit ihrer Heirat Andreas-Salomé nennt, unter anderem über den Eindruck, den Nietzsches Erscheinung auf sie machte: es sei vor allem der einer »verschwiegenen Einsamkeit« gewesen.

Am 5. Mai 1882 reisen Nietzsche und Rée, zusammen mit Lou und deren Mutter, die aus Anstandsgründen dabei ist, von Rom nach Luzern. In Orta, westlich des Lago Maggiore, machen sie Zwischenstation. Nietzsche und Lou fühlen sich von dem nahe gelegenen, mit zwanzig kleinen Kapellen ver-

Dem flüchtigen Beschauer bot sie nichts Auffallendes; der mittelgroße Mann in seiner überaus einfachen, aber auch überaus sorgfältigen Kleidung, mit den ruhigen Zügen und dem schlicht zurückgestrichenen braunen Haar konnte leicht übersehen werden. Die feinen, höchst ausdrucksvollen Mundlinien wurden durch einen vornübergekämmten großen Schnurrbart fast völlig verdeckt; er hatte ein leises Lachen, eine geräuschlose Art zu sprechen und einen vorsichtigen, nachdenklichen Gang (...), man konnte sich schwer diese Gestalt inmitten einer Menschenmenge vorstellen, – sie trug das Gepräge des Abseitsstehens, des Alleinseins. Unvergleichlich schön und edel geformt, so dass sie den Blick unwillkürlich auf sich zogen, waren an Nietzsche die Hände, von denen er selbst glaubte, dass sie seinen Geist verriethen. (...) Wahrhaft verrätherisch sprachen auch die Augen. Halbblind, besaßen sie dennoch nichts vom Spähenden, Blinzelnden, ungewollt Zudringlichen vieler Kurzsichtigen; vielmehr sahen sie aus wie Hüter und Bewahrer eigener Schätze, stummer Geheimnisse, die kein unberufener Blick streifen sollte. Das mangelhafte Sehen gab seinen Zügen eine ganz besondere Art von Zauber dadurch, dass sie, anstatt wechselnde, äußere Eindrücke widerzuspiegeln, nur das wiedergaben, was durch sein Inneres zog. In das Innere blickten diese Augen und zugleich (...) in die Ferne. (...) Einen ähnlichen Eindruck des Verborgenen und Verschwiegenen machte auch Nietzsches Benehmen. Im gewöhnlichen Leben war er von großer Höflichkeit und einer fast weiblichen Milde, von einem stetigen, wohlwollenden Gleichmuth, – er hatte Freude an den vornehmen Formen im Umgang und hielt viel auf sie. Immer aber lag darin eine Freude an der *Verkleidung*. (...) Aber nicht lange täuschte es an diesem Einsamen, der seine Maske doch nur so ungewandt trug, wie Jemand, der aus Wüste und Gebirge kommt, den Rock der Allerweltsleute trägt.

Lou Andreas-Salomé, Nietzsche in seinen Werken, S. 37–39

sehenen Monte sacro angezogen, den sie besteigen wollen. Diese Wanderung wird für beide zu einem intensiven Erlebnis. Zum ersten Mal haben sie Zeit und Ruhe, sich über die dringendsten Fragen auszutauschen. Philosophisches kommt zur Sprache, hinter dem aber natürlich auch viel Persönliches steckt. Indessen werden die im Tal Zurückgebliebenen ungehalten. Und als die beiden redseligen Wanderer nach Stunden endlich wieder in Orta ankommen, sind sowohl Rée als auch Mutter Salomé nicht wenig verstimmt. Nietzsche erinnert sich Monate später in einem Briefentwurf: »Damals in Orta hatte ich bei mir in Aussicht genommen, Sie Schritt für Schritt bis zur letzten Consequenz meiner Philosophie zu führen – Sie als den ersten Menschen, den ich dazu für tauglich hielt.« Und Lou soll später einem Freund gegenüber mit feinem, fast verlegenem Lächeln bemerkt haben: »Ob ich Nietzsche auf dem Monte sacro geküßt habe – ich weiß es nicht mehr.« Wenige Tage später geht es weiter nach Luzern. Dort führt Nietzsche Lou nach Tribschen, an den Vierwaldstätter See, zeigt ihr das Haus, in dem Wagner wohnte, und wo er mit dem ehemaligen Freund unvergessliche Zeiten verlebt hatte. »Lange, lange saß er dort schweigend am Seeufer, in schwere Erinnerungen versunken; dann, mit dem Stock im feuchten Sande zeichnend, sprach er mit leiser Stimme von jenen vergangenen Zeiten. Und als er aufblickte, da weinte er.« Überwältigt von allem, was ihm in diesen Tagen widerfährt, macht Nietzsche der Freundin im Löwengarten von Luzern wahrscheinlich erneut einen Heiratsantrag, diesmal persönlich. Aber wieder erfolglos. Zwei Monate später schreibt er überraschenderweise an Malwida von Meysenbug, »Rée hätte sie heirathen sollen«, dann wäre vieles einfacher. Doch der Freund, weniger selbstbewusst als Nietzsche, hatte es nach einem gescheiterten Versuch bei ihr nie wieder probiert.

In jenen Tagen von Luzern entsteht im Atelier Jules Bonnet auf Betreiben Nietzsches die berühmte Fotografie, die den Philosophen und Rée vor einen Karren gespannt zeigt, auf dem Lou sitzt, neckisch mit einer kleinen Peitsche in der Hand. Seitdem hat das Bild viele spekulative Interpretatio-

31 Lou von Salomé, Paul Rée und Friedrich Nietzsche, 1882

nen und tiefenpsychologische Deutungen hervorgerufen, bis hin zu der Vermutung, Nietzsche habe damit seine sado-masochistischen Neigungen verraten. Lou, spätere Schülerin Sigmund Freuds, hat dieser These Nahrung gegeben: »Als ich zum ersten Mal im Leben mit jemandem dies Thema besprach, war es Nietzsche (dieser Sadomasochist an sich selbst). Und ich weiß, dass wir hinterher nicht wagten, uns anzusehn.«

Tatsächlich liegt in Nietzsches Sexualität ein Schlüssel zu seiner Philosophie, mehr noch zu seiner Lebenstragik. »Grad und Art der Geschlechtlichkeit eines Menschen reicht bis in den letzten Gipfel seines Geistes hinauf«, sagt er selbst und legt damit ein tiefes Geständnis ab. Bei allen Spekulationen, die um Nietzsches Sexualität kreisen, ist so viel gewiss: sie hat ihm schwer zu schaffen gemacht. Nicht zuletzt aus dieser Problematik heraus resultierte die enorme geistige Spannung, ohne die sein Werk kaum zu denken ist. Das gilt natürlich nicht nur für Nietzsche. Ein verdrängtes oder nicht zustande gekommenes Sexualleben war oft Antrieb zu erhöhter künstlerischer Produktion. Verzicht schafft Kreativität durch Leid und Sublimation. Vielleicht mit eine Erklärung dafür, warum gerade im »leibfeindlichen« 19. Jahrhundert mehr große Dichtung, Musik und Philosophie hervorgebracht worden ist als jemals zuvor oder danach. Und nicht selten entstammten die Künstler einem protestantischen Milieu. Zur Prüderie erzogen, misstraute Nietzsche zeitlebens der Sexualität bei gleichzeitiger, geradezu antiker Vergöttlichung des Erotischen. Natürlich wusste er um die »Metaphysik der Geschlechtsliebe«, um den Betrug, den der »wollüstige Wahn«, wie Schopenhauer sagt, am Menschen verübt. Und vielleicht war Nietzsche deshalb – bei aller gefühlten Erotik, die ihn quälte – nie wirklich begierig darauf, den Koitus zu vollziehen. Andererseits sprach aus dem Geschlechtstrieb der Leib, sprachen die vernachlässigten, unterschätzten Organe, auf die, laut Nietzsches eigener Lehre, unbedingt gehört werden sollte. Nicht zu unterschätzen ist also, wie sehr sowohl seine körperlichen Leiden als auch seine unausgelebte Sexualität ihren Teil dazu beigetragen haben, dass Nietzsche wurde, der er war. Das Werk, so, wie er es hinterlassen hat, wäre von einem »gesunden«, »glücklichen« Nietzsche nicht geschaffen worden, weil es ihm an Veranlassung, an Notwendigkeit gefehlt hätte.

Trotz zweier Zurückweisungen hält Nietzsche lange an seiner Überzeugung fest, Lou und er seien füreinander bestimmt. Er sieht in ihr die kongeniale Gefährtin, die ihm eben nicht nur als Schreibhilfe zur Hand geht oder alltägliche Dienste verrichtet, sondern mit der er, auf gleicher Stufe stehend, sich fruchtbar philosophisch austauschen kann. Jemanden, der klug und mutig genug ist, ihm bis in die tiefsten Abgründe seines Denkens zu folgen. »Was ich nie mehr glaubte, einen Freund meines letzten Glücks und Leidens zu finden, das erscheint mir jetzt als möglich – als die goldene Möglichkeit am Horizonte alles meines zukünftigen Lebens. Ich werde bewegt, so oft ich nur an die tapfere und ahnungsreiche Seele meiner lieben Lou denke.«

Die Sommermonate 1882 verlebt er im thüringischen Tautenburg, »eine halbe Stunde abseits von der Dornburg, auf der der alte Goethe seine Einsamkeit genoß«. Nietzsche fühlt sich rundherum glücklich, trotz der gelegentlichen Migräneanfälle, die ihn nach wie vor niederwerfen. Das Manuskript ›Die fröhliche Wissenschaft‹ ist fertig, »das Werk von 6 Jahren (1876–1882), meine ganze ›Freigeisterei‹!« Es wird Köselitz übersandt – »Große und *siegreiche* Empfindung (…)!« Und in

Erwartung des baldigen Besuchs von Lou, die er für drei Wochen nach Tautenburg eingeladen hat, scheint Nietzsche wie verwandelt: heiterer, gesünder und um viele Jahre verjüngt fühlt sich der achtunddreißigjährige Philosoph, wenn er an die einundzwanzigjährige Freundin denkt. »Ich will nicht mehr einsam sein und wieder lernen, Mensch zu werden. Ah, an *diesem* Pensum habe ich fast Alles noch zu lernen! – « Den Plan, mit ihr und Rée im Winter nach Wien überzusiedeln, hat er bereits fest verinnerlicht. Es klingt, als wolle er ein neues Leben beginnen. Er möchte in den nächsten Jahren keine Bücher schreiben, sondern wieder studieren wie ein Student, und zwar ganz neue Dinge. »Wir werden in Einem Hause wohnen und zusammen arbeiten; sie ist auf die erstaunlichste Weise gerade für *meine* Denk- und Gedankenweise vorbereitet.« Doch noch etwas anderes mag leise mitgeschwungen haben, wenn er an Wien dachte. Als im März 1882 die Wiener Operettengesellschaft in Genua gastierte, schrieb er an Köselitz: »Für weibliche Ausgelassenheit und Grazie scheinen mir die Wienerinnen wirklich erfinderisch zu sein.« Seine dionysischen Phantasien bekommen angesichts des Wandels, den er vollziehen will, neuen Auftrieb. Verleugnet hat er sie nie. Im Gegenteil, sie erkämpfen sich, bei fortschreitendem Alter, sogar immer mehr Raum. Später wird er sich gänzlich mit dem Gott des orgiastischen Rausches, mit Dionysos, identifizieren. Dionysos sei, wie man damals glaubte, ursprünglich eine importierte orientalische Gottheit gewesen, und der Orient fasziniert auch Nietzsche, da er, wie viele seiner Zeitgenossen, mit diesem Begriff etwas Frivoles, geheimnisvoll Erotisches verbindet, gewissermaßen die laszive Gegenwelt

Unsere Intelligenzen und Geschmäcker sind im Tiefsten *verwandt* – und es giebt andererseits der Gegensätze so viele, daß wir für einander die lehrreichsten Beobachtungs-Objekte und -Subjekte sind. Ich habe noch Niemanden kennen gelernt, der seinen Erfahrungen eine solche Menge *objektiver Einsichten* zu entnehmen wüßte, Niemanden, der aus allem Gelernten so viel zu ziehn verstünde.

Nietzsche über Lou an Franz Overbeck, 9. September 1882

zu der prüden, streng gesitteten Moral Europas. Rassige Haremsdamen, in transparente Schleier gehüllt, verführerisch tanzend, schön und böse zugleich, wie die biblische Salomé, oder die vielen exotischen *femmes fatales*, die Franz von Stuck so gerne malte. Das waren mänadengleiche Wesen, die als Gefolge des Dionysos, ekstatisch wilde Tiere reißend, durch die Wälder zogen. Nach geistigen und körperlichen Ausschweifungen, nach ein bisschen Barbarei sehnte sich der vitale und zugleich so kranke Philosoph sein beschwerliches Leben lang. Zwar galt ihm die Kultur als das höchste Gut auf Erden, aber verknöchert und vergreist unter dem Korsett würgender Moral war sie nicht besser als jede Barbarei. Gegen die »Verächter des Leibes«, wie es im ›Zarathustra‹ heißt, empfand er eine tiefe philosophische Wut. Andererseits war er selbst nie bereit, die eigenen Wünsche und Phantasien in die Praxis umzusetzen. Es blieb bloß bei vagen Plänen wie etwa dem, einmal in die algerische Wüstenoase Biskra zu reisen, von der er Folgendes wusste: »In der Sahara-Stadt Biskra lebt eine Zeit lang jedes Mädchen der benachbarten Völker von der Prostitution (…); der Erwerb wird dann den Eltern überbracht und es würde als unmoralisch, ja als unverzeihlich gelten, wenn Jemand nicht auf diese Weise seine Pietät ausdrückte.«

Lou allerdings, da macht er sich nichts vor, würde trotz ihrer Freigeisterei für derlei Praktiken ohnehin nicht zur Verfügung stehen. Und an ihre Abneigung gegenüber der Ehe hat er sich auch gewöhnt. Wenn er Lou schon nicht zur Frau bekommen kann, dann will er sie wenigstens als Freundin behalten. Köselitz erfährt jetzt, dass Nietzsche sein Verhältnis zu Lou auf keinen Fall als »Liebschaft« missverstanden wissen will. »Wir sind *Freunde* und ich werde dieses Mädchen und dieses Vertrauen zu mir heilig halten. – Übrigens hat sie einen unglaublich sicheren und lauteren Charakter und weiß selbst genau, was *sie* will – ohne die Welt zu fragen und sich um die Welt zu kümmern.« Die Zeit in Tautenburg ist für beide Seiten sehr ergiebig, obgleich Lou bei der Beurteilung des Verhältnisses zu etwas anderen Ergebnissen kommt als Nietzsche.

Bevor Lou Nietzsche besuchte, war sie einer Einladung Rées auf dessen Familiengut nach Stibbe gefolgt, um anschließend gemeinsam zu den Bayreuther Festspielen zu fahren. Dort traf Lou erstmals mit Nietzsches Schwester Elisabeth zusammen, die von Cosima eingeladen worden war, während der Bruder vergeblich auf eine Karte gewartet hatte. Weil Lou in Bayreuth ganz ungeniert mit einem russischen Bühnenmaler flirtete und damit für reichlich Getuschel unter den Damen sorgte, fiel sie auch Elisabeth negativ auf, deren Urteil über Lou von da an feststand: die kokette, leichtfüßige junge Frau, die sich wegen des exotischen Nimbus gern »die Russin« nennen ließ, hat das Zeug, Nietzsche sittlich zu verderben. Die Feindschaft der beiden ist programmiert.

Als Nietzsche im September für ein paar Tage nach Naumburg reist, kommt es zum bislang heftigsten Streit zwischen ihm, der Mutter und Elisabeth, da die zwei Frauen nicht müde werden, vor der »Gefahr« Lou zu warnen. Böse Worte

Wir sprechen uns diese 3 Wochen förmlich todt und sonderbarer Weise hält er es jetzt plötzlich aus, circa 10 Stunden täglich zu verplaudern (...). Seltsam, dass wir unwillkürlich mit unsern Gesprächen in die Abgründe gerathen, an jene schwindligen Stellen, wohin man wohl einsam geklettert ist um in die Tiefe zu schauen. Wir haben stets die Gemsenstiege gewählt und wenn uns Jemand zugehört hätte, er würde geglaubt haben, zwei Teufel unterhielten sich. (...) Sind wir uns ganz nah? Nein, bei alledem nicht. Es ist wie ein Schatten jener Vorstellungen über mein Empfinden, welche N noch vor wenigen Wochen beseligten, der uns trennt, der sich zwischen uns schiebt. Und in irgend einer verborgenen Tiefe unseres Wesens sind wir weltenfern von einander –. N hat in seinem Wesen, wie eine alte Burg, manchen dunklen Verließ und verborgenen Kellerraum der bei flüchtiger Bekanntschaft nicht auffällt und doch sein Eigentlichstes enthalten kann. Seltsam, mich durchfuhr neulich der Gedanke mit plötzlicher Macht, wir könnten uns sogar einmal als Feinde gegenüberstehen.

Lou Andreas-Salomé, Lebensrückblick, Tautenburger Brieftagebuch, 18. August 1882

fallen, in denen die fundamentale Verschiedenheit der Streitenden offen ans Licht tritt. Die Mutter wird beleidigend. Daraufhin verlässt Nietzsche tief gekränkt Naumburg. Doch ist *er* es, der schon wenige Tage später um Versöhnung bittet. Bloß keine dauerhafte Feindschaft, bloß keinen Bruch mit der Familie. Im Grunde seines Wesens ist er schwach und unsicher geblieben.

Zwar gehen Mutter und Schwester auf das Versöhnungsangebot ein, doch ist das endgültige Zerwürfnis nur eine Frage der Zeit. Innerlich hat Nietzsche im Herbst 1882 mit der »Naumburger Tugend« bereits gebrochen. Elisabeths Talent zur Intrige, gepaart mit ihrem streng moralischen, kleinbürgerlichen Habitus, macht weitere Versöhnungsversuche für ihn bald unmöglich. Weihnachten 1882 ist es dann soweit. Er bricht den brieflichen Kontakt mit der Mutter ab. Und im März 1883 schreibt er an Overbeck: »Die Loslösung von meinen Angehörigen fängt an, sich mir als wahre Wohltat darzustellen. (…) Ich mag meine Mutter nicht, und die Stimme meiner Schwester zu hören macht mir Mißvergnügen; ich bin immer krank geworden, wenn ich mit ihnen zusammen war.« Der Hass sitzt tief: »Wenn ich den tiefsten Gegensatz zu mir suche, die unausrechenbare Gemeinheit der Instinkte, so finde ich immer meine Mutter und Schwester, – mit solcher canaille mich verwandt zu glauben, wäre eine Läste-

Und so bekenne ich, zu allen Zeiten des Lebens sehr an der Meinung über mich *gelitten* zu haben. Bedenken Sie, daß ich aus Kreisen stamme, denen meine ganze Entwicklung als verwerflich und verworfen erscheint; es war nur eine Consequenz davon, daß meine Mutter mich voriges Jahr einen »Schimpf der Familie« und »eine Schande für das Grab meines Vaters« nannte. (…) Beide halten mich für einen »kalten hartherzigen Egoisten«, und auch Lou hatte von mir die Meinung, bevor sie mich näher kennen lernte, ich sei »ein ganz gemeiner niederer Charakter, immer darauf aus, Andre zu meinen Zwecken auszubeuten«. Cosima hat von mir gesprochen als von einem Spione, der sich in das Vertrauen Anderer einschleicht und sich davonmacht, wenn er hat, was er will.

Nietzsche an Heinrich Köselitz, 21. April 1883

rung auf meine Göttlichkeit. (...) Aber ich bekenne, dass der tiefste Einwand gegen die ›ewige Wiederkunft‹, mein eigentlich *abgründlicher* Gedanke, immer Mutter und Schwester sind.« Dieser Abschnitt aus ›Ecce homo‹ ist in der erstmals 1908 erschienenen Ausgabe von Elisabeth unterdrückt worden. Erst 1969 wurde die »unbereinigte« Fassung des Textes in der heute maßgeblichen ›Kritischen Gesamtausgabe‹, herausgegeben von Giorgio Colli und Mazzino Montinari, veröffentlicht.

Oktober 1882 treffen Nietzsche, Lou und Rée in Leipzig noch einmal zusammen. Statt in Wien, plant man jetzt, lieber in Paris zu studieren. Doch die »Dreieinigkeit« bröckelt bereits. Lou glaubt, Nietzsches Erwartungen an sie seien doch höher, als von ihr gewollt, und Nietzsche glaubt, ein Grund dafür, dass Lou das meine, sei Rée. Aber auch gegen Lou selbst wächst sein Misstrauen. Elisabeth trägt ihm »100 Geschichten« zu, wie Lou in Bayreuth über ihn gelästert habe. Und Lou hält ihrerseits an dem Verdacht gegen ihn fest. Vergeblich sind Nietzsches Versuche, sie davon zu überzeugen, alles nur platonisch zu meinen: »Ich fühle jede Regung der *höheren* Seele in Ihnen, ich liebe nichts an Ihnen als diese Regungen. Ich verzichte gern auf alle Vertraulichkeit und Nähe, wenn ich nur dessen sicher sein darf: dass wir uns dort *einig* fühlen, wohin die gemeinen Seelen nicht gelangen. (...) Geist? Was ist mir Geist? Was ist mir Erkenntniß! Ich schätze nichts als *Antriebe* – und ich möchte darauf schwören, dass wir darin etwas Gemeinsames haben.« Doch zu spät. Das einmal geweckte gegenseitige Misstrauen lässt die gemeinsamen Winterpläne scheitern. Mitte November reist Nietzsche allein nach Ligurien. Lou und Rée verzichten auf Paris, gehen stattdessen später zusammen nach Berlin, um dort mit dem von Nietzsche ebenfalls hoch geschätzten jungen Philosophen Heinrich von Stein einen kleinen Salon zu

> Mein Reich erstreckt sich jetzt von Portofino bis Zoagli; ich wohne in der Mitte, nämlich in Rapallo, aber meine Spaziergänge führen mich täglich an die genannten Grenzen meines Reiches.
>
> *Nietzsche an Heinrich Köselitz, 3. Dezember 1882*

gründen. In Italien ist Nietzsche niedergeschlagen und einsam. Er sieht sich um in seinem neuen »Reich«, das ihm allein gehört. Ablenken will er sich, doch das gelingt ihm nicht.

Mehrere Entwürfe entstehen, in denen er über die Beziehung mit Lou reflektiert. Eine Mischung aus Reue und Stolz, wieder allein zu sein. Er hat ihr vieles vorzuwerfen, unter anderem Undankbarkeit. »Charakter der Katze, (…) ohne Gemüth und unfähig der Liebe, (…) rückständiger Kinder-Egoismus in Folge geschlechtlicher Verkümmerung und Verspätung, (…) schlau und voll Selbstbeherrschung in Bezug auf die Sinnlichkeit der Männer, (…) Wie arm sind Sie in der Verehrung, der Dankbarkeit, der Pietät, der Höflichkeit, der Bewunderung – Scham – um von höheren Dingen nicht zu reden.« Nietzsche ist entschlossen, den Kontakt zu ihr gänzlich abzubrechen. »Adieu meine liebe Lou ich werde Sie nicht wiedersehen.« Unmittelbar danach fällt er in tiefe Depression.

Die Affekte fressen mich auf. Ein gräßliches Mitleid, eine gräßliche Enttäuschung, ein gräßliches Gefühl verletzten Stolzes – wie halte ich's noch aus? (…) Ich schlafe nicht mehr: was hilft es 8 Stunden zu marschiren! Woher habe ich diese heftigen Affekte! Ach etwas Eis! Aber wo giebt es *für mich* noch Eis! Heute Abend werde ich so viel Opium nehmen, dass ich die Vernunft verliere: Wo ist noch ein Mensch den man *verehren* könnte! Aber ich kenne Euch Alle durch und durch. Beunruhigen Sie sich nicht zu sehr über die Ausbrüche meines Größenwahns oder meiner verletzten Eitelkeit: und wenn ich selbst aus den genannten Affekten mir zufällig einmal das Leben nehmen sollte, so würde auch dann nicht gar zu viel zu betrauern sein. Was gehen Euch ich meine Sie und Lou, meine Phantastereien an! Erwägen Sie Beide doch sehr miteinander, dass ich zuletzt ein kopfleidender Halb-Irrenhäusler bin, den die Einsamkeit vollends verwirrt hat.

Briefentwurf an Rée

Vom Übermenschen (1883–1885)

Die Geburt Zarathustras

Die Enttäuschung über die missglückte Freundschaft mit Lou von Salomé hat Nietzsche wieder auf sich selbst zurückgeworfen. Und zwar zu einem Zeitpunkt, als er unentschieden war, welchen Weg er weitergehen sollte. Das schöne Leben, das nach Liebe, Gemeinschaft, Genuss und stiller Glückseligkeit verlangt, hatte ihn gelockt, er wäre fast darauf eingegangen. Dann aber kam es zum Streit, und Nietzsche gab, jetzt mit einer gewissen Genugtuung, jenem Drang in sich nach, der viel stärker und älter war, nämlich der nach absoluter Einsamkeit. Dieser Instinkt hatte ihn aus dem Dreibund herausgetrieben, denn die vorgeblichen Gründe für den Bruch, kindische Eifersüchteleien und gegenseitige Unterstellungen, scheinen zu gering, zu kleinlich, um das Ergebnis zu rechtfertigen. Bereits in den Tagen von Tautenburg, August 1882, waren Nietzsche Zweifel gekommen, ob die Arbeitsgemeinschaft nicht nur eine schöne Illusion sei und mit dem, was er noch vorhabe, kaum vereinbar. Es ist der alte Konflikt: Er leidet unter dem Willen zur Einsamkeit, dem einzigen ihm möglichen Zustand, sein Werk hervorzubringen. Gleichzeitig giert Nietzsche geradezu nach Liebe und nach Freundschaft, macht es seiner Umwelt aber immer schwerer, ihm zu geben, wonach er verlangt. Von den zwei Naturen, die in ihm um die Vorherrschaft kämpfen, scheint jetzt, zum Jahreswechsel 1882/83 die stärkere gesiegt zu haben. Er zieht sich mit stolzem Zorn zurück an die ligurische Küste, nach Rapallo. »Endlich flüchtete ich in ein Albergo, unmittelbar am Meere, und mein Zimmer hat einen Kamin.« Dort schreibt er wie im Rausch innerhalb zweier Wochen den ersten Teil seines ›Zarathustra‹, der wie die erhaben-verbitterte Geschichte seines Alter Ego klingt: Zarathustra steigt nach Jahren der Einsamkeit vom Gebirge herab zu den Menschen, um diesen seine Lehre zu verkünden. Die Menschen

32 Das ehemalige Hotel della Poste in Rapallo, wo 1883 der erste Teil des ›Zarathustra‹ enstand

aber wollen ihn nicht hören, sondern interessieren sich mehr für die Attraktionen des Marktes. Enttäuscht kehrt er sich ab und beschließt, nicht mehr zum Volk zu sprechen, sondern nur noch zu solchen Gefährten, die nicht ihm folgen sollen, sondern sich selbst.

Aufbau und Duktus des Textes lassen erkennen, dass Nietzsche weiterhin nach einer geeigneten literarischen Form für seine Philosophie sucht. In ›Also sprach Zarathustra – Ein Buch für Alle und Keinen‹, wie der vollständige Titel lautet, tritt er als Evangelist auf, als Bote eines neuen Glaubens – der historische Zarathustra (Zoroastres) war um 1000 v. Chr. ein persischer Religionsstifter –, und die Form, derer er sich bedient, ist die der Dichtung. Das Werk nimmt innerhalb der Schriften Nietzsches eine Sonderstellung ein. Es ist das bilder- und sprachgewaltigste Buch, das von Anfang an die Leser polarisierte. Die einen hielten es, wie Nietzsche selbst, für »das tiefste Buch der Menschheit«, andere stießen sich an dem elitären Verkündungspathos im Bibelton.

Zarathustra predigt die Lehre vom Übermenschen. Was ist damit gemeint? Der Übermensch versammelt alle Eigenschaften, die Nietzsche lehrt: Es ist der Mensch, der sich selbst erschafft, der niemanden nachahmt, keiner Mode folgt und keiner Moral, das souveräne Individuum, das nur seiner eigenen Natur folgt und dabei die »ewige Wiederkehr« aller Dinge akzeptiert, in uneingeschränkter Liebe zum Schicksal *(amor fati)*. Als Idealtypus von Nietzsches Philosophie verkörpert der Übermensch einen heroisch-anarchischen Individualismus: Man suche sich selbst und setze sich ins Werk als den Sinn des Daseins.

Die Idee, die dahinter steht, ist nicht neu. Seit seiner Jugend verfolgt Nietzsche das Ideal eines Menschen, der die antike Aufforderung, die über dem Tempel des Orakels in Delphi zu lesen ist, mit letzter Konsequenz verfolgt: »*Werde, der du bist.*« Und natürlich erinnert der Mensch, der sich seine eigenen Gesetze aufstellt und nur sich selbst gehorcht, an das Genie-Modell aus der Sturm-und-Drang-Zeit. Goethes *Prometheus* etwa ist so einer, der »göttergleiche« Künstler, das schöpferische, autonome Individuum. Weitere Ähnlichkeiten bestehen aber auch zu René Descartes, mit dessen *cogito ergo sum* der Subjektivierungsprozess in der neuzeitlichen Philosophie be-

Ich lehre euch den Übermenschen. Der Mensch ist Etwas, das überwunden werden soll. Was habt ihr gethan, ihn zu überwinden? Alle Wesen bisher schufen Etwas über sich hinaus: und ihr wollt die Ebbe dieser grossen Fluth sein und lieber noch zum Thiere zurückgehn, als den Menschen überwinden? Was ist der Affe für den Menschen? Ein Gelächter oder eine schmerzliche Scham. Und ebendas soll der Mensch für den Übermenschen sein: ein Gelächter oder eine schmerzliche Scham. (...) Voll ist die Erde von Überflüssigen, verdorben ist das Leben durch die Viel-zu-Vielen. Möge man sie mit dem »ewigen Leben« aus diesem Leben weglocken! (...) Staat heisst das kälteste aller kalten Ungeheuer. Kalt lügt es auch; und diese Lüge kriecht aus seinem Munde: »Ich, der Staat, bin das Volk.« (...) Seht mir doch diese Überflüssigen! Krank sind sie immer, sie erbrechen ihre Galle und nennen es Zeitung. Sie verschlingen einander und können sich nicht einmal verdauen. (...) Dort, wo der Staat *aufhört*, da beginnt erst der Mensch, der nicht überflüssig ist: da beginnt das Lied des Nothwendigen, die einmalige und unersetzliche Weise. Dort, wo der Staat *aufhört*, – so seht mir doch hin, meine Brüder! Seht ihr ihn nicht, den Regenbogen und die Brücken des Übermenschen? –

Also sprach Zarathustra, Vorrede und Die Reden Zarathustra's

Also
sprach Zarathustra.

Ein Buch
für
Alle und Keinen.
Von
Friedrich Nietzsche.

In drei Theilen.

LEIPZIG.
Verlag von E. W. Fritzsch.

33 Titelblatt von ›Also sprach Zarathustra‹

ginnt, ferner zu Johann Gottlieb Fichtes sich selbst setzendem *absolutem Ich*, das »zum alles begründenden, exklusiven Prinzip« erhoben wird, oder zu Max Stirners *Einzigem*, der sagt: »Ich allein bin leibhaftig.«

Besonders heute, in ernüchterter Zeit, wird der ›Zarathustra‹ häufig wegen seines hohen, zu wenig selbstironischen Tones kritisiert. Dabei war es einst gerade das große Pathos, das den Weltruhm des Philosophen begründete. Die Lektüre des ›Zarathustra‹ hat mehrere Generationen ab 1900 buchstäblich berauscht und verwandelt. Vor allem für die gebildete Jugend zwischen 1890 und 1930 war das Buch ein tief greifendes Erlebnis. Während des Ersten Weltkrieges zogen Millionen von Feldpostausgaben, oft ergänzt durch Goethes ›Faust‹, mit an die Front. »Ich liebe alle Die, welche wie schwere Tropfen sind, einzeln fallend aus der dunklen Wolke, die über den Menschen hängt: sie verkündigen, dass der Blitz kommt, und gehn als Verkündiger zugrunde.« Für viele gebildete Deutsche, die Nietzsche lasen, war der Erste Weltkrieg auch ein Kulturkrieg. Ein Krieg der Werte, den sie gegen die moderne, materialistische, auf Handel und Konsum ausgerichtete neue Welt der westlichen Zivilisation führten. Die Furcht, es werde in Europa ein »vollkommen seelenloser Amerikanismus« zur Herrschaft gelangen, wie Oswald Spengler bereits 1914 prophezeite, war unter Intellektuellen und Bildungsbürgern weit verbreitet. Ein deutscher Sieg sollte diesen Prozess wenigstens verzögern. Es galt, die Idee des alten, aristokratisch-romantischen Europas, verkörpert durch Deutschland, gegen die demokratische Idee des Westens zu verteidigen. ›Händler und Helden‹, so der pointierte Titel einer berühmten Schrift des Soziologen Werner Sombart, standen sich ihrer Ansicht nach in diesem Krieg gegenüber. Und der ›Zarathustra‹ wurde als Buch für Helden und Aristokraten des Geistes gelesen.

Zwar zweifelte Nietzsche nie ernsthaft an der kommenden Wirkung seines Buches, dennoch blieb er lange skeptisch, ob die Menschen schon »reif« genug dafür seien und ob er nicht übers Ziel hinausgeschossen habe. »Ich habe einen schweren Stein mir damit von der Seele gewälzt. (…) Mit diesem Buche bin ich in einen neuen ›Ring‹ eingetreten – von jetzt ab werde ich wohl in Deutschland unter die Verrückten gerechnet werden. Es ist eine wunderliche Art von ›Moral-Predigten‹. (…) Dies Buch (…) eine Sache von 10 Tagen, kommt mir jetzt wie mein Testament vor. Es enthält in der größten Schärfe ein Bild meines Wesens, wie es ist, *sobald* ich einmal meine ganze Last abgeworfen habe.« Doch auf den Triumph der Vollendung folgt wenig später tiefe Leere, gesteigert durch Krankheit: »Es ist wieder Nacht um mich; mir ist zu Muthe, als hätte es geblitzt – ich *war* eine kurze Spanne Zeit *ganz* in meinem Elemente und in meinem Lichte. Und nun ist es vorbei. Ich glaube, ich gehe unfehlbar zu Grunde, es sei denn, dass irgend Etwas passirt, ich weiß durchaus nicht *was*.«

Und dann passiert tatsächlich etwas. Als der erste Teil als Manuskript Mitte Februar 1883 für den Druck gerade abgeschlossen ist, stirbt Richard Wagner in Venedig. Nietzsche erschrickt über die Gleichzeitigkeit beider Ereignisse und ist tief bewegt. »Wagners Tod hat mir fürchterlich zugesetzt; und ich bin zwar wieder aus dem Bett, aber keineswegs aus der Nachwirkung heraus. – Trotzdem glaube ich, dass dies Ereigniß, auf die Länge hin gesehn, eine Erleichterung für mich ist. Es war hart, sehr hart, sechs Jahre lang Jemandem

Gegner sein zu müssen, den man so verehrt und geliebt hat, wie ich Wagner geliebt habe; ja, und selbst als Gegner sich zum Schweigen verurtheilen müssen – um der Verehrung willen, die der Mann als *Ganzes* verdient.« Fünf Jahre später wird Nietzsche jedoch, wie wir gesehen haben, dieses Schweigen brechen.

Und die Krise hält an. Am 23. März 1883 schreibt er an Overbeck: »Ich begreife gar nicht mehr, *wozu* ich auch nur ein halbes Jahr leben soll, Alles ist langweilig schmerzhaft degoutant. Ich entbehre und leide zu viel und habe einen Begriff von der Unvollkommenheit, den Fehlgriffen und den eigentlichen Unglücksfällen meiner ganzen *geistigen* Vergangenheit, der über alle Begriffe ist. Es ist Nichts mehr gut zu machen; ich werde nichts Gutes mehr machen. Wozu noch etwas machen! – Das erinnert mich an meine letzte Thorheit, ich meine den ›Zarathustra‹ (Ist es jetzt deutlich zu lesen? Ich schreibe wie ein Schwein).« Und an Köselitz: »Das letzte Jahr hat mir auf Ein Mal so viele Anzeichen davon gegeben, dass man (eingerechnet meine ›Freunde‹ und Angehörigen) mich, mein *eigentliches* Leben und Thun, *verachtet*; und ich bin nicht ›gemacht‹ zum Ertragen der Verachtung.«

Wehe! Es kommt die Zeit, wo der Mensch nicht mehr den Pfeil seiner Sehnsucht über den Menschen hinaus wirft (…) Wehe! Es kommt die Zeit, wo der Mensch keinen Stern mehr gebären wird. Wehe! Es kommt die Zeit des verächtlichsten Menschen, der sich selbst nicht mehr verachten kann. / Seht! Ich zeige euch *den letzten Mensch.* / »Was ist Liebe? Was ist Schöpfung? Was ist Sehnsucht? Was ist Stern?« – so fragt der letzte Mensch und blinzelt. / Die Erde ist dann klein geworden, und auf ihr hüpft der letzte Mensch, der Alles klein macht. Sein Geschlecht ist unaustilgbar wie der Erdfloh; der letzte Mensch lebt am längsten. / »Wir haben das Glück erfunden« – sagen die letzten Menschen und blinzeln. (…) / Man arbeitet noch, denn Arbeit ist eine Unterhaltung. Aber man sorgt, dass die Unterhaltung nicht angreife. (…) / Kein Hirt und eine Heerde! Jeder will das Gleiche, Jeder ist gleich: wer anders fühlt, geht freiwillig in's Irrenhaus. / »Ehemals war alle Welt irre« – sagen die Feinsten und blinzeln.

Also sprach Zarathustra, Vorrede, S. 5

Dann verzögert sich auch noch die Auslieferung des neuen Buches, weil die Druckerei Teubner ausgerechnet einer halben Million christlicher Gesangbücher Vorrang einräumt. Für Nietzsche Grund genug, darin Sabotage zu wittern. Außerdem hat Schmeitzner ihm nahe gelegt, einige besonders scharfe Stellen gegen Staat und öffentliche Moral zu streichen. Doch Nietzsche weist trotzig jede Form von Selbstzensur zurück. »Man mag mich zu den ›Anarchisten‹ rechnen, wenn man mir übel will: aber gewiß ist, dass ich europäische Anarchien und Erdbeben in ungeheurem Umfange *voraussehe*. Alle Bewegungen führen dahin.«

Erholung findet er in Sils-Maria, wo er ab Juni 1883 den dritten Sommer verbringt. Trotz der beschwerlichen Reise – die Fahrzeit allein von Chur über St. Moritz mit der Postkutsche beträgt gute 13 Stunden – will er von diesem Ort nicht mehr lassen. »Und wieder fühle ich, dass hier und nirgends anderswo meine rechte Heimat und Brutstätte ist.« (…) »Ich möchte Geld genug haben, um mir hier eine Art ideale Hundehütte zu baun.« Nietzsche bezieht ein kleines Privatzimmer bei der Familie Durisch am Rand des Ortes. Kosten: 1 Franken pro Tag. Der Hauswirt, Gian Rudolf Durisch, ein verständnisvoller, einfühlsamer Mann, der später viele Jahre lang Gemeindepräsident sein wird, betreibt mit seiner Frau Maria im Haus ein Lebensmittelgeschäft. Nietzsche lässt die weiße, enge Kammer, in die ohnehin wenig Licht fällt, zum Schutz seiner Augen grün tapezieren. Liegt er dort oft tagelang mit rasenden Kopfschmerzen, ist der vier Jahre jüngere Durisch manchmal bei ihm, reicht kalte Umschläge, stellt ihm Eimer vors Bett.

In Sils-Maria entsteht bis Ende Juli 1883 der zweite Teil des ›Zarathustra‹. Gleichzeitig wollen die Erinnerungen an Lou von Salomé nicht vergehen. Angestachelt durch Intrigen der Schwester Elisabeth, brechen bei Nietzsche die alten Wunden wieder auf. Immer mehr steigert er sich in den Schmerz über das Scheitern der Freundschaft zu Lou und Paul Rée hinein, entwirft zahlreiche Briefe, in denen er seiner Verbitterung freien Lauf lässt: »Diese dürre schmutzige übelriechende Äffin mit ihren falschen Brüsten – ein Ver-

34 Sils-Maria, um 1888

hängniß!« Solche Ausbrüche gegen Lou erklären sich durch den Umstand, sie nicht für sich gewonnen zu haben. Darunter litt Nietzsche schwer. Er wusste, so jemanden wie Lou würde er nie wieder finden, er hatte eine große Chance im Leben nicht zu nutzen verstanden. Trotz mancher Beschimpfungen hält er sie für »ein Wesen ersten Ranges«, deren Genialität er vermisst. »Mir *fehlt* sie, selbst noch mit ihren schlechten Eigenschaften: wir waren verschieden genug, dass aus unsern Gesprächen immer etwas Nützliches herauskommen musste, ich habe Niemanden so Vorurtheilsfrei, so gescheut und so vorbereitet für *meine* Art von Problemen gefunden. Mir ist *seitdem*, als ob ich zum Stillschweigen oder zu einer humanen Heuchelei *im Verkehre mit allen Menschen* verurtheilt sei. –«

Unzweideutiger seine Wut gegen Paul Rée: »Und ich habe noch nie so viel Ekel in meiner Seele beisammen gehabt, wie jetzt, bei dem Gedanken, dass solch ein schleichender verlogen heimtückischer Gesell jahrelang als mein Freund hat gelten können. (...) ich hätte große Lust, Ihnen mit ein paar Ku-

Die Leute sind so gut gegen mich und freuen sich meiner Wiederkehr (...). Im Hause selber, wo ich wohne, kann ich englische Biskuits, Corned-beef, Thee, Seife und eigentlich alles *Mögliche* kaufen: das ist bequem.

Nietzsche an Mutter und Schwester, 21. Juni 1883

geln eine Lektion in der praktischen Moral zu geben.« Dann glaubt er während eines Mittagessens, das er im Hotel Edelweiß einzunehmen pflegt, den Wirt sagen zu hören, eine gewisse Familie Rée treffe in Kürze ein, acht Personen. – Vor Schreck vergeht ihm der Appetit, er läuft verstört im Ort herum, will abreisen, verkriecht sich ins Haus, zittert bei jedem Geräusch, leidet stundenlang wahre Angstqualen, bis sich herausstellt, dass es sich um eine Verwechslung handelte. »Ich bin ganz und gar nicht gemacht zur Feindschaft«, gesteht er der Schwester. Die jedoch meint, das Ganze sei ein »frischer fröhlicher Krieg«. Mit immer neuen Intrigen gegen Lou behelligt und verletzt sie ihren Bruder. Nietzsche aber möchte die Zeit mit Lou und Rée, die ihm trotz des Scheiterns sehr wertvoll war, nicht von seiner Schwester beschmutzen lassen. Deshalb wächst sein Zorn auch gegen Elisabeth. »Muß ich's denn immerfort noch büßen, mich wieder mit Dir versöhnt zu haben? Ich bin Deine unbescheidene Moralschwätzerei gründlich müde. (...) Einem Menschen wie mir – seine höchste Thätigkeit zu zerstören! Ich habe noch Niemand gehaßt, Dich ausgenommen!« – Es bleibt jedoch bei Entwürfen. Abzuschicken traut sich Nietzsche solche Sätze nie. Da stellt er lieber den Briefwechsel mit Mutter und Schwester für kurze Zeit ein. Nur manchen Freunden gegenüber spricht er offen, so zu Malwida von Meysenbug, der er jeden Schlichtungsversuch ausreden will: »Zwischen

35 Nietzsche-Haus in Sils-Maria

einer rachsüchtigen antisemitischen Gans und mir giebt es keine Versöhnung.« Ohne Zweifel war Nietzsche ein »ängstlicher Adler«, wie Werner Ross seine große Nietzsche-Biografie treffend betitelte. Wahrscheinlich musste das so sein. Denn die Angst ist ein starkes Agens, das schon viele Philosophen zu schöpferischen Höchstleistungen angetrieben hat. Die meisten der bedeutendsten Kulturkritiker, von Arthur Schopenhauer über Oswald Spengler bis Theodor Adorno, waren ihrem Wesen nach zutiefst ängstliche Menschen.

Einsamkeit, pausenlose Arbeit, die großen Visionen und Aufgaben, die extremen Empfindungen: Wut, Stolz, Depression, Größenwahn, Enttäuschung. Und alles stets im Wechsel. Das setzt Nietzsche schwer zu. Allmählich bekommt er Angst auch vor sich selbst. Angst, ob er sich selbst überhaupt noch verkraften könne. »Die kuriose Gefahr dieses Sommers heißt für mich – um das böse Wort nicht zu scheuen – Irrsinn; und wie ich im vorigen Winter zu einem wirklichen langen *Nervenfieber* wider alles Vermuthen gekommen bin – ich, der ich noch *niemals* Fieber gehabt hatte! – so könnte auch das noch passiren, woran ich ebenfalls *nie* bei mir geglaubt habe: dass mein Verstand sich verwirrt.« Doch bevor dieser Fall eintritt, muss das Wichtigste aufgeschrieben sein. Also darf er sich keine Ruhe gönnen. Nach Fertigstellung der ersten beiden Teile des ›Zarathustra‹ glaubt Nietzsche das Schwerste noch vor sich zu haben. Erst etwa die Hälfte dessen, was er zu sagen habe, sei geschafft. Wenn ihm der Rest auch noch gelinge, dann wolle er ein Fest feiern und »vor Vergnügen dabei sterben«.

Im Winter 1883 übersiedelt Nietzsche in der Hoffnung auf

36 Nietzsches Stube in Sils-Maria

wolkenlosen Himmel erstmals von Genua nach Nizza. Seine Gesundheit bessert sich jedoch nicht. »Ewig Erbrechen, Schlaflosigkeit, schwermüthige Gedanken über die alten Dinge.« Januar 1884 wird auch der dritte Teil des ›Zarathustra‹ fertig. Damit erklärt Nietzsche das Werk für abgeschlossen, um sich neuen Aufgaben zuzuwenden. Stolz ist er und über sich selber verblüfft: »Die letzten zwei Wochen waren die glücklichsten meines Lebens: ich bin nie mit solchen Segeln über ein solches Meer gefahren.« Daraufhin geht es ihm gesundheitlich für kurze Zeit etwas besser. Wieder glaubt er, das liege am Klima. Jetzt ist Nizza die einzige für ihn erträgliche Stadt. Gestärkt von neuer Selbstgewissheit berichtet er im Februar 1884 Rohde: »Ich bilde mir ein, mit diesem Zarathustra die deutsche Sprache zu ihrer Vollendung gebracht zu haben. Es war, nach *Luther* und *Goethe*, noch ein dritter Schritt zu thun. (…) Mein Stil ist ein *Tanz*.« Und an Overbeck: »Es ist möglich, dass mir *zum ersten Male* der Gedanke gekommen ist, der die Menschheit in zwei Hälften spaltet.« Fast hat er Furcht, diese Gedanken auszusprechen: »Wer weiß wie viele Generationen erst vorüber gehen müssen, um einige Menschen hervorzubringen, die es in seiner ganzen Tiefe nachfühlen, *was* ich gethan habe! Und dann selbst noch macht mir der Gedanke Schrecken, was für Unberechtigte und gänzlich Ungeeignete sich einmal auf meine Autorität berufen werden. Aber das ist die Qual jedes großen Lehrers der Menschheit: er weiß, dass er, unter Umständen und Unfällen, der Menschheit zum Verhängniß werden *kann*, so gut als zum Segen.« – Damit stößt Nietzsche auf das Grundproblem seiner Lehre: Ist sie denn überhaupt dazu geeignet, auf die *Menschheit* angewendet zu werden? Oder muss sie nicht vielmehr als Gegenbild zu ihr verstanden werden? Mit Nietzsches Philosophie ist im wörtlichen Sinne kein Staat zu machen. Sie taugt nur für einzelne, unabhängige Geister zum Gebrauch. Folglich müsste der Staat, der sich auf Nietzsches Ideen berufen wollte, diese verraten. Aber ohne Staaten ist die moderne Menschheit nicht denkbar. Dieses Dilemma hat Nietzsche klar erkannt. Deshalb fürchtete er von Anfang an Verkennung, Verwechslung, große Missverständnisse.

Nietzsche forderte einen Menschen, ein Denken, ein Bewusstsein, das es noch nicht gibt, das es vielleicht niemals geben wird. Er suchte nach Spuren eines solchen Menschen in den vorchristlichen Kulturen, meinte, die archaischen Griechen kämen seinem Modell vielleicht am nächsten. Und weil es einmal, bevor das »sokratische Zeitalter« anbrach, ein anderes Denken, einen anders »funktionierenden« Menschen gegeben hatte als den modernen, durch christliche Moral »entstellten«, glaubte Nietzsche an die Möglichkeit einer Wiedergeburt dieses Typus und damit an die Möglichkeit der praktischen Überwindung (und Erhöhung) des jetzigen Menschen zugunsten des *Übermenschen*. Ohne den sich selbst überwindenden, sich selbst permanent in Frage stellenden Menschen aber bleibt die Philosophie Nietzsches ein bloßer Vorschlag zum Umdenken und anders Leben, ein Entwurf unter vielen, dessen größter Gegner der Mensch selbst ist. Heute mutet uns Nietzsches Vision vielleicht sogar fremder und chancenloser an denn je, da sie nach einem Menschentypus verlangt, dem der postmoderne, vollständig durchdemokratisierte und moralisch weitgehend nivellierte,

Ich kenne mein Loos. Es wird sich einmal an meinen Namen die Erinnerung an etwas Ungeheures anknüpfen, – an eine Krisis, wie es keine auf Erden gab, an die tiefste Gewissens-Collision, an eine Entscheidung, *heraufbeschworen* gegen Alles, was bis dahin geglaubt, gefordert, geheiligt worden war. Ich bin kein Mensch, ich bin Dynamit. – Und mit Alledem ist Nichts in mir von einem Religionsstifter. (…) Ich habe eine schreckliche Angst davor, dass man mich eines Tags *heilig* spricht: man wird errathen, weshalb ich dies Buch *vorher* herausgebe, es soll verhüten, daß man Unfug mit mir treibt (…) Ich will kein Heiliger sein, lieber noch ein Hanswurst (…) – *Umwerthung aller Werthe*: das ist meine Formel für einen Akt höchster Selbstbesinnung der Menschheit, der in mir Fleisch und Genie geworden ist. (…) Ich widerspreche, wie nie widersprochen worden ist, und bin trotzdem der Gegensatz eines neinsagenden Geistes. (…) alle Machtgebilde der alten Gesellschaft sind in die Luft gesprengt – sie ruhen allesamt auf der Lüge: es wird Kriege geben, wie es noch keine auf Erden gegeben hat.

Ecce homo (Warum ich ein Schicksal bin)

mediengesteuerte Konsumweltbürger nicht ferner stehen könnte. Nietzsche hat diese Entwicklung – wie übrigens viele seiner Zeitgenossen – vorausgesehen. Die Auflösung der bestehenden Werte und alten Gewissheiten war nicht zu verhindern, der Prozess des Zerfalls voll im Gange. Nietzsche lebte im Bewusstsein eines tiefen kulturellen Einschnitts, auf den eine völlig andere Welt folgen werde. Dass sich dieser Prozess nicht ohne gewaltige soziale Umwälzungen und politische Katastrophen vollziehen werde, hat er ebenfalls geahnt. Folge: die Heraufkunft des Nihilismus. »Unsre ganze europäische Kultur bewegt sich seit langem schon mit einer Tortur der Spannung, die von Jahrzehnt zu Jahrzehnt wächst, wie auf eine Katastrophe los: unruhig, gewaltsam, überstürzt: einem Strom ähnlich, der *ans Ende* will, der sich nicht mehr besinnt, der Furcht davor hat, sich zu besinnen.« Die mentalen Auswirkungen, die der Verlust der alten Welt und der »Tod Gottes« auf das Bewusstsein der Menschen haben würden, sind von Nietzsche allerdings weit überschätzt worden.

Nihilismus ist heute bloß ein Begriff, kraftlos und abstrakt. Und die Ursachen dieser Leere, die Ansicht: »Der Mensch ist gut, sein Wesen rational, und alle seine Leiden sind hygienisch und sozial bekämpfbar«, wie Gottfried Benn 1932 in seinem Aufsatz ›Nach dem Nihilismus‹ schrieb, sind längst Allgemeinplätze geworden, während zahllose Lebensberater und Therapeuten Glücksformeln versprechen, die das Leben in postnihilistischer Zeit wieder aufwerten sollen. Allerdings glaubte Nietzsche, dass es lange dauern werde, bis das Ausmaß dessen, was mit Gott starb, überhaupt erkannt sei. Aber er sah darin nicht nur die Katastrophe, sondern auch eine riesige Chance, möglich werden zu lassen, was bislang undenkbar erschien: »In der That, wir Philosophen und ›freien Geister‹ fühlen uns bei der Nachricht, dass der ›alte Gott todt‹ ist, wie von einer neuen Morgenröthe angestrahlt; unser Herz strömt dabei über von Dankbarkeit, Erstaunen, Ahnung, Erwartung, (…) jedes Wagnis des Erkennenden ist wieder erlaubt, das Meer, *unser* Meer liegt wieder offen da, vielleicht gab es noch niemals ein so ›offnes‹ Meer.«

Die Reaktionen der Freunde auf den ersten Teil des ›Zarathustra‹, der im August 1883 erschienen war, erreichen Nietzsche wie gewohnt nur schleppend. Jacob Burckhardt äußert sich erst auf Nachfrage und dann etwas verlegen, indem er Nietzsche gutmeinend rät, er solle es vielleicht einmal mit einem Drama versuchen … Solche Bemerkungen treffen den Verkannten schwer, und es gehört viel Kraft dazu, sie zu verdauen. Aber er findet stets neue Stärkung und denkt: Sollen die anderen doch von mir halten, was sie wollen. Schon ist er wieder mit sich allein und von seinen eigenen Gedanken ganz ergriffen: »Ich stecke mitten in meinen Problemen drin; meine Lehre, dass die Welt des Guten und Bösen nur eine scheinbare und perspektivische Welt ist, ist eine solche Neuerung, dass mir bisweilen dabei Hören und Sehen vergeht.« Ganz so neu war dieser Gedanke freilich nicht, denn er findet sich bereits bei Spinoza, den Nietzsche seit 1881 eifrig las. Der lange Zeit ignorierte Philosoph Baruch de Spinoza (1632 – 1677) wurde erst im späten 18. Jahrhundert vor allem wegen seiner Religionstheorien wiederentdeckt. Spinozas pantheistische Lehre, wonach Gott Natur sei und Natur Gott *(Deus sive natura)*, übte großen Einfluss auf die deutsche Aufklärung aus. Friedrich Heinrich Jacobi, Friedrich Schleiermacher

Der tolle Mensch. – Habt ihr nicht von jenem tollen Menschen gehört, der am hellen Vormittage eine Laterne anzündete, auf den Markt lief und unaufhörlich schrie: »Ich suche Gott! Ich suche Gott!« – Da dort gerade Viele von Denen zusammenstanden, welche nicht an Gott glaubten, so erregte er ein grosses Gelächter. (…) »Wohin ist Gott? rief er, ich will es euch sagen! *Wir haben ihn getödtet,* – ihr und ich! Wir Alle sind seine Mörder! Aber wie haben wir diess gemacht? Wie vermochten wir das Meer auszutrinken? Wer gab uns den Schwamm, um den ganzen Horizont wegzuwischen? (…) Stürzen wir nicht fortwährend? Und rückwärts, seitwärts, vorwärts, nach allen Seiten? (…) Irren wir nicht wie durch ein unendliches Nichts? (…) Es gab nie eine grössere That, – und wer nur immer nach uns geboren wird, gehört um dieser That willen in eine höhere Geschichte, als alle Geschichte bisher war!«

Die fröhliche Wissenschaft, S. 125

und Gotthold Ephraim Lessing, dann Gottfried Herder und Johann Wolfgang Goethe verhalfen dem »Spinozismus« zu weiter Verbreitung. Nietzsche stieß auf Spinoza in der ›Geschichte der neuen Philosophie‹ des damals sehr populären Philosophen Kuno Fischer. Begeistert meldete er im Juli 1881 Overbeck: »Ich bin ganz erstaunt, ganz entzückt! Ich habe einen *Vorgänger* und was für einen! (...) Nicht nur, dass seine Gesamttendenz gleich der meinen ist – die Erkenntniß zum *mächtigsten Affekt* zu machen – in fünf Hauptpunkten seiner Lehre finde ich mich wieder, dieser abnormste und einsamste Denker ist mir gerade in *diesen* Dingen am nächsten: er leugnet die Willensfreiheit – ; die Zwecke – ; die sittliche Weltordnung – ; das Unegoistische – ; das Böse – .«

Nietzsche hat wieder Mut gefasst. Er ist zufrieden mit seinem bisherigen Weg, auch mit seinem Schaffen. Und es geht immer weiter. Die nächsten sechs Jahre sollen der Ausarbeitung des Umrisses seiner ganzen Philosophie gehören. Der ›Zarathustra‹ bilde hierfür nur die »Vorhalle«. Angesichts dessen, was er noch unausgesprochen in sich trage, neigt er jetzt sogar dazu, sein letztes Buch herabzusetzen: »Zarathustra hat einstweilen nur den ganz persönlichen Sinn, dass es mein ›Erbauungs- und Ermuthigungs-Buch‹ ist – im Übrigen dunkel und verborgen und lächerlich für Jedermann.«

Ende September 1884, kurz bevor Nietzsche in sein Winterquartier aufbricht, bietet er Mutter und Schwester Versöhnung an. Doch bis nach Naumburg fährt er dann doch nicht. Die Geschwister treffen sich in Zürich und schließen Frieden. Nietzsche bleibt einen Tag länger, um Gottfried Keller (1819–1890) kennen zu lernen. Der Schweizer gehört neben Goethe, Heinrich Heine und Adalbert Stifter zu den wenigen deutschsprachigen Schriftstellern, die Nietzsche verehrt. Von ausländischen Prosa-Autoren schätzt er besonders Stendhal, den Romancier mit feinem psychologischen Gespür, der erst im 20. Jahrhundert angemessen gewürdigt wurde, und den Amerikaner Ralph Waldo Emerson, einen heroisch-romantischen Essayisten. Nietzsche hält Keller »für den einzigen lebenden *deutschen* Dichter« und rechnet ihn zu seinen wenigen Lesern. Man trifft sich, geht spazieren. Nach dem Besuch des Philosophen urteilt Keller jedoch: »Ich glaube, dä Kerl ischt verruckt.«

Den Winter 1884/85 verbringt Nietzsche wieder in Nizza. Dort entsteht, trotz häufiger Krankheit und entgegen dem ursprünglichen Plan, die Dichtung mit dem dritten Teil abzuschließen, innerhalb von drei Monaten der vierte Teil des ›Zarathustra‹. Diesen Teil soll sein Verleger aber nicht bekommen. Weil Schmeitzner im florierenden Antisemitismus ein Geschäft wittert und sich mehr um Schriften solchen Inhalts kümmert als um den ›Zarathustra‹, will Nietzsche den Verlag wechseln. Die ersten drei Bücher des ›Zarathustra‹ verkaufen sich schlecht. Nietzsche meint, das liege daran, weil Schmeitzner zu wenig für sie werbe. Der gerissene Verleger, der das Vertrauen in Nietzsches Schriften längst verloren hat, verlangt eine Ablösesumme von 20 000 Mark für die unverkauften Werke. Es findet sich aber kein Verlag, der bereit ist, unter diesen Konditionen die Restauflagen zu übernehmen. Daraufhin schlägt Schmeitzner vor, Nietzsche solle seine eigenen Bücher zurückzukaufen. Der Philosoph lehnt ab. Da sich aber auch kein anderer Verleger für den vierten Band des ›Zarathustra‹ findet, lässt Nietzsche sein »Finale« in einer Auflage von 40 Exemplaren im März 1885 als Privatdruck auf eigene Kosten herstellen.

Auf die Kränkung, von fast allen seinen Freunden verkannt und zunehmend ignoriert zu werden, reagiert Nietzsche mit Stolz, Trotz und Überheblichkeit. Ein leicht sarkastischer, mitunter schroffer, manchmal streitsüchtiger Ton schleicht sich jetzt häufiger in seine Briefe. Als wolle er sich alte Freundschaften bewusst verderben, provoziert er Malwida von Meysenbug, indem er, immer wieder und anscheinend ohne triftigen Grund, verletzend über Wagner herzieht: »Was mir diese wolkige, schwüle, vor allem schauspielerische und prätentiöse Musik zuwider ist! (…) Das ist Musik eines *mißrathenen* Musikers und Menschen, aber eines *großen Schaupielers* – darauf will ich schwören.« Das Beleidigende solcher Worte wird noch dadurch verstärkt, dass Nietzsche in diesem Zusammenhang gern seinen Freund Köselitz preisend über Wagner hebt: »Da lobe ich mir die tapfere und unschuldige Musik meines Schülers und Freundes Peter Gast, eines *ächten* Musikers: der mag einmal für seinen Theil dafür sorgen, dass die Herrn Schauspieler und Schein-Genies nicht mehr zu lange den Geschmack verderben.« Wenig später reist Nietzsche für zwei Monate zu Köselitz nach Venedig. »Zuletzt ist es die einzige Stadt, die ich liebe.« Obwohl Köselitz den Freund sehr verehrt – »Nietzsche ist ja einer der höchsten Menschen, die je auf Erden gelebt haben.« – , sind ihm die langen Besuche gar nicht recht, da er durch die Anwesenheit Nietzsches zu sehr aus seinen eigenen Gedanken und Arbeiten herausgerissen wird. Einer Freundin gesteht er: »Eigentlich wollte ich frei heraussagen: wir wollen Beide allein sein. Aber ich weiß, dass ich Nietzschen, der beinahe nur noch mich zum Freund hat, damit tief verwunden würde. So leide ich oft unsagbar.«

Am 22. Mai 1885, Wagners Geburtstag, heiratet Elisabeth Nietzsche, fast vierzigjährig, den aktiven Antisemiten und wegen judenfeindlicher Rüpelei vom Dienst suspendierten Gymnasiallehrer Bernhard Förster. Die beiden hatten sich 1883 in Bayreuth kennen gelernt und wenig später verlobt. Nietzsche bleibt der Hochzeit in Naumburg fern. Als Geschenk übersendet er den beiden Dürers Stich ›Ritter, Tod und Teufel‹, wie von Elisabeth gewünscht. Nietzsche schätzt seinen Schwager nicht besonders und hält auch nichts von dessen Unternehmen, in Paraguay eine kleine »deutsch-arische« Kolonie zu gründen. Als begeisterter Wagnerianer hat sich Förster wahrscheinlich von der Spätschrift ›Religion und Kunst‹ anregen lassen, in der Wagner 1880 zur Auswanderung nach Südamerika aufforderte. Förster ist ganz besessen von dieser Idee. Im Februar 1886 ist es dann so weit. Nach intensiver Werbung für die Aktion haben sich tatsächlich 14 deutsche Familien gefunden, die willig sind, in Paraguay eine neue Heimat aufzubauen. Elisabeth geht mit. Doch die Gründung der Kolonie »Nueva Germania«, 80 km östlich des Rio Paraguay in der Region San Pedro, gestaltet sich schwieriger als erwartet. Die Siedler leben lange unter erbärmlichen Verhältnissen, viele geben auf und reisen zurück nach Deutschland. Allerdings kommen auch immer wieder neue hinzu, angelockt durch vollmundige Versprechungen Försters. Als der Gründer von Neu-Germanien nach drei Jahren feststellen muss, dass sein ehrgeiziges Projekt zum Scheitern verurteilt ist, nimmt er sich, mittlerweile hoch verschuldet, in Asunción das Leben. Daraufhin verlässt Elisabeth Südamerika für immer und geht zurück nach Naumburg. Die Kolonie aber besteht als kümmerliches, leicht inzestgeschädigtes Urwalddorf bis heute fort.

Ab Juni 1885 ist Nietzsche wieder in Sils-Maria. Dort sammelt er eine kleine Gruppe zumeist älterer Damen um sich, Kurgäste, die ihm helfend zur Hand gehen. Manchen diktiert er seine Aphorismen in die Feder. Hin und wieder besuchen ihn auch gelehrte Touristen, die gerade in der Nähe sind, so im Juli der Kulturphilosoph Johannes Volkelt. Der Umgang tut ihm wohl. Allerdings fürchtet er, die Gäste durch seine gewagten Gedanken »über die lieben Europäer von heute und – Morgen« abzuschrecken. »Genug, ich argwöhne, dass es Niemand lange mehr um mich aushält. Obwohl es viele Gründe gäbe, mir ›gute Gesellschaft‹ zu wünschen. Ah, wer *kennt* meine ›sieben Einsamkeiten‹! –«

Vom Umwerten aller Werte (1886–1887)

Jenseits von Gut und Böse

Den Winter 1885/86, erneut in Nizza, hat Nietzsche dazu genutzt, wieder etwas aufzuschreiben, das ihn selbst schaudern lässt. »Denn es ist ein erschreckliches Buch, das dies Mal mir aus der Seele geflossen ist, – sehr schwarz, beinahe Tintenfisch.« Der Form nach weder eine Dichtung wie der ›Zarathustra‹ noch eine Aphorismensammlung wie die drei Werke zuvor, sondern ein aus lauter zusammenhängenden Prosa-Stücken bestehendes Buch wie die ›Unzeitgemässen Betrachtungen‹ oder die ›Geburt der Tragödie‹. Es heißt ›Jenseits von Gut und Böse. Vorspiel einer Philosophie der Zukunft‹. Stolz und Mut, seine Gedanken noch einmal präzisiert zu haben, und Furcht, womöglich wieder keinen Verleger zu finden, halten sich nach Abschluss der Arbeit die Waage. »*Dergleichen* druckt mir Niemand«, prophezeit er Overbeck, und behält damit Recht. Verlage wie Carl Duncker lehnen ab, obwohl Nietzsche sogar bereit ist, auf ein Honorar zu verzichten. Den »Luxus vom vorigen Jahre«, also das Drucken auf eigene Kosten, will er sich nicht noch einmal erlauben. Am Ende wird ihm jedoch nichts anderes übrig bleiben. Ernüchtert meldet er Köselitz: »Die negativen Briefe deutscher Verleger geben mir den Eindruck, dass es jetzt bei mir so steht wie bei Ihnen, dass wir still unsre ›Partituren‹ in den Schrank legen.« Und wenig später nennt er Overbeck auch die Gründe: »Meine Verleger-Verhandlungen sind allesammt bisher gescheitert, unter nicht uninteressanten Umständen: (…) alle diese Herren *wollten* gar zu gern, aber sie *dürfen* nicht. (Die öffentliche Meinung als Gewissen –).«

Im Juni 1886 reist Nietzsche nach Leipzig, trifft sich dort mit Köselitz, um wie gewohnt zusammen mit dem Freund das Manuskript ›Jenseits von Gut und Böse‹ druckfertig zu korrigieren. Der erfolglosen Verlagssuche müde, beschließt Nietzsche, das Buch – wie auch alle zukünftigen – bei der

Druckerei für Handel und Gewerbe, C.G. Naumann in Leipzig, auf eigene Kosten erscheinen zu lassen. 600 Stück. Davon gehen 66 Bücher gleich nach Fertigstellung als Freiexemplare an Freunde und Bekannte. Einer der Empfänger ist Erwin Rohde, inzwischen Professor in Leipzig. Das Wiedersehen der beiden ehemals so eng verbundenen Freunde in jener Stadt, in der sie sich vor genau 20 Jahren als Studenten kennen lernten, verläuft für beide enttäuschend. Zwar wirke Nietzsche auf ihn nicht mehr so überspannt wie in den letzten Jahren, schreibt Rohde an Overbeck, es bleibe aber dennoch eine traurige Grundstimmung, mit der man ihm zusehe und zuhöre. Später, 1889, nach Nietzsches geistigem Zusammenbruch, erinnert sich Rohde genauer: »Eine unbeschreibliche Atmosphäre der Fremdheit, etwas mir damals völlig Unheimliches, umgab ihn. Es war etwas in ihm, das ich sonst nicht kannte, und vieles nicht mehr was sonst ihn auszeichnete. Als käme er aus einem Land, wo sonst Niemand wohnt.« Ganz ähnlich fällt Rohdes Urteil über das neue Buch aus. Er wirft Nietzsche »gigantische Eitelkeit« vor und willkürliches, launenhaftes Springen zwischen den Positionen, worin er keine Entwicklung erkenne. Es sei »voll einer widerlichen Verekelung an Allem und Jedem. Das eigentlich Philosophische daran ist so dürftig und fast kindisch, wie das Politische, wo es berührt wird, albern und weltunkundig.« Erwin Rohde, längst ein gesetzter, etablierter Gelehrter und loyaler Untertan, zufrieden mit den Verhältnissen, die ihn stützen, ist für Nietzsches Denken und Fühlen nicht mehr zugänglich. Und Nietzsche hat sich seinerseits aus der bürgerlichen Welt Rohdes so weit entfernt, dass Verständigung unmöglich scheint.

Der Anlass zum endgültigen Zerwürfnis mit Erwin Rohde im Frühjahr 1887 ist wieder ein geringer: Rohde hat sich

Das Leben in Deutschland ist gänzlich unzuträglich: es wirkt vergiftend und lähmend auf mich, und meine Menschenverachtung wächst jedes Mal dort in gefährlichen Proportionen, sobald ich mit »Gebildeten« in Berührung komme.

Nietzsche in einem Briefentwurf an Franz Overbeck, 14. Juli 1886

mehrfach abfällig über den französischen Geschichtsphilosophen Hippolyte Taine geäußert, einen der wenigen Menschen, von denen Nietzsche sich verstanden fühlt. Er nennt Taine, dessen Werk Nietzsche intensiv gelesen und mit Anmerkungen versehen hat, den »tapfersten und unabhängigsten« Zeitgenossen, »den von mir am meisten verehrten Franzosen«. Was aber noch schwerer wiegt: Taine ist vielleicht der Einzige, der Nietzsches neues Buch uneingeschränkt lobt. Die weiteren Reaktionen auf ›Jenseits von Gut und Böse‹ fallen sehr unterschiedlich, zumeist jedoch negativ aus. Josef Victor Widmann, Redakteur des Berner ›Bund‹, vergleicht Nietzsches »gefährliches Buch« mit jenen Dynamitvorräten, die beim Bau der Gotthardbahn verwandt wurden, und welche die »schwarze, auf Todesgefahr deutende Warnungsflagge« führten. Dieser Vergleich gefällt Nietzsche und gibt ihm später Anlass für seine berühmte Behauptung: »Ich bin kein Mensch, ich bin Dynamit.« Nietzsche fühlt sich geschmeichelt und endlich erkannt. Auch, meint er, gingen die Menschen in Sils-Maria, nachdem sie den Artikel gelesen hatten, ganz anders, das heißt respektvoller mit ihm um. »Wie! dieser anscheinend so harmlose Einsiedler und Höhlenbär ist auch im Grunde etwas ganz gefährliches? – Das las ich in Aller Augen.«

Was aber macht ›Jenseits von Gut und Böse‹ so gefährlich? Es ist Nietzsches Aufdeckung, wie die Moral in die Welt gekommen sei. Werte wie Gut und Böse sind keine unverrückbar feststehenden moralischen Axiome, sondern kulturell bedingt und historisch geworden, also wandelbar. Sie entstanden in der Auseinandersetzung »starker« und »schwacher« Menschen. Die Schwachen und »Schlechtweggekommenen«, sagt Nietzsche, hätten eines Tages die Tugenden der

Der Sklavenaufstand in der Moral beginnt damit, dass das *Ressentiment* selbst schöpferisch wird und Werthe gebiert: das Ressentiment solcher Wesen, denen die eigentliche Reaktion, die der That versagt ist, die sich nur durch eine imaginäre Rache schadlos halten.

Zur Genealogie der Moral, 1, S. 10

Starken für böse erklärt, um diejenigen, gegen die sie sich anders nicht wehren konnten, wenigstens moralisch zu schwächen. Der Gedanke findet sich bereits bei Platon. In dessen Dialog ›Gorgias‹ weist Kallikles auf diese »Umwertung der Werte« hin: Durch die Erzeugung des schlechten Gewissens bei den Starken wollten die Schwachen die Ungerechtigkeit der Natur ausgleichen. Fortan sollten sich die Starken ihrer »grausamen« Tugenden wie Egoismus, Rücksichtslosigkeit, Stolz, Mut und Herrschsucht schämen, davon ablassen und sich somit allmählich auf die Stufe der Schwachen stellen. Das Christentum bot dazu den passenden Gott, das gemeinsame religiöse Dach, unter dem die Schwachen sich versammeln konnten. Vereint erhoben sie sich, um die Macht ihres natürlichen Schicksals zu brechen.

Von jetzt an war die Frage der Moral eine Frage der Mehrheit. Die Menge gab die Werte vor. Die Starken aber sind immer in der Minderheit. Die Schwachen rächen sich nun an den Starken, indem sie deren Werte vor der Gemeinschaft diskreditieren, verächtlich machen. Das betreiben sie so lange, bis die Starken in den Perspektiven der Schwachen zu denken beginnen, sie sich von den Schwachen definieren, ihr Handeln bewerten lassen. Damit sind sie moralisch besiegt.

> Die Moral – wo glaubt ihr wohl, dass sie ihre gefährlichsten und tückischsten Anwälte hat? … Da ist ein missrathener Mensch, der nicht genug Geist besitzt, um sich dessen freuen zu können, und gerade Bildung genug, um das zu wissen; gelangweilt, überdrüssig, ein Selbstverächter; durch etwas ererbtes Vermögen leider noch um den letzten Trost betrogen, den »Segen der Arbeit«, die Selbstvergessenheit im »Tagewerk«; ein Solcher, der sich seines Daseins im Grunde schämt – (…) was glaubt ihr wohl, dass er nöthig, unbedingt nöthig hat, um sich bei sich selbst den Anschein von Ueberlegenheit über geistigere Menschen, um sich die Lust der *vollzogenen Rache*, wenigstens für seine Einbildung, zu schaffen? Immer *die Moralität*, darauf darf man wetten, immer die grossen Moral-Worte, immer das Bumbum von Gerechtigkeit, Weisheit, Heiligkeit, Tugend, immer den Stoicismus der Gebärde.
>
> *Die fröhliche Wissenschaft, S. 359*

Wer sich heute an solchen Gedanken stößt, muss berücksichtigen, dass unsere gegenwärtige Moral natürlich eine andere ist als die vor über 100 Jahren. In den achtziger und vor allem in den neunziger Jahren des 19. Jahrhunderts kam es allgemein zu einer Radikalisierung der Ansichten. Der von vielen mit Schrecken beobachtete Weg in die moderne Industriegesellschaft spiegelte sich auch ethisch wider. Mancher hielt das Leben unter den neuen Bedingungen kaum noch für einen Wert an sich und glaubte im Darwinismus die naturwissenschaftliche Rechtfertigung eines neuen Zuchtdenkens gefunden zu haben. Deshalb warnte der Philosoph Ludwig Stein 1893 vor einem »Neo-Cynismus«, der sich besonders unter der gebildeten Jugend schlagartig breitmache, und Nietzsche sei dessen größter Förderer und Stichwortgeber. Philosophie und Zoologie rückten zusammen. Der populärste Vertreter dieser Strömung war in Deutschland Ernst Haeckel (1834–1919).

Seit seiner Studentenzeit interessierte sich Nietzsche sehr für die Naturwissenschaften. Früh hatte er die wachsende Bedeutung der Chemie, Biologie, Physik und Medizin für das kommende Zeitalter erkannt, in dem die Geisteswissenschaften allmählich zu einer Randdisziplin herabsinken würden. Nietzsche bedauerte oft, in den Naturwissenschaften kaum über dilettantisches Wissen hinausgelangt zu sein. Fleißig studierte er die Schriften von Charles Darwin, Edward Burnett Tylor (Begründer des Animismus), Herbert Spencer oder Ernst Haeckel. Daneben las er eine ›Geschichte der Chemie‹ und über den ›Wunderbau des Weltalls‹, befass-

> Aber eine strengere wissenschaftliche Untersuchung (…) ergibt (…), daß das neugeborene Kind (…) kein Bewußtsein und keine Vernunft besitzt. (…) Es kann daher auch die Tötung von neugeborenen verkrüppelten Kindern, wie sie z.B. die Spartaner behufs der Selektion der Tüchtigsten übten, vernünftigerweise gar nicht unter den Begriff des »Mordes« fallen, wie es noch in unseren modernen Gesetzbüchern geschieht. Vielmehr müssen wir dieselbe als eine zweckmäßige, sowohl für die Beteiligten wie für die Gesellschaft nützliche Maßregel billigen.
>
> *Ernst Haeckel, Die Lebenswunder, 1904*

te sich intensiv mit den Theorien Pascals und griff immer wieder auf die ›Philosophiae Naturalis Theoria‹ des kroatischen Mathematikers, Astronomen und Jesuiten Ruggero Boscovich zurück. Ende der achtziger Jahre plant er sogar, sich die nächsten zehn Jahre lang intensiv mit Biologie und Physik zu beschäftigen, um seine Lehre von der »Ewigen Wiederkunft« auch naturwissenschaftlich begründen zu können. In Fragen der Moral ließ Nietzsche sich inspirieren von inzwischen vergessenen Philosophen wie African Spir oder Gustav Teichmüller. Spir hatte erklärt, dass die moralischen Gesetze nicht Gottes-, sondern Menschenwerk seien, und Teichmüller lehrte den Perspektivismus der Anschauungen.

Nietzsche fordert das starke Individuum zum Widerstand gegen die psychologische Macht des Ressentiments auf. Er plädiert für eine »vornehme« Moral. »Der Glaube an sich selbst, der Stolz auf sich selbst, eine Grundfeindschaft und Ironie gegen ›Selbstlosigkeit‹ gehört eben so bestimmt zur vornehmen Moral wie eine leichte Geringschätzung und Vorsicht vor den Mitgefühlen und dem ›warmen Herzen‹.« Aber Nietzsche glaubt, er habe die Tendenz der Epoche gegen sich, jene historische Kraft, gegen die es kein Bestehen gibt. Der Wandel ist noch nicht absehbar. Deshalb richtet sich sein Blick auf die fernere Zukunft. Malwida von Meysenbug erhält das Buch ›Jenseits von Gut und Böse‹ mit der bissigen Bemerkung: »Verzeihung! Sie sollen es nicht etwa lesen, noch weniger mir Ihre Empfindungen darüber ausdrücken. Nehmen wir an, dass es gegen das Jahr 2000 gelesen werden darf …« Das sehen manche Rezensenten ähnlich. So der Naturalist Johannes Schlaf, der in der ›Allgemeinen Deutschen Universitätszeitung‹ vernichtend urteilt: »Es giebt einen übertriebenen Begriff der Individualität, ein krankhaft gesteigertes Selbstbewusstsein, das Menschen zu eigen ist, die ganz isolirt von der Gesellschaft stehen, mit ihr nichts zu thun haben wollen, sie verachten, obgleich sie doch ohne sie nicht möglich sind. (…) Die Gesellschaft nennt sie, soweit sie ihr nicht wirklich gefährlich sind: Narren. Solche Leute (…) könnte die Philosophie des Verfassers züchten.« Mit dieser Ansicht steht Schlaf nicht allein. Besonders die nüchternen, liberalen, fortschrittsoptimistischen Zeitgenossen halten Nietzsche für einen spätpubertären Wirrkopf. Sie sehen in ihm eine gefahrvolle Randerscheinung, die hoffentlich schnell vorübergehe.

Indes sitzt Nietzsche an der »*schönsten Stelle des Engadin*«, auf dem Chasté, einer mit Lärchen und Kiefern bewaldeten Halbinsel, die in den Silser See ragt, fühlt sich gesund und stark wie nie, und schmiedet Pläne für die Zukunft. Es soll alles noch ungeheurer werden. Das Größte und Schwierigste liege immer noch vor ihm. »Für die nächsten 4 Jahre«, schreibt er seiner Schwester nach Paraguay, »ist die Ausarbeitung eines vierbändigen Hauptwerks angekündigt; der Titel ist schon zum Fürchten-Machen: ›Der Wille zur Macht. Versuch einer Umwerthung aller Werthe‹. Dafür habe ich Alles nöthig, Gesundheit, Einsamkeit, gute Laune, vielleicht eine Frau.« Zufrieden stimmt ihn auch die Nachricht, dass sein erster, nach dem Konkurs wieder solventer Verleger, Fritzsch in Leipzig, die bei Schmeitzner lagernden Restbestände von Nietzsches Schriften aufgekauft habe. Die fünf verschiedenen Titel des Werks sollen jetzt, mit Vorworten versehen, neu herausgebracht werden. Nietzsche zeigt sich Fritzsch gegenüber dankbar für »das muthige mir bewiesene Vertrauen« und verzichtet auf ein Honorar.

Im Herbst reist er, geplagt von starken Kopfschmerzen, für vier Wochen nach Ruta Ligure, einem kleinen Dorf in den Bergen östlich von Genua. Dort entstehen die letzten beiden Einleitungen zu ›Morgenröthe‹ und zu ›Die fröhliche Wissenschaft‹. »Diese 5 Vorreden sind vielleicht meine beste Prosa, die ich bisher geschrieben habe.« Dann fährt er weiter nach Nizza, wo er zum vierten Mal den Winter verbringen wird. Das fünfte Buch der ›fröhlichen Wissenschaft‹ ist in Arbeit. Erneut wechselt er die Wohnung, weil sie ihm zu kalt ist. Die Strapazen der vielen Umzüge machen ihn allmählich mürbe. »Gestern rechnete ich 21 Wohnungen nach, die ich in den 7 Wintern in Genua und Nizza bewohnt habe.« Die Mutter schickt ihm einen Ofen.

Januar 1887 hört Nietzsche in Monte Carlo zum ersten Mal

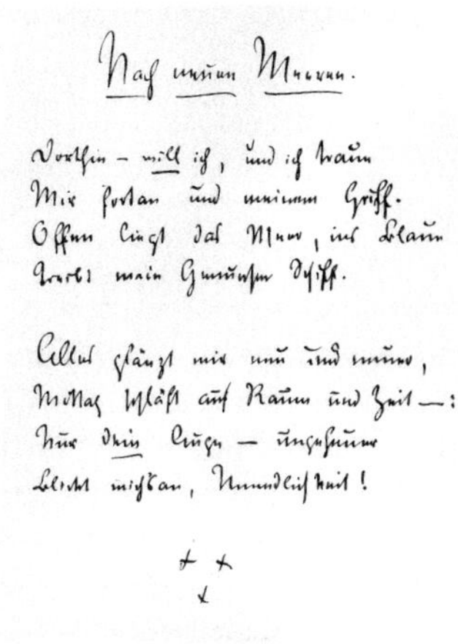
Nach neuen Meeren.

Dorthin – will ich, und ich traue
Mir fortan und meinem Griff.
Offen liegt das Meer, in's Blaue
Treibt mein Genueser Schiff.

Alles glänzt mir neu und neuer,
Mittag schläft auf Raum und Zeit —:
Nur dein Auge — ungeheuer
Blickt mich's an, Unendlichkeit!

37 Nietzsches Gedicht ›Nach neuen Meeren‹ in eigener Handschrift, 1887

das Vorspiel zum ›Parsifal‹. Noch immer ergreift ihn die Kunst Wagners aufs Höchste. Zwar glaubt er, die psychologische Raffinesse dieser Musik durchschaut zu haben, ihrer Wirkung erliegt er aber dennoch. Obwohl es gerade der ›Parsifal‹ war, der das Ende der Freundschaft besiegelte, stellt Nietzsche nach dem Konzert erschüttert die Frage: »Hat Wagner je Etwas *besser* gemacht?« Das ist, wie so oft bei Nietzsche, Feindschaft aus Bewunderung. Zuvor hatte er noch einmal die Ouvertüre zu den ›Meistersingern‹ gehört und war ähnlich beeindruckt. Von Wagner kam er einfach nicht los.

Nietzsches Stimmung in Nizza bleibt düster. Grund sind die geringen Verkaufszahlen der Schrift ›Jenseits von Gut und Böse‹. Er sieht ein, dass sein Misserfolg nicht an Schmeitzner gelegen hat und bekennt: »Lehrreich! Nämlich *man will* partout meine Litteratur *nicht*.« Dann zieht er kurz Bilanz über sein bisheriges Leben, wobei er betrübt feststellen muss, es noch nicht einmal zu namhaften Widersachern gebracht zu haben. In den letzten 15 Jahren sei nicht eine einzige sachgemäße Rezension erschienen. »Einstweilen fehlt eben *alles* Verständniß für mich; und, wenn mich ein Wahrscheinlichkeits-Schluß nicht trügt, so wird es vor 1901 nicht anders werden. Ich glaube, man hielte mich einfach für toll, wenn ich verlauten ließe, was ich von mir selbst halte. (…) Ich würde meine achtbarsten Freunde gegen mich verbittern.« Overbeck, der »achtbarste Freund«, an den dieser Brief gerichtet ist, erfährt es dann aber doch: »Gesetzt, es wäre bald mit mir zu Ende – und ich verschweige nicht ein immer tieferes Verlangen nach dem Tode – so bleibt Etwas von mir zurück, ein Stück Cultur, das einstweilen durch kein andres sich ersetzen lässt. (…) Das gegenwärtige Europa hat noch keine Ahnung davon, um welche furchtbaren Entscheidungen mein ganzes Wesen sich dreht, und an welches Rad von Problemen ich gebunden bin – und dass mit mir eine *Katastrophe* sich vorbereitet, deren Namen ich weiß, aber nicht aussprechen werde.«

Zum besseren Verständnis seines letzten Buches schreibt Nietzsche im Sommer 1887 einen neuen, ergänzenden Band: ›Zur Genealogie der Moral‹. »Vielleicht bringt es diese kleine Streitschrift zu Wege, dass man ein paar Exemplare meiner *älteren* Schriften kauft.« Auch die ›Genealogie‹ erscheint wieder auf eigene Kosten. Obwohl sich bei Nietzsche längst ein gewisser Gleichmut eingestellt hat, der ihn über den Zwang zum raschen Erfolg erhaben sein lässt, bleibt doch ein Rest Unzufriedenheit. »Denken Sie«, klagt er Köselitz, der genau weiß, wovon Nietzsche spricht und dem solche Worte ein Trost gewesen sein dürften, »denken Sie, ich habe ca. 500 Thaler Druckkosten in den letzten 3 Jahren gehabt – kein Honorar, wie es sich von selbst versteht – und dies in meinem 43ten Jahre.« (Beachtenswert übrigens, dass Nietzsche, wahrscheinlich aus Protest gegen die Reichsgründung von 1871, noch 1887 in *Thalern* rechnet, obwohl bereits 1873 die

Nach einem solchen Anrufe, wie mein Zarathustra es war, aus der innersten Seele heraus, nicht einen Laut von Antwort zu hören, nichts, nichts, immer nur die lautlose, nunmehr vertausendfachte Einsamkeit – das hat etwas über alle Begriffe Furchtbares, daran kann der Stärkste zu Grunde gehen – ach, und ich bin nicht »der Stärkste«! Mir ist seitdem zu Muthe als sei ich tödtlich verwundet, es setzt mich in Erstaunen, daß ich noch lebe.

Nietzsche an Franz Overbeck, 17. Juni 1887

Mark als offizielle deutsche Währung eingeführt worden war.) Die Klage ist berechtigt. Nicht einmal der ›Zarathustra‹ findet Leser. Bis zum Herbst 1887 sind nur gut 100 Exemplare verkauft, der Rest wird remittiert. Nietzsche ist tief getroffen.

Nervlich zerrüttet, von den üblichen Schmerzen gequält, aber unermüdlich schöpferisch tätig, lebt er in permanenter Spannung zwischen Euphorie und Depression. Da kommt, September 1887, der alte Freund Deussen samt Gattin zu Besuch ins Engadin. Paul Deussen, der so lange um Anerkennung zu kämpfen hatte und stets im Schatten Nietzsches manche Demütigung über sich ergehen lassen musste, steht nun, nach über 14 Jahren, plötzlich als zufriedener, reifer Mann vor dem ehemaligen Freund. Er ist Professor für Philosophie in Berlin, seine Publikationen werden positiv aufgenommen, und er bewohnt mit seiner jungen Frau eine prächtige Villa am Stadtrand. Als jemand, der alles erreicht hat, was für einen gelehrten, ehrgeizigen Charakter in jener Zeit erstrebenswert war, braucht er sich vor Nietzsche nicht mehr zu verstecken. Nicht ohne Genugtuung blickt Deussen auf den alten Freund; Nietzsche wirkt auf ihn wie ein Wrack. Paul Deussen wird den Einsiedler von Sils-Maria im wachen Zustand nicht mehr wiedersehen.

Das war nicht mehr die stolze Haltung, der elastische Gang, die fließende Rede von ehedem. Nur mühsam und etwas nach der Seite hängend, schien er sich zu schleppen, und seine Rede wurde öfter schwerfällig und stockend. (…) Am nächsten Morgen führte er mich in seine Wohnung, oder, wie er sagte, in seine Höhle. (…) An der einen Seite standen seine mir von früher her meist noch wohlbekannten Bücher, dann folgte ein bäurischer Tisch mit Kaffeetasse, Eierschalen, Manuskripten, Toilettengegenständen in buntem Durcheinander, welches sich weiter über einen Stiefelknecht mit darin steckendem Stiefel bis zu dem noch ungemachten Bette fortsetzte.

Paul Deussen, Erinnerungen an Friedrich Nietzsche, Leipzig 1901, S. 91 ff.

Vom Fall Nietzsche(s) (1888–1900)

Wie man werden kann, was man nicht sein wollte

Nietzsche ahnt, dass ihm nicht mehr viel Zeit bleibt. Von der Furcht getrieben, der Irrsinn könnte ihn plötzlich niederwerfen, seine Arbeit abrupt beenden, leistet er wahrhaft Übermenschliches. Das kommende, letzte Jahr bei mehr oder weniger klarem Verstand, wird sein produktivstes werden. Zeitlebens hat er Raubbau betrieben an seiner Gesundheit, jetzt greift er die tiefsten Reserven an. Es folgt der Schlussakt, das große Finale, in dem noch einmal alles hervorbricht, was in Nietzsche je lebendig war: alle unterdrückten und offen ausgetragenen Leidenschaften, verborgenen Ängste, überspannten Visionen. Ein geniales Aufbäumen, trotzig, erhaben und von verwirrender Schönheit, in stilistisch nie zuvor erreichter Präzision. Wenige Wochen genü-

> Ich bin sehr in Thätigkeit; und die Umrisse der ohne allen Zweifel ungeheuren Aufgabe, die jetzt vor mir steht, steigen immer deutlicher aus dem Nebel heraus. Es gab düstere Stunden, es gab ganze Tage und Nächte inzwischen, wo ich nicht mehr wusste, wie leben und wo mich eine schwarze Verzweiflung ergriff, wie ich sie bisher noch nicht erlebt habe. Trotzdem weiß ich, dass ich weder rückwärts, noch rechts, noch links weg entschlüpfen kann: ich habe gar keine *Wahl*. Diese Logik hält mich jetzt allein aufrecht: von allen andern Seiten aus betrachtet ist mein Zustand unhaltbar und schmerzhaft bis zur Tortour. (…) Man soll jetzt nicht von mir »schöne Sachen« erwarten: so wenig man einem leidenden und verhungernden Thiere zumuten soll, dass es mit Anmuth seine Beute zerreißt. Der jahrelange Mangel einer wirklich erquickenden und heilenden *menschlichen* Liebe, die absurde Vereinsamung, die es mit sich bringt, dass fast jeder Rest von Zusammenhang mit Menschen nur eine Ursache von Verwundungen wird: das Alles ist vom Schlimmsten und hat nur ein Recht für sich, das Recht, nothwendig zu sein. –
>
> *Nietzsche an Overbeck, 3. Februar 1888*

38 Nietzsches Quartier in Turin, Via Carlo Alberto Nr. 6

gen ihm jeweils für die folgenden Werke: ›Der Fall Wagner‹, die ›Dionysos-Dithyramben‹, ›Götzen-Dämmerung – Oder: wie man mit dem Hammer philosophirt‹, ›Der Antichrist‹, die Autobiografie ›Ecce homo‹ sowie die Streitschrift ›Nietzsche contra Wagner‹. Bücher, aus denen die Glut seines Geistes ein letztes Mal mit mächtiger Geste aufleuchtet, um dann auf immer zu erlöschen. Zwar greift Nietzsche für alle diese Texte auf bereits vorhandene Notizen zurück, doch schmälert das seine Leistung jener Zeit nicht. Allein der Nachlass des Jahres 1888 umfasst rund 600 Druckseiten, mehr als doppelt so viel als in den vorherigen Jahren.

Der manisch schreibende Kranke weiß, wie es um ihn steht, und beklagt weiterhin seine Einsamkeit. Doch lasse man sich nicht täuschen. In Wahrheit mangelte es Nietzsche nie an Freunden, nie an Menschen, die ihm sehr nahe standen und ihn verehrten: Rohde, von Gersdorff, die Wagners, Malvida von Meysenbug, Overbeck, Köselitz. Die Vereinsamung, die Nietzsche stilisierte, war eine subjektiv empfundene. Er fühlte sich fremd und verkannt unter Menschen, weil niemand Gleiches und gleich tief empfand wie er. Nietzsche blieb nicht zuletzt deshalb auch unter Freunden allein, weil er kaum jemanden als kongenial neben sich akzeptierte. Nur den »ganz großen« gegenüber wie Goethe oder Beethoven bewahrte er zeitlebens Achtung. Die meisten anderen glaubte er tief unter sich.

Im Frühjahr, bevor Nietzsche sein Sommerdomizil Sils-Maria bezieht, möchte er zwei Monate in Turin verbringen. Die Luft sei dort besonders trocken, die breiten Straßen still und schattenreich, bestens geeignet für lange Spaziergänge. An der Piazza Carlo Alberto findet er Quartier. Turin ist eine schachbrettartig angelegte, junge und sehr moderne Großstadt. Prächtige Gründerzeitfassaden bestimmen das Stadtbild und bezeugen den Wohlstand der geschäftstüchtigen Bürger. Steht Nietzsche am Fenster, blickt er auf den eindrucksvollen Palazzo Carignano. Davor prangt ein mächtiges Reiterstandbild. Kein Wunder, dass bei ihm bald »königliche« Gefühle aufkommen. Zunächst nimmt Nietzsche die Stadt mit wohlwollend verzerrter Optik wahr: »Das ist wirklich die Stadt, die ich *jetzt* brauchen kann! (…) Gar nicht Großstadt, gar nicht modern.« Es ist die Stadt, in der Cesare Lombroso, italienischer Mediziner und Anthropologe, seine Theorien über die Beziehung von ›Genie und Irrsinn‹ aufgestellt hat, wovon Nietzsche aber vermutlich nichts wusste. Augen und Kopf schmerzen weniger, das Licht Turins versetzt den Ohrenmenschen, der bislang wenig gab auf visuelle Eindrücke, in merkwürdige Verzückungen. Da erreicht ihn, wie zur Komplettierung des plötzlichen Glücks, die Nachricht, dass der dänische Schriftsteller und Kritiker Georg Brandes im Frühjahr 1888 damit begonnen habe, an der Universität in Kopenhagen Vorlesungen »om den tyske filosof Friedrich Nietzsche« zu halten, der Saal sei jedes Mal »zum Bersten voll«, mehr als 300 Zuhörer, in den großen Zeitungen fänden sich Berichte. » – Sic *incipit* gloria mundi.« Und tatsächlich beginnt so für Nietzsche der Ruhm der Welt. In Georg Brandes hat er einen aufgeweckten, einflussreichen Bewunderer gefunden, der Nietzsche zu erstem bescheidenem Ansehen verhilft. Endlich ist jemand da, ein kluger, mutiger Kopf von gleicher Verwegenheit im Denken, eine verwandte Seele. Bereits Ende November 1887 hatte Brandes – einst in

Berlin durch Lou Andreas-Salomé auf den Philosophen aufmerksam gemacht – sich unumwunden zu Nietzsche bekannt: »Vieles stimmt mit meinen eignen Gedanken und Sympathien überein, die Geringschätzung der asketischen Ideale und der tiefe Unwille gegen demokratische Mittelmäßigkeit, Ihr aristokratischer Radikalismus. (...) Sie gehören zu den wenigen Menschen, mit denen ich sprechen möchte.« Über Brandes erfährt August Strindberg von Nietzsche, über Strindberg wiederum Ola Hansson. »Diesen Mann zu lesen, ist wie Bergluft atmen oder auf das Meer hinausschauen«, schwärmt Hansson. Februar 1889 wird er die erste größere Abhandlung über Nietzsches Leben und Werk veröffentlichen – eine recht subjektive wie pathetische, zwar leicht fehlerhafte, im ganzen aber treffende Darstellung – und damit die Nietzsche-Rezeption in Deutschland eröffnen.

Langsam regt sich Interesse an den Schriften dieses ominösen Philosophen. Unterstützer machen sich bemerkbar, etwa Richard M. Meyer, ein junger Privatdozent in Berlin, der Nietzsche anonym 2000 Mark zukommen lässt. Oder die Schweizer Schriftstellerin Meta von Salis, deren Bekanntschaft Nietzsche 1884 erfolgreich gesucht hat, und die, wie manche Freunde und Bekannte, später ihre Erinnerungen an den »Philosophen und Edelmenschen« veröffentlichen wird. Sie spendet 1000 Francs als Druckkostenzuschuss. In Wien hat sich ein kleiner Verehrer-Kreis gebildet, angeführt von dem schwärmerischen Jungdichter Siegfried Lipiner, was allerdings Nietzsches Missfallen erregt. »Ich schreibe ganz und gar nicht für die gährende und unreife Altersklasse.« – Genau die aber will ihn lesen. Den meisten anderen ist er noch fremd und suspekt. Selbst die Einwohner von Sils-Maria nehmen kaum Notiz von dem sonderlichen Gelehrten.

Nietzsche lebt dort oben ganz in seiner eigenen Welt, nur auf das Werk konzentriert. Fünfzehn Schriften hat er mittlerweile veröffentlicht. Doch was den Einsamen einfach nicht erreichen will, ist die Anerkennung und Verehrung, nach der er so dringend verlangt. Dann tröstet er sich selbst: »Sollten die allerbesten Dinge unbekannt bleiben? die allerbesten Menschen eingerechnet! Gehört es zum *Wesen* des Vollkommenen nicht ›berühmt‹ zu werden? – *Ruhm* – ich fürchte man muss ein wenig canaille sein, um berühmt zu werden.«

Schließlich schlägt der Kummer wieder in Produktivität um. Und von jetzt an nimmt der Schaffensrausch nicht mehr ab. Im Oktober 1888, wieder in Turin, erreicht Nietzsches geistige Erregung einen Höhepunkt. In nur drei Wochen schreibt er seine Autobiografie nieder. Als Titel wählt er die Worte des römischen Statthalters Pilatus, als dieser den leidenden Jesus Christus erblickte: ›Ecce homo‹. – Seht, welch ein Mensch! Untertitel: ›Wie man wird, was man ist‹. Kurz darauf vollendet Nietzsche ›Der Antichrist‹, das erste Buch der ›Umwerthung aller Werthe‹, wie er sein geplantes Hauptwerk ›Der Wille zur Macht‹, bestehend aus vier Büchern, jetzt nennt. Es sind Monate großer Glückserfahrung. Er arbeitet wie besessen. Seine Nerven werden immer empfindlicher. Alles um ihn herum erscheint ihm hell und herrlich, reinstes Oktoberlicht, überall leuchtende Farben. »Ich bin jetzt der dankbarste Mensch von der Welt – *herbstlich* gesinnt in jedem guten Sinne des Wortes: es ist meine große *Erntezeit*. Alles wird mir leicht, Alles geräth mir, obwohl schwerlich schon Jemand so große Dinge unter den Händen gehabt hat (…) ich fürchte, ich schieße die Geschichte der Menschheit in zwei Hälften aus einander.« Getragen von dem Übermut dieser Stimmung will er sich von vielen Freunden trennen, die, wie er meint, seiner Bekanntschaft nicht mehr würdig sind, weil sie ihn gar nicht oder bloß falsch verstehen. Sogar die geduldige, mütterliche Malwida von Meysenbug weist er von sich: »Ich habe allmählich fast alle meine menschlichen Beziehungen

> Ich habe der Menschheit das tiefste Buch gegeben, das sie besitzt, ein Buch, gegen das gerechnet die Bücher überhaupt bloß Litteratur sind. Wie man das *büßen* muß! (…) Die Wunde ist, keine Antwort, keinen Laut Antwort zu hören und die Last, die man zu theilen, die man abzugeben wünschte (– wozu schriebe man sonst?) in einer entsetzlichen Weise allein auf seinen Schultern zu haben. Man kann daran zu Grunde gehn, *»unsterblich«* zu sein!
>
> *Nietzsche an Malwida von Meysenbug, Ende Juli 1888*

abgeschafft, aus *Ekel* darüber, dass man mich für etwas Andres nimmt als ich bin. Jetzt sind Sie an der Reihe.«

Mit dem Ausbruch oder der Verschärfung der Krankheit, die ihn in geistige Umnachtung stürzen wird, lässt das Kopfleiden allmählich nach. Nietzsche fühlt sich erstmals seit langem schmerzfrei und vollkommen heiter. Den Winter 1888 erlebt er in höchster Euphorie. Sein ohnehin nicht gerade geringes Selbstbewusstsein überschlägt sich jetzt ins Maßlose. Kein ironischer Unterton schwingt in Nietzsches Überhöhungen mehr mit, sondern strenger Ernst und unumstößliche Gewissheit leiten ihn. Verleger Fritzsch lässt er wissen: »Sie haben die Auszeichnung, die Werke des ersten Menschen aller Jahrtausende im Verlag zu haben.« Nietzsche glaubt fest daran, dass das Schicksal der Menschheit in seinen Händen liege. Er habe die Kraft, die »Zeitrechnung zu verändern«, erfahren die Freunde, sein ›Zarathustra‹ sei die »Bibel der Zukunft«, noch ein paar Jahre, »und die Erde zittert vor einem ungeheuren Blitzschlage«, denn die »Umwerthung aller Werthe« werde ein Ereignis ohnegleichen, »nicht etwa ein litterarisches, sondern ein alles Bestehende Erschütterndes«. Fast sämtliche Briefe aus dieser Zeit sind in einem solchen Ton abgefasst. Und es wird schlimmer. Die ersten Anzeichen des Wahnsinns registriert Nietzsche noch selbst, wenn er beobachtet, wie er »fortwährende Grimassen« schneidet und dabei vor Vergnügen manchmal sogar in Tränen ausbricht: »Ich mache so viel dumme Possen mit mir selber und habe solche Privat-Hanswurst-Einfälle, dass ich mitunter eine halbe Stunde auf offner Straße *grinse*, ich weiß kein andres Wort. (...) Ich denke, mit einem solchen Zustand ist man reif zum ›Welt-Erlöser‹?« Erstaunlicherweise reagieren die Freunde auf solche Briefe nicht irritiert. Niemand zweifelt an Nietzsches Gesundheitszustand. Wahrscheinlich haben sie sich längst an den hohen Ton gewöhnt, so dass sie vielleicht nur eine geringe Veränderung bemerken. Dann aber überschlagen sich die Ereignisse. Zuerst will Nietzsche »große Politik« betreiben, also seine Philosophie endlich umsetzen, das heißt, das Individuum von allen staatlichen und metaphysischen Zwängen endgültig und restlos befreien.

Georg Brandes, den neuen Freund, weiht er in die Pläne ein: Zusammen mit den Juden (Brandes ist selbst Jude), dem Großkapital und den Offizieren will Nietzsche einen »*Vernichtungsschlag* gegen das *Christenthum*« führen. »*Siegen wir*, so haben wir die Erdregierung in den Händen – den Weltfrieden eingerechnet … Wir haben die absurden Grenzen der Rasse, Nation und Stände überwunden: es giebt nur noch Rangordnung zwischen Mensch und Mensch und zwar eine ungeheure lange Leiter von Rangordnung.« Dann entwirft er verhöhnende Briefe an Kaiser Wilhelm II. und Bismarck, zuletzt auch an den italienischen König. Seine Vermieter in Turin, die Eheleute Fino, bemerken Nietzsches veränderten Zustand lange nicht, bis er eines Tages erklärt, sie sollten das Haus feierlich herrichten, da der König und die Königin ihn besuchen kämen. Wenig später fühlt er sich selbst »wie ein kleiner Prinz«. Ende Dezember will Frau Fino durchs Schlüsselloch beobachtet haben, wie der Professor in seinem Zimmer nackt tanze. In die gleiche Zeit fällt die berühmte Episode von dem umarmten Droschkengaul. Nietzsche soll sich, wie hinterher erzählt wurde, auf der Piazza Carlo Alberto einem Pferd, das von seinem Kutscher geschlagen worden war, aus Mitleid an den Hals gehängt haben. Schließlich sei der Einsatz zweier kräftiger Polizisten erforderlich gewesen, um das Pferd von dem zudringlichen Philosophen zu befreien. Ein anderes Mal habe er Passanten auf der Straße mit den Worten angesprochen: »Ich bin Gott, ich habe mich so verkleidet, um mich den Menschen zu nähern.«

Endlich unverkennbares Signal für die Freunde, dass Nietzsche tatsächlich geistesgestört sei, sind die so genannten »Wahnsinnszettel«, die der Kranke Anfang Januar 1889 in die Welt verschickt.

Jacob Burckhardt erhält einen Brief folgenden Inhalts: »Lieber Herr Professor, zuletzt wäre ich viel lieber Basler Professor als Gott; aber ich habe es nicht gewagt, meinen Privat-Egoismus so weit zu treiben, um seinetwegen die Schaffung der Welt zu unterlassen.« Mit diesem Schreiben eilt Burckhardt zu Overbeck. Dieser, selbst Empfänger eines »Wahnsinnszettels«, macht sich unverzüglich auf nach Turin.

Dort findet er Nietzsche »entsetzlich verfallen« vor. Der Kranke erkennt den Freund, stürzt auf ihn zu, umarmt ihn heftig unter Tränen. Es bedarf einiger Überredungskünste, um Nietzsche, der sich jetzt für den König von Italien hält, nach Basel zu bringen. In der dortigen Nervenklinik wird er untersucht und versorgt, bis die Mutter ihn wenige Tage später in die Psychiatrische Universitätsklinik von Jena überführt. Der ihn betreuende Nervenarzt Otto Binswanger diagnostiziert »progressive Paralyse«, gewöhnlich hervorgerufen durch Syphiliserreger. Die damalige medizinische Forschung sah sich zwar noch nicht in der Lage, genau zu bestimmen, ob die Paralyse ihre Ursache allein in der Syphilis habe, feststehen dürfte jedoch, dass Nietzsche von ihr befallen war. Er selbst erklärt den Jenaer Ärzten im Januar 1889, er habe sich 1866, also in seiner Leipziger Studentenzeit, zweimal spezifisch infiziert. Ferner scheint gewiss zu sein, dass er deswegen in Leipzig ärztlich behandelt worden war. Wie, wo und wann genau sich Nietzsche angesteckt hat, kann heute allerdings nicht mehr geklärt werden. Gleichfalls strittig bleibt die Frage, wo sich im Werk Nietzsches zum ersten Mal Anzeichen von Krankheit finden lassen. Cosima Wagner wollte ja bereits 1879 in ›Menschliches, Allzumenschliches‹ »einen Anfang von Gehirnzerrüttung« erkannt haben. 1888 wird die Sache greifbarer. Allerdings weniger aufgrund des

An die Prinzeß Ariadne, meine Geliebte. Es ist ein Vorurtheil, daß ich ein Mensch bin. Aber ich habe schon oft unter den Menschen gelebt und kenne Alles, was Menschen erleben können, vom Niedrigsten bis zum Höchsten. Ich bin unter Indern Buddha, in Griechenland Dionysos gewesen, – Alexander und Caesar sind meine Inkarnationen, insgleichen der Dichter des Shakespeare Lord Bakon. Zuletzt war ich noch Voltaire und Napoleon, vielleicht auch Richard Wagner … Dies Mal aber komme ich als der siegreiche Dionysos, der die Erde zu einem Festtag machen wird … Nicht daß ich viel Zeit hätte … Die Himmel freuen sich, daß ich da bin … Ich habe auch am Kreuze gehangen …

Brief an Cosima Wagner vom 3. Januar 1889

Inhalts als vielmehr aufgrund der enormen Menge der in kürzester Zeit entstandenen Texte. Es ist nicht auszuschließen, dass das Luesgift Nietzsches atemlosen Schaffensrausch erst ermöglichte. Im Endstadium der Syphilis, kurz bevor die Paralyse einsetzte, befreite sie ihn sogar von seinen chronischen Schmerzen. – Erst danach versank er in Wahnsinn.

Im Januar 1889 schätzen die Ärzte Nietzsches Lebensdauer noch auf ein bis zwei Jahre. Dann schreitet der Verfall rapide voran. Gehirnfunktionen setzen aus. Er brüllt herum und tobt, schmiert Kot. Nietzsches Geist ist nun der eines Kleinkindes. Die Mutter ist ratlos. Da tritt im November 1889 der Kunsthistoriker Julius Langbehn an Franziska Nietzsche heran und verspricht der Frau, ihren Sohn durch Gespräche auf Spaziergängen heilen zu können. Bedingung: sie müsse ihn aus der Anstalt nehmen und den Kranken ganz in seine Obhut geben. Die scheinbare Besserung Nietzsches nach Gesprächen mit Langbehn verunsichert Franziska zunächst und beflügelt ihre Hoffnungen, dass ihr Sohn doch noch zu retten sei. Als Langbehn aber die Vormundschaft über Nietzsche und dessen Basler Pension für sich einfordert, lehnt sie, unterstützt von Overbeck, schließlich ab und beendet damit die zweifelhaften Heilungsversuche.

Nach vierzehn Monaten, im Mai 1890, holt Franziska Nietzsche ihren Sohn aus der Anstalt zu sich nach Naumburg, wo sie seine Pflege übernimmt. Ein paar Jahre später glaubt Alfred Schuler, Bachofen-Jünger und Esoteriker, der sich für einen inkarnierten antiken Römer hält, Nietzsche durch korybantische Tänze heilen zu können. Über zwei Jahre lang hat sich der so genannte Kosmiker aus dem George-Kreis auf diese okkulte Therapie vorbereitet, am Ende fehlen ihm aber sowohl geeignete Jünglinge als auch die korrekte Ausrüstung der Tänzer, um seinen Heilungsversuch

> Der Gesichtsausdruck ist sicher u. selbstbewusst, oft selbstgefällig u. affektiert. (...) Unzählige Male versucht er den Ärzten die Hand zu schütteln. (...) Während des Sprechens grimassiert er fast unausgesetzt. (...) Pat. ißt stark.
>
> *Jenaer Krankenjournal*

durchführen zu können. Im Herbst 1893 verschlechtert sich Nietzsches Zustand erneut. Sein auffälliges Verhalten führt dazu, dass die Mutter keine Spaziergänge mehr mit ihm unternehmen will. Einmal hat er sich auf offener Straße entkleidet, weil er baden wollte. Unterdessen begründet Elisabeth, die sich seit ihrer Verheiratung Förster-Nietzsche nennt, Ende 1893 in Naumburg das Nietzsche-Archiv, dessen Leitung sie selbst übernimmt. Im August 1896 zieht sie damit nach Weimar. Meta von Salis, wohlhabende Freundin der Familie, kauft die so genannte Villa Silberblick (Humboldtstraße 36). Elisabeth richtet dort das Archiv und für sich eine Wohnung ein. Im Sommer 1897 holt sie ihren kranken Bruder aus Naumburg in die Weimarer Villa, wenige Monate nach dem Tod der Mutter. Zwar kann Elisabeth viele namhafte Persönlichkeiten zur Mitarbeit am Nietzsche-Archiv gewinnen, unter ihnen Harry Graf Kessler, Hans Olde, Rudolf Steiner, Ernst Horneffer und Henry van de Velde, doch ihre intrigante und herrschsüchtige Art führt dazu, dass sie sich schließlich mit allen überwirft. Ihr großes Verdienst besteht allerdings darin, die Schriften ihres Bruders bewahrt zu haben. Andererseits schreckt sie nicht vor Fälschungen zurück, besonders, wenn es darum geht, das Verhältnis Nietzsches zu ihr als durchweg liebevoll und herzlich zu schildern. Dazu nutzt Elisabeth auch ihre dreibändige Nietzsche-Biografie, die zwischen 1895 und 1904 erscheint, und aufgrund derer sie dreimal für den Literatur-Nobelpreis vorgeschlagen wird, ohne ihn freilich zu erhalten. Gemeinsam mit Heinrich Köselitz publiziert sie 1906 aus dem umfangreichen Nachlass ihres Bruders in eigenwilliger Auswahl ein Buch, das sie, geschäftstüchtig, wie sie ist, als das unvollendet gebliebene Hauptwerk Nietzsches auf den Markt bringt: ›Der Wille zur Macht‹. Das Buch mit dem markanten Titel findet reißenden Absatz. Nietzsche ist mittlerweile der berühmteste Philosoph Deutschlands.

Ab 1897 nehmen die Lähmungen zu und fesseln ihn ans Bett. Er ist absolut hilflos. Der buschige Schnauzer, der die Nahrungsaufnahme gewiss erschwerte, ist längst zu seinem Markenzeichen geworden und wird ihm deshalb nicht abge-

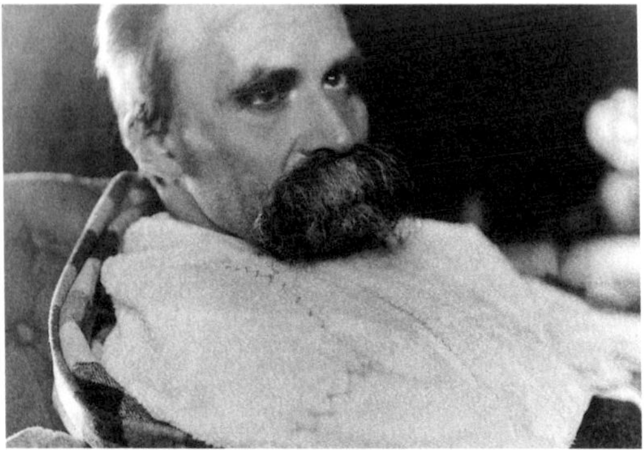

39 Der kranke Nietzsche 1899. Photo von Hans Olde

nommen. Im Zustand völliger geistiger Umnachtung dämmert Nietzsche, von vielen Bewunderern besucht, noch drei Jahre dahin, bis er in den frühen Morgenstunden des 25. August 1900 an den Folgen einer Lungenentzündung stirbt. Beerdigt wird der Philosoph in seinem Heimatdorf Röcken, hinter der Kirche, wo die Familie ihre Ruhestätte hat. Bewegter Ernst und getragenes Pathos bestimmen die Beisetzung. Eine Kranzschleife gelobt: »Dein Name sei heilig allen kommenden Geschlechtern!«

Vom Wirken

Ich bin kein Mensch, ich bin Dynamit

Nietzsche hat die ungeheure Resonanz seiner Schriften nicht mehr wahrnehmen können. Unmittelbar nachdem sich die ersten größeren Erfolge abzeichneten, fiel der Philosoph in geistige Umnachtung. Von da an wuchs seine Popularität schnell ins Gigantische. Und diese Entwicklung war kein Zufall. 1890 erzielt Langbehn – der übrigens bereits im März 1886 die Bekanntschaft Nietzsches suchte, von diesem aber ignoriert wurde – mit seiner anonym veröffentlichten Schrift ›Rembrandt als Erzieher‹ den größten Bucherfolg des ausgehenden Jahrhunderts: 60 000 Exemplare verkaufen sich allein im ersten Jahr, bis 1893 erscheinen über vierzig Auflagen. Das zutiefst antimoderne Buch trifft den Nerv der Zeit wie kein zweites und sorgt für gewaltiges Aufsehen unter den Lesern. Man nennt Nietzsche und Langbehn in einem Atemzug, und nicht wenige halten Letzteren zunächst für bedeutender. Zweifellos hat Langbehns Buch, dessen Titel nicht zufällig an Nietzsches dritte ›Unzeitgemässe Betrachtung‹ erinnert, die begeisterte Aufnahme des Philosophen vorbereitet. Erst las die Jugend ›Rembrandt als Erzieher‹, dann, vor allem die gebildete, ›Also sprach Zarathustra‹. In wenigen Jahren war Nietzsche zum »Modephilosophen« schlechthin geworden, wie 1900 der Sozialphilosoph Theobald Ziegler kritisch bemerkte. Ein wesentlicher Grund für

In ganz Deutschland ist um 1890 nicht nur politisch, sondern auch geistig etwas Neues zu spüren, und zwar beides zueinander in umgekehrter Kurve (...), das eine ist sicher, daß eine neue tiefere Sehnsucht nach dem Echten und Wahren, aber auch ein neuer Sinn für die zerrissene Problematik des modernen Lebens erwacht und von seiner zivilisierten Oberfläche wieder in die bald unheimliche, bald lockende Tiefe zu tauchen versuchte.

Friedrich Meinecke, Erlebtes 1862–1901

diesen kometenhaften Aufstieg liegt in dem epochalen kulturellen Wandel, der sich gegen Ende des Jahrhunderts vollzog und bald alle Lebensbereiche erfasste.

Politisch äußerte er sich in Gestalt antirationaler und antiliberaler Bewegungen, die in Kommerzialisierung und Verstädterung Unheil sahen. Besonders im Bildungsbürgertum wuchs ein tiefes, ernstes Unbehagen an der industriellen Kultur heran. Überall wurden Klagen laut über den Niedergang des deutschen Geistes, man verurteilte den Verlust des Idealismus in der Politik und den Materialismus im Wirtschaftsleben. Widerstand regte sich aber auch gegen den Positivismus in der Wissenschaft, gegen den Naturalismus in der Kunst, was zur Neo-Romantik und zum Symbolismus führte. Die Kunst erhielt Kultcharakter, das gesamte Leben sollte ästhetisiert werden, man rang um Erziehungsfragen und Lehrpläne, huldigte der Schönheit des Körpers, die Kleidermode lockerte sich, beide Geschlechter trieben Sport und Tanz, bevorzugt sogar nackt, die Jugendbewegung entstand und die Lebensreformer traten auf. Volkstum, Einfalt, Natur und Jugend wurden Leitbegriffe, aber auch Gesundheit, Kraft und Schönheit. Charles Darwins Lehre vom Kampf ums Dasein erreichte breite Schichten, ebenso Ernst Haeckels

40 Entwurf zu einer geplanten Nietzsche-Gedenkstätte von Fritz Schumacher, 1898

antiklerikale, monistische Naturphilosophie, mit der er die ›Welträtsel‹ (1899) lösen zu können glaubte. Dieser neue Zeitgeist, der sich zu Nietzsches Schaffenszeit bestenfalls angedeutet hatte, jetzt aber zum Durchbruch gelangte, förderte die Popularität seiner Schriften enorm. Um 1900 lag Nietzsche gewissermaßen in der Luft. Er lieferte die Begriffe zum Protest gegen die Zwänge des alten Jahrhunderts. Der gewaltige Schatten, den er warf, ragte bis weit in die kommende Zeit hinein. Ohne Übertreibung darf man sagen: Kein Denker hat, wenigstens nicht in Europa, auf die Gebildeten des 20. Jahrhunderts stärker gewirkt als Friedrich Nietzsche. Es gab kaum eine geistige Größe, die nicht in irgendeiner Weise ihr »Nietzsche-Erlebnis« gehabt hätte. Bis heute gilt Nietzsche weltweit als der meistzitierte Philosoph. Um die Jahrhundertwende begannen die ersten Verehrer damit, ihn gegen seinen Willen zum Propheten und zum Gesetzgeber kultureller Erneuerung zu erheben. Monumentale Denkmäler, Tempelanlagen samt Stadien wurden zu seinen Ehren geplant und selbst von so gemäßigten Persönlichkeiten wie Hugo von Hofmannsthal, Harry Graf Kessler, Max Reinhardt oder Walther Rathenau unterstützt. Doch vor allem die Wirkung der zumeist reformbewegten oder expressionistischen, nicht selten antimodernen bis nihilistischen Strömungen, deren Vertreter fast geschlossen klingenden Spiels in den Ersten Weltkrieg zogen, und deren Spuren noch bis in den Nationalsozialismus hinein nachweisbar sind, sollte äußert nachhaltig werden und mit dem Namen Nietzsches bis heute verbunden bleiben.

Sein Diesseits-Enthusiasmus, seine totale Bejahung des Lebens und des Leibes wurde als große Befreiung und

Eigentlich hat alles, was meine Generation diskutierte, innerlich sich auseinanderdachte, man kann sagen: erlitt, man kann sagen: breittrat – alles das hatte sich bereits bei Nietzsche ausgesprochen und erschöpft, definitive Formulierung gefunden, alles Weitere war Exegese.

Gottfried Benn, Nietzsche nach 50 Jahren, 1950

Emanzipation empfunden. Gleichzeitig hat seine Lehre, dass es keine absoluten Wahrheiten, keine verbindlichen Werte an sich gebe, das »kulturelle Unbehagen« (Sigmund Freud) der Generation um 1900 noch verschärft und manches zur Radikalisierung im politischen Umgang der zwanziger und dreißiger Jahre beigetragen. Das Bedürfnis nach einer neuen Mythologie wurde laut. Der Germanist Ernst Bertram aus dem Umfeld Stefan Georges erlangt 1918 großen Erfolg mit seinem Buch ›Nietzsche – Versuch einer Mythologie‹, in dem er betont, dass es weniger auf die so genannte Wahrhaftigkeit der Dinge ankomme als vielmehr auf die Kraft der begeisternden Idee, die dahinter stecke, also auf die Legende. Nietzsche wird jetzt selbst zur Legende verklärt, was man unter Berufung auf dessen eigene Philosophie zu begründen versucht. Hauptsächlich sind es Ästheten, Freidenker, Lebensreformer, Literaten und Künstler, die Nietzsche lesen und würdigen, seltener Fachphilosophen. Erst in den dreißiger Jahren setzen sich führende Denker wie Martin Heidegger oder Karl Jaspers mit Nietzsches Philosophie intensiv auseinander. Natürlich wirkt diese auch auf die Politik. In Italien bekennt sich Benito Mussolini bereits in den frühen zwanziger Jahren öffentlich zu Nietzsche. Gleich seinem Vorbild bewunderte er, der im Gegensatz zu Adolf Hitler Nietzsche wirklich gelesen hatte, große Gewaltmenschen wie Alexander, Cäsar, Napoleon oder Cesare Borgia. Gern stellte sich der Diktator in die Tradition des ersten römischen Kaisers Augustus. Für Elisabeth Nietzsche war die Sache damit klar: Mussolini und Hitler seien die von ihrem Bruder prophezeiten Übermenschen. Sie begeisterte sich für die faschistischen Bewegungen und suchte früh Kontakt zu deren Führern.

Die Nationalsozialisten entdeckten Nietzsche erst relativ

> Bei allen radikalen Parteien (Socialisten, Nihilisten, Antisemiten, christl. Orthodoxen, Wagnerianern) genieße ich eines wunderlichen und fast mysteriösen Ansehens. Die extreme Lauterkeit der Atmosphäre, in die ich mich gestellt habe, verführt...
>
> *Nietzsche an Franz Overbeck, 24. März 1887*

spät. Alfred Rosenberg, der sich selbst gern als Chefideologe der Partei verstand, geht in seinem ›Mythus des 20. Jahrhunderts‹ (1930) nur marginal auf Nietzsche ein, und in Hitlers ›Mein Kampf‹ (1925–27) wird der Philosoph nicht einmal erwähnt. Erst Alfred Baeumler, dem renommierten Bachofen-Forscher, »Alten Kämpfer«, Professor in Dresden und 1930–31 Neuherausgeber von Nietzsches Werken, gelang es, den Philosophen im Sinne der NSDAP zu politisieren. Auch Hitler erkannte, wie wichtig es war, das Regime intellektuell zu untermauern, indem man Nietzsche zum Hofphilosophen ernannte. Dass dieser kaum damit einverstanden gewesen wäre und dass sein Denken schwerlich zur Staatsphilosophie taugt, muss nicht mehr eigens betont werden.

Nach dem Krieg wurde Nietzsche von den Siegermächten – übrigens neben Hegel und Fichte – zu den geistigen »Kriegsverbrechern« gerechnet. Man gab der deutschen Philosophie – wie schon nach dem Ersten Weltkrieg – eine Mitschuld an der Katastrophe. Die sowjetische Besatzungsmacht sperrte das Archiv in Weimar. In der DDR galt die Beschäftigung mit Nietzsche als »unerwünscht«, Werk und Person wurden tabuisiert. 1953 deutete der marxistische Literaturhistoriker Georg Lukács die deutsche Philosophiegeschichte des 19./20. Jahrhunderts als »Zerstörung der Vernunft« und erklärte Nietzsche zum »Begründer des Irrationalismus der imperialistischen Periode«. Im Westen versuchte man ihn vorsichtig zu rehabilitieren, indem man auf die Verfälschungen hinwies und den »weichen« Nietzsche hervorhob, den Psychologen, Europäer und Aufklärer.

Bis heute polarisiert Nietzsche seine Leser. Und das kann auch gar nicht anders sein. Denn mit Nietzsche wird man nicht »fertig«. Er bleibt beunruhigend, eine permanente Provokation auch für die postmoderne Welt, in der die von ihm benannten Probleme noch lange nicht überwunden sind.

Zeittafel

1844 Friedrich Wilhelm Nietzsche wird am 15. Oktober als Sohn des Pfarrers Ludwig Nietzsche und dessen Ehefrau Franziska, geb. Oehler, in Röcken bei Leipzig geboren.

1846 Geburt der Schwester Elisabeth am 10. Juli.

1848 Geburt des Bruders Ludwig Joseph am 27. Februar. Er stirbt nach zwei Jahren.

1849 Vater Ludwig Nietzsche stirbt am 30. Juli an »Gehirnerweichung«.

1850 Übersiedlung mit Mutter, Schwester, Großmutter und zwei Tanten nach Naumburg.

1854–1858 Besuch des Domgymnasiums. Freundschaft mit Wilhelm Pinder und Gustav Krug.

1858–1864 Alumnus des Elite-Internats Schulpforta bei Naumburg. Freundschaft mit Carl von Gersdorff und Paul Deussen. Nietzsche begeistert sich für Jean Paul, Friedrich Hölderlin und Lord Byron.

1862 Mit den beiden Freunden Krug und Pinder Gründung des Selbstbildungsvereines »Germania«. Für diesen Verein schreibt Nietzsche u. a. die Abhandlung ›Fatum und Geschichte‹.

1864 Nach dem Abitur Student der Theologie und Philosophie in Bonn. Hört aber auch Klassische Philologie bei Friedrich Ritschl und Otto Jahn, ferner Kunstgeschichte und Politik.

1865 Nietzsche folgt seinem Lehrer Ritschl nach Leipzig, um dort nur noch Klassische Philologie zu studieren. Erste begeisterte Lektüre von Schopenhauers ›Welt als Wille und Vorstellung‹.

1866 Freundschaft mit Erwin Rohde. Nietzsche liest mit großem Gewinn Friedrich Albert Langes ›Geschichte des Materialismus‹.

1866–1868 Militärdienst bei der reitenden Artillerie in Naumburg. Schwere Verletzung nach einem Sturz vom Pferd.

1868 Fortsetzung des Studiums. Nietzsche lernt in Leipzig Richard Wagner kennen. Sofort entsteht eine tiefe Freundschaft zwischen den beiden.

1869 Auf Betreiben Ritschls wird Nietzsche im Februar an die Universität Basel berufen. Ohne promoviert zu sein, erhält er eine außerordentliche Professur für Klassische Philologie. Im Mai erster Besuch bei Richard Wagner und Cosima von Bülow in Tribschen bei Luzern. In Basel freundet sich Nietzsche mit dem Kunsthistoriker Jacob Burckhardt an.

1871 Teilnahme am Deutsch-Französischen Krieg als Sanitäter, erkrankt dabei schwer an Ruhr und Diphtherie. Zurück in Basel Beginn der Freundschaft mit dem Theologen Franz Overbeck.

1872 Januar Veröffentlichung der ›Geburt der Tragödie aus dem Geiste der Musik‹. Von Januar bis März hält Nietzsche in Basel fünf Vorträge ›Über die Zukunft unserer Bildungsanstalten‹. Im April verlassen die Wagners Tribschen und ziehen nach Bayreuth. Dort am 22. Mai (Wagners Geburtstag) Grundsteinlegung des Festspielhauses. Nietzsche komponiert ›Manfred-Meditation‹ und schickt sie dem Dirigenten Hans von Bülow, der sich entsetzt darüber zeigt.

1873 Nietzsches Tragödienbuch wird

von den Fachgelehrten heftig attackiert. Rohde verteidigt seinen Freund mit einer Replik. Die erste ›Unzeitgemässe Betrachtung: David Strauss, der Bekenner und Schriftsteller‹ entsteht, kurz darauf die zweite: ›Vom Nutzen und Nachteil der Historie für das Leben‹ (erscheint im Januar 1874). Oft krank.

1874 Die dritte ›Unzeitgemässe Betrachtung: Schopenhauer als Erzieher‹ wird veröffentlicht. Wegen der massiven Kritik an seinem Tragödienbuch bleiben Nietzsche die Studenten aus. Beschäftigung mit Max Stirner.

1875 Der Musiker und Komponist Heinrich Köselitz hört Nietzsches Vorlesungen und sucht die Freundschaft zu dem Philosophen. Nietzsche leidet immer häufiger unter Kopfschmerzen.

1876 Vierte ›Unzeitgemässe Betrachtung: Richard Wagner in Bayreuth‹ gelangt zum Druck. Beginn der Freundschaft mit dem Psychologen Paul Rée und der Schriftstellerin Malwida von Meysenbug. Im August: Eröffnung der Bayreuther Festspiele. Bitter enttäuscht über den Verlauf reist Nietzsche vorzeitig ab. Verschlechterung seines Gesundheitszustandes. Die Universität Basel bewilligt ihm einen längeren Gesundheitsurlaub, den er mit Rée und Malwida von Meysenbug ab Oktober in Sorrent verbringt. Dort letztes Zusammentreffen mit Wagner.

1877 Arbeit an ›Menschliches, Allzumenschliches‹ (erscheint 1878). Abkehr von der Philosophie Schopenhauers und der Ästhetik Wagners, Hinwendung zum Positivismus.

1878 Wagner übersendet Nietzsche seinen ›Parsifal‹ und erhält ›Menschliches, Allzumenschliches‹. Gegenseitige Enttäuschung. Zugleich letzter Briefwechsel der beiden. Nietzsche leidet vermehrt unter starken Kopfschmerzen.

1879 Aus Krankheitsgründen muss Nietzsche seine Lehrtätigkeit aufgeben. Die Universität Basel zahlt ihm aber weiterhin einen Teil seines Gehalts. Das Wanderleben beginnt. Im Sommer erster längerer Aufenthalt im Engadin. Der zweite Teil von ›Menschliches, Allzumenschliches‹ und ›Der Wanderer und sein Schatten‹ erscheinen.

1880 Im Frühjahr erster Aufenthalt in Venedig mit Köselitz. Arbeit an der ›Morgenröthe‹ (erscheint 1881). Den Winter verbringt Nietzsche erstmals in Genua. Wachsendes Interesse an den Naturwissenschaften.

1881 Erster Sommer in Sils-Maria. Will ganz zurückgezogen leben. Entdeckt Spinoza und fühlt sich mit dessen Ideen verwandt. ›Die fröhliche Wissenschaft‹ entsteht (gedruckt 1882). Im November hört er in Genua zum ersten Mal und mit großer Begeisterung Bizets Oper ›Carmen‹.

1882 Im Frühling Ausflug nach Sizilien, dann nach Rom. Dort trifft er mit Lou von Salomé zusammen. Kurze intensive Freundschaft. Nietzsche macht ihr wahrscheinlich zwei Heiratsanträge, die sie zurückweist. Bald darauf schmerzvolle Trennung. Den Winter über in Rapallo. Tiefe Depression.

1883 Nietzsche schreibt den ersten Teil von ›Also sprach Zarathustra. – Ein Buch für Alle und Keinen‹. Wagner stirbt in Venedig. Zerwürfnis mit Mutter und Schwester. Weiterhin sehr krank. In Nizza, wo er den Winter verbringt, hofft er auf Besserung.

1884 Der zweite und der dritte Teil von ›Also sprach Zarathustra‹ werden veröffentlicht. Wie schon alle vorangegangenen Titel findet auch dieses Buch nur wenige Leser. Verbitterung bei Nietzsche, denn er ist davon überzeugt, ein epochales Werk geschaffen zu haben. Den Winter verbringt er wieder in Nizza.

1885 Nietzsches Verleger Schmeitzner droht Konkurs. Deshalb erscheint der vierte Teil des ›Zarathustra‹ als Privatdruck. Schwester Elisabeth heiratet im Mai den aktiven Antisemiten Bernhard Förster in Naumburg.

1886 Das Ehepaar reist nach Paraguay, weil Förster dort eine deutsche Kolonie gründen will. Für sein neues Buch ›Jenseits von Gut und Böse‹ findet Nietzsche keinen Verleger, weshalb es im August – wie alle folgenden Schriften – auf eigene Kosten gedruckt wird. Die meisten Besprechungen fallen negativ aus, doch in einer wird es als »gefährlich« eingestuft und mit Dynamit verglichen. Wenig später plant Nietzsche ein vierbändiges Hauptwerk mit dem Titel: ›Der Wille zur Macht. Versuch einer Umwerthung aller Werthe‹. Für seine bisher erschienenen Bücher verfasst er neue Vorreden.

1887 Als erklärende Ergänzung zu ›Jenseits von Gut und Böse‹ entsteht ›Zur Genealogie der Moral‹. Bruch mit Erwin Rohde. Winter in Nizza. Erster Briefwechsel mit dem dänischen Publizisten Georg Brandes.

1888 Im Frühjahr zum ersten Mal in Turin. Die Stadt gefällt ihm sehr. Es entsteht ›Der Fall Wagner‹. Den Sommer verbringt Nietzsche wieder in Sils-Maria. Gefühl der totalen Vereinsamung. Arbeit an ›Götzen-Dämmerung‹ (erscheint im Januar 1889) und am ersten Buch zum ›Willen zur Macht: Der Antichrist‹ (erscheint erst 1894). Ab Herbst wieder in Turin. Georg Brandes hält in Kopenhagen Vorlesungen über »den deutschen Philosophen Friedrich Nietzsche«. Verstärkt Äußerungen grober Selbstüberschätzung. Er schreibt seine Autobiografie ›Ecce homo‹. Gegen Ende des Jahres lassen die Schmerzen nach. Nietzsche fühlt sich gesund wie nie und arbeitet unermüdlich. Kurz darauf ausbrechender Wahnsinn.

1889 Januar: Nietzsche erleidet Nervenzusammenbruch, umklammert den Hals eines Droschkenpferdes, verschickt so genannte »Wahnsinnszettel« an die Freunde. Overbeck reist nach Turin, um den kranken Freund mit nach Basel zu nehmen. Von dort aus wird er in die psychiatrische Klinik nach Jena überführt. Der Schwede Ola Hansson veröffentlicht den ersten größeren Aufsatz über Nietzsche. Kuriose Heilungsversuche durch den Kunsthistoriker Julius Langbehn.

1890 April: Georg Brandes fasst in der ›Deutschen Rundschau‹ seine Vorlesungen über Nietzsche zusammen: ›Aristokratischer Radikalismus. Eine Abhandlung über Friedrich Nietzsche‹. Ab Mai übernimmt Mutter Franziska die Pflege ihres Sohnes in Naumburg.

1891 Verstärkte öffentliche Auseinandersetzung mit den Werken Nietzsches, Beginn seiner Popularität. Ende 1892 sind bereits mehr als 25 Bücher oder größere Aufsätze über Nietzsche erschienen.

1893 Im November gründet Elisabeth in Naumburg das Nietzsche-Archiv.

1897 Tod der Mutter. Elisabeth bringt Nietzsche von Naumburg nach Weimar in die »Villa Silberblick« und übernimmt seine Pflege.

1900 Am 25. August stirbt Nietzsche infolge einer Lungenentzündung in Weimar.

Bibliografie / Diskografie

Werkausgaben

Nietzsche, Friedrich: Werke. Kritische Gesamtausgabe (KGW). Hg. von Giorgio Colli und Mazzino Montinari. Berlin/New York 1967 ff. *Maßgebliche Ausgabe. Enthält sämtliche veröffentlichten und unveröffentlichten Schriften Nietzsches ab 1870 sowie den kompletten Nachlass. Seit kurzem erweitert um Kinderzeichnungen und die frühesten schriftlichen Äußerungen Nietzsches.*

Nietzsche, Friedrich: Kritische Gesamtausgabe des Briefwechsels (KGB). Hg. von Giorgio Colli und Mazzino Montinari. Berlin/New York 1975–1985. *Versammelt sämtliche von Nietzsche verfassten und an ihn gerichteten Briefe.*

Nietzsche, Friedrich: Sämtliche Werke. Kritische Studienausgabe in 15 Bänden (KSA). Hg. von Giorgio Colli und Mazzino Montinari. München (dtv) 1988. *Wohlfeile allgemein gebräuchliche Ausgabe, identisch mit der KGW, abgesehen von den Kindertexten und -zeichnungen.*

Nietzsche, Friedrich: Sämtliche Briefe. Kritische Studienausgabe in 8 Bänden (KSB). München (dtv) 1986. *Abdruck sämtlicher Briefe Nietzsches. Identisch mit der KGB, ohne die an Nietzsche gerichteten Briefe.*

Nietzsche, Friedrich: Frühe Schriften in 5 Bänden (BAW). Hg. von Hans Joachim Mette u. a. München 1994. *Fotomechanischer Nachdruck der Historisch-kritischen Gesamtausgabe von 1933–1940 (nach fünf Bänden abgebrochen). Enthält die Schriften Nietzsches von 1854 bis 1869.*

Nietzsche, Friedrich: Werke in drei Bänden. Hg. von Karl Schlechta. München 1958. *Durch die KGW überholte Ausgabe. Enthält sämtliche von Nietzsche veröffentlichten Schriften, einige unveröffentlichte sowie manches aus dem Nachlass und einige Briefe.*

Biografien

(Erscheinungsjahr der Erstauflage)

Deussen, Paul: Erinnerungen an Friedrich Nietzsche. Leipzig 1901. *Lebendige Schilderung vor allem der gemeinsam erlebten Jahre. Kurzweilig erzählt mit einem Hauch Nostalgie und Kenner-Eitelkeit.*

Förster-Nietzsche, Elisabeth: Das Leben Friedrich Nietzsches. 3 Bände, Leipzig 1895–1904. *Umfangreiche, aber tendenziöse Darstellung der Schwester. Aufgrund vieler Anekdoten jedoch recht unterhaltsam.*

Frenzel, Ivo: Friedrich Nietzsche. Reinbek 1966. *Solide, knappe Biografie im Stil der sechziger Jahre. Mit zahlreichen Abbildungen.*

Janz, Curt Paul: Friedrich Nietzsche Biografie. 3 Bände, München/Wien 1978. *Umfassende Lebensbeschreibung auf wissenschaftlichem Niveau, deren erster Teil (bis 1869) von Richard Blunck (1953) stammt. Sehr informativ und detailliert, auch was Nietzsches Umfeld betrifft. Enthält ferner den musikalischen Nachlass.*

Ross, Werner: Der ängstliche Adler. Das Leben Friedrich Nietzsches. Stuttgart 1980. *Klassische Biografie, die auf 800 Seiten Unterhaltsames mit großer Sach- und Menschenkenntnis verbindet. Gut lesbar, jedoch nicht ohne Längen.*

Schmidt, Hermann Joseph: Nietzsche absconditus. Oder Spurenlesen bei Nietzsche. Berlin/Aschaffenburg 1991. *Ausschweifende, sich oft verplaudernde Beschreibung der Kindheits- und Jugendjahre. Nietzsche mit Entschlüsselungsanspruch. Intim und äußerst voluminös (über 2500 Seiten).*

Allgemeine Darstellungen, Leben, Werk, Wirkung

Andreas-Salomé, Lou: Friedrich Nietzsche in seinen Werken. Wien 1894. *Einfühlsame, kluge und ausgeglichene Darstellung von Nietzsches Wesen, Wandlungen und »System«, die auf Lou Andreas-Salomés persönlicher Bekanntschaft mit dem Philosophen fußt.*

Aschheim, Steven E.: Nietzsche und die Deutschen. Karriere eines Kults. Stuttgart/Weimar 2000. *Detaillierte Schilderung der Wirkung Nietzsches auf Literatur, Philosophie, Politik und Zeitgeist in Deutschland von 1890 bis in die Nachkriegszeit.*

Bertram, Ernst: Nietzsche – Versuch einer Mythologie. Berlin 1918. *Bewusst subjektive wie ästhetisch-romantische, dennoch ungeheuer kenntnisreiche Darstellung eines Nietzsche-Jüngers aus dem Umfeld des George-Kreises.*

Deleuze, Gilles: Nietzsche und die Philosophie. Frankfurt/Main 1976 (Französische Originalausgabe Paris 1962). *Intellektuell sehr anspruchsvolle Interpretation des Werks durch den neostrukturalistischen Philosophen, der mit seinem Buch eine Nietzsche-Renaissance in Frankreich einleitete.*

Heidegger, Martin: Nietzsche. 2 Bände. Pfullingen 1961. *Zusammengestellt aus Heideggers Nietzsche-Vorlesungen, die er zwischen 1936 und 1940 in Freiburg hielt, ergänzt durch Abhandlungen von 1940 bis 1946. Heideggers Denken kreist hauptsächlich um die Probleme der Metaphysik Nietzsches sowie um das der seinsgeschichtlichen Bestimmung des Nihilismus.*

Jaspers, Karl: Nietzsche. Einführung in das Verständnis seines Philosophierens. Heidelberg 1936. *Betonung der Vieldeutigkeit von Nietzsches Werk, das durch seine Widersprüchlichkeit alle Inhalte auflöst. Jaspers, Philosoph und Psychologe, entwirft das Bild von Nietzsche als Vorläufer der Existenzphilosophie.*

Kaufmann, Walter: Nietzsche – Philosoph – Psychologe – Antichrist. Darmstadt 1982. (Amerikanische Originalausgabe: Princeton 1950) *Fundierte Gesamtdarstellung mit Schwerpunkt auf Werkdeutung.*

Köhler, Joachim: Zarathustras Geheimnis. Friedrich Nietzsche und seine verschleierte Botschaft. Eine Biographie. Frankfurt/Main 1989. *Einfallsreiche, etwas induktive Deutung von Person und Werk aus psychoanalytischer Sicht mit dem Ziel, Nietzsches Homosexualität nachzuweisen.*

Montinari, Mazzino: Friedrich Nietzsche. Eine Einführung. Berlin/New York 1991. *Souveräne Vorstellung von Person und Werk eines der Herausgeber der Kritischen Gesamtausgabe und großen Nietzsche-Kenners.*

Safranski, Rüdiger: Friedrich Nietzsche. Biographie seines Denkens. München/Wien 2000. *Originelle, unvoreingenommene Interpretation des Werks, die sich auf anregende Weise um neue Gesichtspunkte bemüht.*

Safranski, Rüdiger: Nietzsche (Philosophie jetzt!). München (dtv) 1999. *Reiche Auswahl aus den Schriften und Briefen Nietzsches, nach Themen sortiert. Aufgrund seines didaktischen Aufbaus ist das Lesebuch besonders für Einsteiger geeignet.*

Stein, Ludwig: Friedrich Nietzsche's Weltanschauung und ihre Gefahren. Berlin 1893. *Interessante Würdigung des Werks mit der Absicht, vor den Folgen eines »Neo-Cynismus« zu warnen, der besonders die Jugend bei der Nietzsche-Lektüre erfassen könnte.*

Steiner, Rudolf: Nietzsche. Ein Kämpfer gegen seine Zeit. Weimar 1895. *Ganz im Stile der Jahrhundertwende abgefasster, recht affirmativer und heroisierender Essay mit Schwerpunkt auf Interpretation des »Übermenschen«. Steiner verstand sein Buch als Gegenstimme zu dem von Lou Andreas-Salomé.*

Nachschlagewerke

Benders, Raymond J. u. a. (Hg.), Friedrich Nietzsche. Chronik in Bildern und Texten. München (dtv) 2000. *In*

Bilddokumenten und Textzeugnissen erschließt die Chronik Tag für Tag Leben und Werk Nietzsches.

Campioni, Guiliano u. a. (Hg.): Nietzsches persönliche Bibliothek. Berlin/New York 2003. *Kommentierter Katalog sämtlicher Bücher, Zeitschriften und Noten, die Nietzsche aus seinem Besitz hinterlassen hat.*

Ottmann, Henning: Nietzsche-Handbuch. Leben – Werk – Wirkung. Stuttgart/Weimar 2000. *Darstellung sämtlicher Werke Nietzsches, einschließlich der Gedichte und Kompositionen. Ferner Biografie und Wirkungsgeschichte sowie Erklärung der wichtigsten Begriffe und Theorien.*

Prossliner, Johann: Das Lexikon der Nietzsche-Zitate. München (dtv) 2001. *Enthält rund 50 000 Stichwörter zu knapp 2 500 Zitaten, die in zwölf Kapiteln thematisch geordnet sind.*

Bibliografie

Jung, Susanne u. a. (Hg.): Weimarer Nietzsche-Bibliographie in 5 Bänden. Stuttgart/Weimar 2000–2002. *Auf über 3 000 Seiten sind sämtliche Titel der Primär- und Sekundärliteratur aufgeführt, die zwischen 1867 und 1998 erschienen sind. Ferner sämtliche Aufsätze über Leben und Werk, Wirkungs- und Forschungsgeschichte sowie über biografische Einzelheiten.*

Tonträger

Baumann, Kuhmann, Schrader: Ohne Heimat. Lieder und Texte des jungen Nietzsche. Dortmund 2003. *Stimmungsvolle Darbietung der frühen Kunst Nietzsches.*

Letnanova, Elena u. a.: Friedrich Nietzsche. Piano Works. Brüssel 1994. *Enthält 13 Kompositionen für Klavier und Violine.*

Young, John Bell u. a.: The Music of Friedrich Nietzsche. Newport Classic 1993. *Interessante Auswahl von 18 Kompositionen für Gesang, Klavier und Violine. Überwiegend Kunstlieder.*

Young, John Bell u. a.: The Piano Music of Friedrich Nietzsche. Newport Classic 1992. *16 Klavierstücke, die vieles über Nietzsches eigenwillige Komponierweise verraten.*

Register

A
Adorno, Theodor W. 147
Aischylos 53, 66
Alexander der Große 173, 180
Anaxagoras 43
Anaximander 43
Andreas, Friedrich Carl 126
Arion 65
Aristoteles 65, 68
Arndt, Ernst Moritz 34
Auerbach, Berthold 78
Augustus (Gaius Octavius) 180

B
Bach, Johann Sebastian 16
Bachofen, Johann Jakob 49
Bacon, Francis 173
Baeumler, Alfred 181
Bahrdt, Karl Friedrich 22
Baumgartner, Adolf 82, 88
Baumgartner, Marie 98
Beethoven, Ludwig van 16, 35, 77, 168
Benn, Gottfried 150, 178
Bertram, Ernst 180
Binswanger, Otto 173
Bismarck, Otto von 172
Bizet, Georges 102, 122
Böckh, August 66
Böcklin, Arnold 113
Bonnet, Jules 129
Borgia, Cesare 180
Boscovich, Ruggero 161
Brahms, Johannes 86,
Brandes, Georg 168, 172
Brenner, Albert 95, 101
Brockhaus, Friedrich 45, 46
Buddha 173
Bülow, Cosima s.u. Wagner, Cosima
Bülow, Hans von 52, 54, 55, 77, 83
Burckhardt, Jacob 16, 49, 51, 61, 66, 151, 172
Byron, George Noel Gordon Lord 25, 30, 92, 94

C
Caesar, Julius 173, 180
Chamfort, Sébastien 104
Chamisso, Adelbert von 38
Colli, Giorgio 136

D
Darwin, Charles 160, 179
Demokrit 43, 69
Descartes, René 140
Deussen, Paul 29, 31, 33 f., 37, 47 f., 165
Diodati, Gräfin 94
Diogenes Laertios 42, 69
Dühring, Eugen 83
Dürer, Albrecht 154
Duncker, Carl 156
Durisch, Gian Rudolf 144
Durisch, Maria 144

E
Eckermann, Johann Peter 91
Eichendorff, Joseph von 38
Eiser, Otto 105, 108, 112
Emerson, Ralph Waldo 152
Empedokles 69, 70, 71
Engels, Friedrich 83
Erasmus von Rotterdam 49
Eucken, Rudolf 51
Euripides 65, 66

F
Feuerbach, Ludwig 83
Fichte, Johann Gottlieb 22, 74, 141, 181
Fino, (Familie) 172
Fischer, Kuno 78, 152
Förster, Bernhard 154
Foissac, Pierre 122
Freud, Sigmund 81, 130, 180
Freytag, Gustav 78
Friedell, Egon 67
Friedrich Wilhelm IV., König von Preußen 7, 12
Fritzsch, Ernst Wilhelm 61, 103, 162, 171

G
Gast, Peter s.u. Köselitz, Heinrich
George, Stefan 174, 180

Gersdorff, Carl von 39, 77, 81 f., 86 f., 89, 92, 94, 96 f., 108, 167
Gervinus, Georg 78
Geyer, Ludwig 99
Goethe, Johann Wolfgang von 10, 16 f., 30, 38, 53, 67, 131, 140 f., 148, 152, 168
Gorgias 69, 159
Granier, Raimund 30
Groth, Klaus 38
Gustav II. Adolf 8

H
Haeckel, Ernst 160, 179
Händel, Georg Friedrich 16, 18
Hansson, Ola 169
Hartmann, Eduard von 83
Haydn, Joseph 16
Hegel, Georg Wilhelm Friedrich 16, 181
Heidegger, Martin 180
Heine, Heinrich 152
Heraklit 43
Herder, Johann Gottfried von 152
Heusler, Andreas 49
Hitler, Adolf 180 f.
Hölderlin, Friedrich 25, 27, 67, 70 f., 92, 100, 110
Hofmannsthal, Hugo von 179
Homer 50
Horneffer, Ernst 175
Humboldt, Wilhelm von 74
Husserl, Edmund 83

J
Jacobi, Friedrich Heinrich 151
Jahn, Otto 35, 38, 78
Jaspers, Karl 180
Jesus 18, 37, 170
Jean Paul (Johann Paul Friedrich Richter) 25
Jünger, Ernst 83

K
Kallikles 159
Kant, Immanuel 44, 51
Keller, Gottfried 152 f.
Kessler, Harry Graf 175, 179
Kirchner, Carl 24
Kleist, Heinrich von 111
Klinger, Friedrich Maximilian 83
Klopstock, Friedrich Gottlieb 22
Köselitz, Heinrich 90 f., 95, 103, 110, 112 f., 116 f., 120, 123, 131 ff., 135 f., 143, 153 f., 156, 164, 167, 175
Kolumbus, Christoph 114, 125
Kritias 69
Krug, Gustav 16, 18 ff., 27
Krug, Gustav Adolph 16 f.

L
Langbehn, Julius 174, 177
Lange, Friedrich Albert 43 f., 83
La Rochefoucauld, Francois 104
Lessing, Gotthold Ephraim 67, 152
Lipiner, Siegfried 169
Liszt, Franz 16
Lombroso, Cesare 168
Longfellow, Henry Wadsworth 94
Ludwig II., König von Bayern 49, 76
Lukács, Georg 181
Luther, Martin 148

M
Mackay, John Henry 83
Mahler, Gustav 55
Mann, Thomas 75
Marx, Karl 83
Meinecke, Friedrich 177
Mendelssohn-Bartholdy, Felix Jacob Ludwig 16
Meyer, Richard M. 169
Meysenbug, Malwida von 77, 85, 93, 95 f., 101, 124 f., 146, 153, 161, 167, 170
Montaigne, Michel de 104, 110
Montinari, Mazzino 136
Mozart, Wolfgang Amadeus 16
Müller, Karl Otfried 65, 66
Mushacke, Eduard 38
Mushacke, Hermann 38, 44
Mussolini, Benito 180

N
Napoleon Bonaparte 173, 180
Naumann, Constantin Georg 157
Nietzsche, Auguste 8, 10, 15
Nietzsche, Carl Ludwig 7–10, 12 f.
Nietzsche, Elisabeth 11 ff., 17, 19, 37, 89 f., 98, 103, 108, 134 ff., 144, 146, 154, 175, 180
Nietzsche, Erdmuthe 10, 13, 15 f.
Nietzsche, Franziska 9–13, 17 ff., 21, 28, 37, 174
Nietzsche, Friedrich August Ludwig 7
Nietzsche, Joseph 11, 15

Nietzsche, Rosalie 8, 10, 15, 37

O
Oehler, David Ernst 9, 17
Oehler, Franziska s. u. Nietzsche, Franziska
Olde, Hans 175 f.
Oßwald, Gustav Adolf 20
Overbeck, Franz 59 f., 83 f., 89, 97, 117, 121, 125, 132, 135, 143, 148, 152, 156 f., 164, 166 f., 172, 174, 180
Overbeck, Ida 83 f.

P
Pascal, Blaise 161
Petöfi, Sándor 38
Pilatus, Pontius 170
Pindar 53
Pinder, Wilhelm 16, 18 ff., 27
Pineles, Friedrich 127
Platon 43, 61, 159
Puschkin, Alexander 38

R
Ranke, Leopold von 22
Rathenau, Walther 179
Rau, Leopold 60
Redtel, Anna 31
Rée, Paul 81, 89, 91, 97, 100–103, 122–130, 132, 134, 136 f., 144 ff.
Reinhardt, Max 179
Rilke, Rainer Maria 127
Ritschl, Friedrich 35, 38, 40 ff., 45, 47, 62
Ritschl, Sophie 55
Rohde, Erwin 40 f., 43, 46 f., 50 f., 53, 61 ff., 75 f., 82, 91, 97, 102, 148, 157, 167
Romundt, Heinrich 81 f., 86, 89
Rosenberg, Alfred 181
Ross, Werner 147
Rückert, Friedrich 38
Ruhl, Ludwig Sigismund 73

S
Salis, Meta von 169, 175
Salomé, Lou von 16, 124–138, 144 ff., 169
Schiller, Johann Christoph Friedrich von 10, 17, 67, 100
Schlaf, Johannes 161 f.
Schlegel, August Wilhelm 34
Schlegel, Friedrich 64
Schleiermacher, Friedrich 151
Schleinitz, Marie von 103
Schmeitzner, Ernst 103, 144, 153, 162 f.
Schmitt, Carl 83
Schopenhauer, Arthur 16, 39 f., 43–47, 51, 53, 63 f., 71–74, 83 ff., 108, 131, 147
Schubert, Franz 16
Schuler, Alfred 174
Schumann, Clara 16
Schumann, Robert 16, 34, 36, 86
Senger, Hugo von 93, 94
Seume, Johann Gottfried 8
Shakespeare, William 99
Simmel, Georg 83
Sokrates 64 f., 70 f., 102,
Sombart, Werner 142
Sophokles 68, 99
Spencer, Herbert 160
Spengler, Oswald 142, 147
Spinoza, Baruch de 151
Spir, African 161
Stein, Heinrich von 136,
Stein, Ludwig 160
Steiner, Rudolf 175
Stendhal, (Henri Beyle) 152
Stifter, Adalbert 152
Stirner, Max 82 ff., 141
Strauß, David Friedrich 37, 78 ff.
Strindberg, August 169
Stuck, Franz von 133

T
Taine, Hippolyte 158
Teichmüller, Gustav 161
Theognis von Megara 31, 41 f., 68
Trampedach, Mathilde 93, 93
Tylor, Edward Burnett 160

V
Velde, Henry van de 175
Vischer-Bilfinger, Wilhelm 58, 62,
Volkelt, Johannes 155
Voltaire (François-Marie Arouet) 173

W
Wagner, Adolf 99
Wagner, Cosima 52 ff., 76, 78, 85, 87, 96, 100 f., 103, 108, 134 f., 173
Wagner, Luise 45
Wagner, Richard 16, 27, 45 ff., 49, 51–56, 61 ff., 66, 71 f., 75 f., 78 f., 83, 85 ff., 91, 95–110, 122, 129, 142 f., 153 f., 163, 167, 173,

Weber, Karl Moritz 16
Weber, Max 63
Widmann, Josef Victor 158
Wilamowitz-Moellendorff, Ulrich von 62 f., 75
Wilhelm II., König von Preußen, deutscher Kaiser 172
Winckelmann, Johann Joachim 63, 66
Wolf, Friedrich August 75

Z
Ziegler, Theobald 177

Bildnachweis

AKG, Berlin 18 / Stiftung Weimarer Klassik 1, 3, 4, 5, 7, 8, 9, 10, 11, 17, 19, 21, 22, 24, 25, 26, 27, 30, 33, 37, 39 / Frank Lisson 14, 28, 29, 32, 35, 38 / Montabella, St. Moritz 34, 36 / Private Sammlung, Gerolzhofen 31, 40 / Richard-Wagner-Stiftung, Nationalarchiv Bayreuth 13, 15 / Staatliche Antikensammlungen, München 16
Leider ist es nicht in allen Fällen gelungen, die Rechteinhaber zu ermitteln. Berechtigte Ansprüche werden selbstverständlich angemessen abgeglichen.

dtv portrait

Herausgegeben von Martin Sulzer-Reichel
Originalausgaben

Biografien bedeutender Frauen und Männer aus Geschichte, Literatur, Philosophie, Kunst und Musik

Hannah Arendt
Von Ingeborg Gleichauf
ISBN 3-423-**31029**-4

Bettina von Arnim
Von Michaela Diers
ISBN 3-423-**31052**-9

Johann Sebastian Bach
Von Malte Korff
ISBN 3-423-**31030**-8

Ingeborg Bachmann
Von Joachim Hoell
ISBN 3-423-**31051**-0

Thomas Bernhard
Von Joachim Hoell
ISBN 3-423-**31041**-3

Hildegard von Bingen
Von Michaela Diers
ISBN 3-423-**31008**-1

Otto von Bismarck
Von Theo Schwarzmüller
ISBN 3-423-**31000**-6

Heinrich Böll
Von Viktor Böll, Markus Schäfer und Jochen Schubert
ISBN 3-423-**31063**-4

Die Geschwister Brontë
Von Sally Schreiber
ISBN 3-423-**31012**-X

Giordano Bruno
Von Gerhard Wehr
ISBN 3-423-**31025**-1

Georg Büchner
Von Jürgen Seidel
ISBN 3-423-**31001**-4

Albert Camus
Von Marie-Laure Wieacker-Wolff
ISBN 3-423-**31070**-7

Fidel Castro
Von Albrecht Hagemann
ISBN 3-423-**31057**-X

Anton Čechov
Von Frank Rainer Scheck
ISBN 3-423-**31075**-8

Frédéric Chopin
Von Johannes Jansen
ISBN 3-423-**31022**-7

Joseph Conrad
Von Renate Wiggershaus
ISBN 3-423-**31034**-0

Bitte besuchen Sie uns im Internet: www.dtv.de